서울을 거닐며
　　　　사라져가는
역사를 만나다

서울을 거닐며
사라져가는
역사를 만나다

— 권기봉 지음 —

 차례

산책을 시작하며 _ 009

 1부 일상의 재발견

이순신 장군이 세종로를 접수한 까닭
세종로 '이순신 동상'을 찾아 _ 015

청계고가는 갔어도 화두는 여전하다
지금은 사라진 '청계고가'를 걸으며 _ 025

어머니가 가발공장에 취직하던 해
아름다운 청년 전태일과 '평화시장'을 찾아 _ 038

해방과 함께 태어나 전쟁과 함께 자라다
용산동 2가 '해방촌'을 찾아 _ 052

'친일미술가'의 손으로 '독립운동가'의 동상을 빚다
남산공원 '김구와 안중근 동상'을 찾아 _ 064

해방 60년 만에 닻 올리는 친일 역사 청산
'반민특위'가 있던 국민은행 명동지점을 찾아 _ 074

침략과 수탈에서 평화 교류의 철도로
'서울역'을 찾아 _ 086

2부 문화의 재발견

100년 한국 영화와 함께한 산증인
종로 3가 '단성사'를 찾아 _ 099

실패한 조국 근대화의 상징
한국 최초의 주상복합 '세운상가' 유람기 _ 110

지금 이 순간에도 무참히 헐리고 있다
우이동 '육당 최남선 고택'을 찾아 _ 121

외세를 이용해 외세를 막으려 하다
정동 '손탁호텔' 터를 찾아 _ 132

서울시립미술관에서 장경근을 떠올리다
정동 '옛 대법원'을 찾아 _ 141

'만들어진 전통' 제야의 종
종로 '보신각'을 찾아 _ 150

 3부 의미의 재발견

나머지 절반의 역사를 생각한다
현저동 '서대문 형무소'를 찾아 _ 161

'사대의 상징'을 헐고 들어선 '일제로의 종속'
현저동 941번지 '독립문'을 찾아 _ 173

'망자'가 아닌 '산자'를 위한 공간
논란이 끊이지 않는 '국립서울현충원'을 찾아 _ 184

철저히 유린된 제국의 상징
소공동 '환구단'을 찾아 _ 197

김구만 남고 임시정부는 잊혀지다
평동 '경교장'을 찾아 _ 208

'기록'이 아닌 '기억'에 의지해야 하는 현실
충무로2가 100번지 '한미호텔'을 찾아 _ 219

4부 장소의 재발견

모든 집은 와우식으로!
날림공사의 원조 '와우아파트'를 찾아 _ 231

과거 청산 없는 화해란 있을 수 없다
《야생초 편지》의 저자 황대권과 함께 남산 '옛 안기부'를 찾아 _ 244

진정한 민족대표는 누구인가?
인사동 '태화관' 터를 찾아 _ 258

'해방'은 됐을지언정 '독립'은 하지 못하다
남산공원 '조선신궁' 터를 찾아 _ 267

남산에 신사 유구가 있다!
리라초등학교 뒤 '노기신사' 터를 찾아 _ 278

이토 히로부미 죽어서도 조선을 파괴하다
장충동 '박문사' 터를 찾아 _ 287

초라한 서울시의회 청사가 가벼이 보이지 않는 이유
태평로 1가 '부민관'과 해방 후 '국회'가 있던 곳을 찾아 _ 297

산책을 마치며 _ 307

참고 문헌 _ 310

사진 출처 _ 311

산책을 시작하며

　20대와 30대의 경계선 위에 섰다. 10대가 월악산과 남한강에서 자연의 소리를 듣는 시기였다면, 이제 곧 작별할 20대는 서울을 탐험하는 시기였다.

　대학 진학과 동시에 올라온 서울이라는 거대 도시는 무궁무진한 호기심의 대상이었다. 텔레비전에서나 봤던 높은 건물과 어디론가 바쁘게 향하는 사람들, 그리고 끊임없이 밀려가는 자동차들까지. 한 동네 열 가구 될까 말까 한 월악산 촌놈에게 서울은 탐험해볼 가치가 충분한 '원더랜드'였다.

　궁금한 것이 한두 가지가 아니었다. 하지만 어디에서도 서울에 대한 이야기를 들을 수 없었다. 서울 토박이마저 서울 이야기를 들려줄 수 없을 정도로 역사적 풍토는 빈약했다. 너무 개발이 많이 되어 옛 흔적이 사라졌다는 말은 변명에 불과했다. 결국 카메라 하나 달랑 들고 길을 나섰다.

　서울 탐험을 시작한 지 올해로 10년, 조선시대 궁궐 답사로 시작한 서울 탐험은 근현대 건물로 확장됐고, 사람과 역사에 대한 공부로 이어졌다. 그 과정에서 문화연대와 〈오마이뉴스〉 등을 만나 옹졸한 배포와 편협한 지식을 수정 보완할 수 있는 행운도 누렸다. 특히 〈오마이뉴스〉에 실은 서울 답사기는 이 책을 구상하는 단초가 됐다.

　서울은 알면 알수록 놀라운 사실을 만나게 되는 요술경 같았다. 눈에 들어온 것은 촌스러운 건물이었지만, 서울시의회 청사에는 학교에서 가르쳐주지 않는 우리 현대사의 질곡이 고스란히 담겨 있었다. 아무런 의심 없이 지나치던 보신각과 청계천이었지만, 그 안에는 그리 유쾌하지만은 않은 진실이 숨어 있었다. 서울은 가까이 다가가면 갈수록 멀리 달아났다. 진실은 늘 사실 저 너머에 있었다.

　'다이내믹 코리아'의 수도답게 서울의 변화 속도는 따라가기 벅찰 정도다. 1970년대까지만 해도 한강의 기적을 대변했던 청계고가는 헐렸고, 2열종대로 위풍당당하게 서 있던 삼일아파트도 자취를 감춘 지 오래다. 한국 최초의 증권거래소와 동대문운동장도 눈 깜짝할 사이에 사라졌다. 우리가 밥벌이의 고단함에 치여 허우적대는 사이 축적된 삶의 편린들은 소리 없이 사라져가고 있다.

　올해는 대한민국 정부를 수립한 지 60주년이 되는 해다. 해방 후 '분단'과 '역사청산 실패'라는 두 개의 덫에 걸려 마음껏 앞으로 나아가지 못한 우리는 과연 어디로 향하고 있는 것일까? 과연 역사라는 것은 우리의 오늘과는 상관없이 책 속에만 머물러 있는 고리타분한 이야기일 뿐일까?

　이 책은 서울 역사에 대한 책만은 아니다. 편견과 오해가 가득한, 반성하지 않고 자기 합리화하기에만 급급한 우리 모습을 짚어보고자 책을 썼다. 역사를 비판하는 그 냉철한 시각으로 오늘의 우리 주변을 돌아봐주길 바란다. 독자 여러분에게 정답을 주거나 무언가를 가르칠 생각은 없다. 그럴 능력도 없다. 그저 문제를 풀어가는, 즉 '해답'을 찾아가는 길에 동행하자고 제안하고 싶을 뿐이다.

늘 시간에 쫓기는 불성실한 기자를 저자로 만나 온갖 수고를 맡아준 전상희 과장에게 고마움을 전한다. 아울러 서툴고 못난 글을 묶어 책을 내기로 결심한 정혜인 이사와 서재왕 편집장에게도 인사를 드리고 싶다. 문화재연구가 이순우 선생님과 한국언론재단 정운현 연구이사, 문화유산연대 강찬석 위원장의 가르침 덕분에 풍부한 지식을 얻을 수 있었다. 값진 자료의 사용을 허락한 전태일기념사업회와 백범김구선생기념사업협회, 서울대박물관, 국가기록원, 국사편찬위원회 등에도 고맙다는 말을 전한다. 그리고 인터뷰에 응해준 여러분이 있었기에 책 내용이 한층 풍부해질 수 있었다.

절친한 벗이자 조언자인 이나바 마이稲葉真以 상의 도움은 무엇보다도 절대적이었다. 그녀의 도움이 없었다면 이 책은 탄생하지 못했을 것이다. 마이 상은 이 책의 모든 꼭지를 읽고 날카로운 지적을 아끼지 않았다. 글의 흐름을 바로 잡았고, 내 거친 생각을 가다듬는 데에도 많은 도움을 주었다. 진심으로 고맙다.

끝으로 유쾌함과 여유를 물려준 아버지와 자립심과 책임감을 길러준 어머니에게 이 책을 바친다.

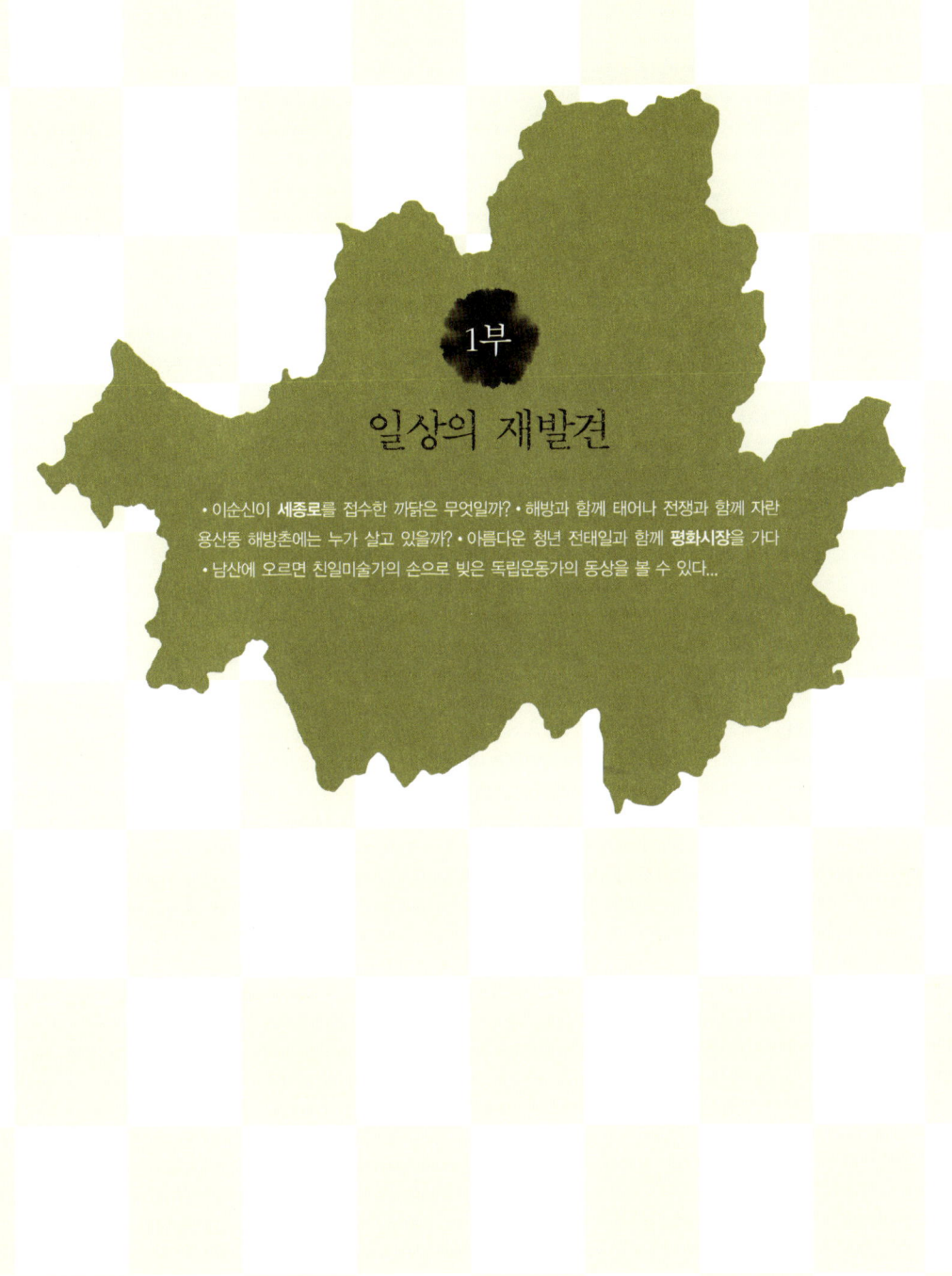

1부
일상의 재발견

- 이순신이 **세종로**를 접수한 까닭은 무엇일까? • 해방과 함께 태어나 전쟁과 함께 자란 용산동 해방촌에는 누가 살고 있을까? • 아름다운 청년 전태일과 함께 **평화시장**을 가다
- 남산에 오르면 친일미술가의 손으로 빚은 독립운동가의 동상을 볼 수 있다…

이순신 장군이 세종로를 접수한 까닭

세종로 '이순신 동상'을 찾아

광화문 교보문고에 들를 때면 장동건이 열연한 영화 〈2009 로스트 메모리즈〉가 떠오르곤 한다. 영화를 본 지 꽤 오랜 시간이 지났음에도 영화의 첫 장면이 기억에서 쉽게 사라지지 않기 때문이다. 충무공 이순신 동상 자리를 차지해 버린 도요토미 히데요시豊臣秀吉의 동상은 적이 충격적이었다.

역사에 있어 '만약'이란 가정의 무의미함을 모르지는 않지만, '만약' 임진왜란이나 정유재란 때 '왜倭'가 한반도에 정착하는 데 성공했다면 어땠을까? 꼭 그때가 아니더라도 한반도가 일본의 영토가 되었다면, 영화에서처럼 세종로 한복판을 이순신 장군상이 아닌 도요토미 히데요시나 이투 히로부미伊藤博文 동상이 차지하지 않았을까? 영화에서 도요토미 히데요시 동상을 첫 장면으로 설정한 이유는 일본의 한반도 지배를 '단칼'에 보여주기 위한 것으로 보이는데, 그만큼 세종로가 우리 사회에서 차지하는 상징적 의미가 크다는 뜻이다.

'한국의 중심도로' 세종로

경부고속도로가 경제의 중심도로라면, 세종로는 역사의 중심도로다. 이미 조선시대 때 나라의 중심도로도 조성된 세종로는 일제강점기 때에는 조선총독부 청사를 거느리며 제1도로의 지위를 이어갔다. 뿐만 아니라 1914년 서울과 전국 각 지역 간 거리를 재는 기준점인 도로원표道路元標¹가 지금의 이순신 동상 자리에 만들어지면서부터는 아예 지리적 중심이 되었다.

1948년 이승만 대통령이 대한민국 정부 수립을 선포한 곳도 세종로요, 2002년 한일월드컵 때 4강 신화를 이룩한 월드컵대표팀이 카퍼레이드의 종착

과거권력과 현재권력 등 한국 사회의 '파워'가 교차하는 세종로, 그 한복판에 이순신 동상이 우뚝 서 있다.

지로 삼은 곳도 세종로다. 건물만 보아도 세종로는 가히 우리나라의 중심이다. '과거권력'을 상징하는 경복궁이 세종로가 시작되는 곳에 있고, '현재권력'을 상징하는 청와대와 정부종합청사가 지척이다. 한쪽에는 '외국권력'의 핵심인 미국대사관이 삼엄한 경비 속에 서 있고, 그 뒤편에는 일본대사관이 일장기도 내걸지 않은 채 숨죽이고 들어서 있다. '문화권력'임을 은근히 자부하는 세종문화회관과 교보문고가 있는 곳도 바로 세종로다.

주변 건물뿐만 아니라 세종로 자체도 충분히 오만하다. 길이 600미터, 폭 100미터의 16차선 대로에 노점상 하나 들어가기 힘든 통제의 공간이 세종로다. 이와 자웅동체인 세종문화회관은 최근까지만 해도 대중가수는 공연을 할 수 없었을 정도로 근엄하기만 한 공간이다. 이 정도만 보아도 세종로의 '위상'과 그것이 갖는 '성격'을 짐작하고도 남는다.

이승만—세종대왕—이순신

사정이 그렇다 보니 세종로의 중심은 늘 권력의 입맛에 맞게 개조되어 왔다. 이승만 정권 때에는 이순신 동상 자리에 이승만 본인의 동상을 세웠다. 특히 이승만 동상은 서울만 해도 탑골공원이나 남산 등 곳곳에 들어섰는데, 그중 가장 유명한 것은 1956년 이승만의 80회 생일을 기념해 3억 원의 기금을 들여 옛 남산식물원 터에 세웠던 동상이다. 이 동상을 만든 이는 '미술계의 대통령'이라고도 불렸던 친일미술가 윤효중으로, 좌대 높이 18미터에 동상 높이만 7미터나 되는 거대한 동상이었다.

그로부터 4년 후에 터진 4·19혁명의 함성은 이승만과 그의 동상을 비껴가

지 않았다. 성난 시민들은 이승만의 동상이란 동상은 모두 부숴버렸는데² 리가원은 그 광경을 이렇게 그렸다.

"하늘이 남산을 내실 제는 사사로운 소유가 아니었으니, 백성을 모두 바라볼 제 바위와 바위로 덮였어라. 화강암 덩어리를 붙여서, 이 가까운 곳에 세워 놓고 서울을 온통 위압케 하였는가? 구리로 부어 만든 스물세 척 커다란 몸, 큰 비용과 공병工兵의 힘 휘둘러가며 이루었네. 스스로 공명한 당의 대大 두령이라고 하는 사람이, 개돼지를 충동질하여 높은 덕인 듯 찬양케 했네. 이로부터 바람에 마비된 늙은 여우의 동상. 삼 억이나 되는 나랏돈 헛되이 써 버려 말리었네. … 이는 곧 구리 몸이요, 생살로 된 몸이 아니니, 늙은 도적놈을 찾아내라고 우리들 허정³에게 외쳤네. 찾아도 잡지 못하자 분한 마음 더욱 뜨거워 구리 몸을 끌어내려 마음대로 깨뜨렸네. …"

— 리가원, 〈김창숙의 이승만 동상가를 차운하여〉

1956년 8월 10일 옛 남산식물원 터에 '현직' 대통령인 이승만의 대형 동상이 들어섰다. 당시 언론들은 이 동상이 아시아에서 가장 큰 것이라며 호들갑을 떨었다.

이승만 대통령 동상이 4·19혁명 때 시민들에 의해 철거된 이후 그 자리를 차지한 것은 세종로라는 이름에 걸맞는 세종대왕 동상이었다. 그러나 반공이 국시였던 1960년대 후반, 광화문을 시멘트와 페인트로 복원(?)한 박정희는 '문약한' 세종대왕 동상을 그대로 두지 않았다. 무엇보다 '상무尙武'를 중시하던 권력자는 세종대왕 동상의 대안으로, 왜를 물리친 '구국의 영웅' 이순신 장군의 동상을 떠올리게 된다. 결국 1968년 군사정권의 정당성을 보완해주리란 기대를 떠안은 이순신 동상이 한국의 대표도로 세종로를 '접수'했다. 박 대통령은 동상 건립비용 983만 원을 대는 데 그치지 않고, 동상 제작을 맡은 서울대 김세중 교수의 작업실을 두 차례나 방문해 격려하는 등 남다른 관심을 보였다.

이순신 장군이 접수한 곳은 비단 세종로만이 아니었다. 김종필 당시 국무총리가 총재를 맡은 애국선열조상건립위원회 주도로 전국에 걸쳐 32종 352개의 '애국선열' 동상이 만들어졌는데, 이 가운데 78퍼센트인 274개가 이순신 동

1964년 5월 16일 세종로에서 '애국선열' 37인 동상 제막식이 열렸다. 박정희 정권이 야심차게 추진한 애국선열 동상 건립사업은 그 자체로 부실 덩어리였다.

이순신 장군이 세종로를 접수한 까닭

상이었다.⁴ 뿐만 아니라 전국 초등학교에는 '좌승복 우순신' 하는 식으로 거의 하나도 빼놓지 않고 이순신 동상이 세워졌다.

교체될 뻔한 이순신 동상

이런 과잉은 어디에서 비롯한 것일까. 당시 세워진 '애국선열'의 면면을 보자. 율곡 이이나 퇴계 이황과 같은 성리학자도 있었지만, 대다수는 이순신을 비롯해 을지문덕이나 강감찬, 김유신 등과 같은 군인이었다. 사명대사나 원효대사 등 승려와 유관순과 윤봉길 등 독립투사의 동상도 세워졌지만, 어디까지나 외세에 맞서 싸운 인물이라는 점에서 군인과 별반 차이가 없다. 당시 박정희 정권은 희박한 정통성을 보완하고자 자리만 나면 애국선열 동상 세우기에 바빴다. 동상만 세운 것이 아니라 강화도 전적지를 복원하거나 방치되어 있던 아산 현충사 등도 복원했다.

정경유착이 기업 확장의 주요 수단이던 시절이다 보니 장래의 이권을 노린 기업인의 호응도 잇따랐다. 현대건설 정주영 사장이 낸 돈으로는 양화대교 북단에 들어선 정몽주 동상을 만들었고, 럭키화학 구자경 사장이 낸 돈으로는 남산도서관 옆의 퇴계 이황 동상을, 한진 조중훈 사장이 낸 돈으로는 효창공원에 들어선 원효대사 동상을, 쌍용양회 김성곤 사장(국회의원)이 낸 돈으로는 남산 김유신 동상을 만들었다. '국가예산이 아니라 자급자족으로 군대를 키운 이순신 장군을 본받자'⁵는 차원에서 초등학교 어린이들의 코 묻은 돈까지 성금이란 형식으로 끌어 모았다.

군사정권이 하는 일이 늘 그렇듯 '속도'에만 매달려 '질'은 형편없었다. 정

세종로에 한복판에 자리한 이순신 장군 상. 박정희 대통령이 비명횡사하지 않았다면 새 모습의 동상으로 교체되었을 것이다.

몽주나 퇴계 이황, 정약용 동상의 제작 기간이 두 달 남짓, 김유신이나 을지문덕, 원효대사 동상도 서너 달 안에 제작을 끝마치다 보니 그 모양이 조잡하기 그지없었다. 청동이 아니라 값싼 시멘트로 건성건성 만들어 표정이 다들 밋밋했고, 표준 영성과도 맞지 않아 얼굴 모양이 제각각이었다. 결국 애국선열조상건립위원회가 세운 352개 동상 중 절반 이상이 철거 후 다시 제작하라는 지시를 받았다.

 세종로 이순신 동상이라고 해서 다르지 않았다. 용맹한 모습을 보여야 할 장군이 고개를 숙이고 있는데다, 적에게 항복한 장군은 적의敵意가 없다는 뜻에서 칼을 칼집에 넣어 오른손에 드는데 세종로 이순신 동상도 오른손에 칼을 들고 있다는 지적이 잇따랐다. 사람들 사이에서 이순신 장군이 왼손잡이였나 하는 말들이 오고간 이유다. 활동성이 보장되어야 할 갑옷이 너무 길고, 아산 현충사에 있는 표준영정[6]과 얼굴 모습이 다르다는 '합리적인' 지적도 제기됐다. 그 결과 1977년 서울시는 이순신 동상 재건립을 위해 2억 3,000만 원의 예산을 배정하고, 새로운 동상의 모형까지 제작했다. 박 대통령이 갑자기 죽지만 않았어도 아마 세종로에는 지금과는 다른 모습의 이순신 동상이 들어섰을 것이다.

21세기에 맞닥뜨린 19세기적 마인드

2007년 말 서울시가 세종로를 프랑스 파리의 샹젤리제 거리처럼 광장으로 만들겠다는 계획을 발표했다. 왕복 16차선인 세종로를 10차선으로 줄여 중앙에 광장과 분수대를 만들고, 조선시대 육조거리와 월대 등을 복원하겠다는 것이다. 일제가 '한반도 영구지배'를 꿈꾸며 심은 은행나무 스물아홉 그루는 양쪽 보도로 옮겨 심고, 차도 때문에 광화문 코앞까지 밀려난 두 개의 해태상도 원래 위치로 옮기기로 했다.

그동안 충무로 등으로 옮겨야 한다는 의견이 많았던 이순신 동상은 '국민 정서'를 고려해 그냥 두기로 결정했다고 한다. 또 현재 덕수궁에 있는 세종대왕 동상을 2008년 말쯤 세종로로 옮겨 오겠다고 밝혔다. 역사가 거꾸로 가는 것인가? 런던 트라팔가 광장의 넬슨 제독 동상이나 파리의 수많은 나폴레옹 동상, 도쿄 야스쿠니신사 앞에 있는 '일본 육군의 아버지' 오무라 마스지로大村益次郎

일본 도쿄 야스쿠니신사 앞에 서 있는 '일본 육군의 아버지' 오무라 마스지로의 동상.

동상 등 19세기 유럽과 일본에서 유행한 군국주의적·군사주의적 동상 세우기 열풍이 21세기 한국에서는 현재진행형이라는 사실이 자못 흥미롭기까지 하다.

권력 주도로 만들어진 동상이 내포하고 있는 '불온한 의미'에 대해 고민해야 할 시점에 이순신 동상 '잔존'도 모자라 새 동상을 옮겨 온다니. 역사를 복원하기 위한 방안 같지만, 자세히 들여다보면 '고개를 들고 우러러 봐야 하는' 전근대적 영웅숭배주의에 다름 아니다. 이런 식의 역사 복원이라면, 세종로 네거리에 아치를 세우고 각종 계도성 표어를 내걸어 정치선전의 장으로 활용한 박정희 정권과 다른 것이 무엇일까. '텍스트'만 없다 뿐이지 동상이 내포한 '콘텍스트'는 여전하다는 얘기다.

---

1 1914년 지금의 이순신 동상 자리에 세워진 도로원표는 1935년 교보빌딩 앞에 있는 고종즉위40년 칭경기념비전 안으로 옮겨진 뒤, 1997년 그 건너편 태평로 코리아나호텔 옆으로 다시 옮겨졌다.
2 파괴된 이승만 동상의 머리와 몸통 등 파편 일부가 현재 서울 종로구 명륜동의 한 단독주택 마당에 보관되어 있다. 1970년 3월호 《코리아 라이프》지에 따르면, 한 고철업자가 동상 파편을 용산의 한 철공소에 팔았는데, 이것을 대한노총 최고위원을 지낸 김주홍 씨가 사들여 자신의 명륜동 집으로 옮겨졌다는 것이다. 그후 김씨는 이 동상을 내버려둔 채 캐나다로 이민을 떠났고, 지금은 집주인이 바뀌었다. 새 집주인은 동상 파편의 공개를 꺼리고 있는 상태다.
3 허정은 서울시장(1957년)과 외무장관(1960년) 등을 역임했고, 4·19혁명 후에는 과도내각의 수반으로 대통령권한대행직을 맡았다.
4 '선현 동상 및 영정 실태조사 결과 처리계획', 1973년 10월 문화공보부.
5 《조선일보》, 1969년 5월 30일자.
6 충남 아산 현충사에 있는 이순신 장군 표준영정을 그린 이는 월전 장우성으로, 친일부역 혐의를 받고 있는 화가 가운데 한 명이다.

청계고가는 갔어도 화두는 여전하다

지금은 사라진 '청계고가'를 걸으며

　지난 2002년 베니스영화제에서 특별감독상과 신인배우상을 수상한 영화 〈오아시스〉. 막 출소한 종두(설경구)와 중증뇌성마비를 앓는 공주(문소리)의 사랑을 그린 영화에서, 종두가 꽉 막힌 도로 위에서 공주를 안고 춤을 추는 장면이 나온다. 그곳은 일종의 도심 고속도로이기 때문에 보행자의 출입이 불가능한 청계고가도로(청계고가) 위였다. 종두와 공주는 도로가 막힌 틈을 타 누구도 경험하지 못한 낭만적인 시간을 갖는다.

　영화 개봉 이듬해인 2003년 5월 25일, 종두와 공주처럼 청계고가를 마음껏 걸어볼 수 있는 기회가 생겼다. 청계천 복원사업을 위해서는 청계고가를 철거한 뒤 복개한 청계천로도 뜯어내야 했는데, 서울시가 그에 앞서 청계고가의 동쪽 끝인 신답초등학교 앞에서 서쪽 끝인 동아일보사 앞까지 6킬로미터를 직접 걸어볼 수 있는 행사를 마련한 것이다.

청계고가를 걸으며 서울의 과거와 오늘을 보다

청계고가를 걷다 보니 서울의 과거와 현재의 모습이 파노라마처럼 스쳐갔다. 청계천 9가를 지나 얼마나 더 걸었을까. 고가도로 양쪽으로 칙칙하기만 한 6~7층짜리 아파트가 눈에 들어왔다. '삼일아파트'다. 지난 1969년 완공된 삼일아파트는 '불도저'라 불린 김현옥 서울시장이 판잣집을 헐고 세운 시민아파트다. 걷기행사 때만 하더라도 청계고가를 중심으로 남북에 각각 12개 동씩 모두 24개 동이 서 있었다.

그것은 당시의 상황이다. 사실 청계천 복원사업은 청계천 '복원'만이 아니라 주변부 '재개발사업'까지 두루 포괄하는 일련의 프로젝트였기 때문에, 슬럼화된 삼일아파트가 온전히 남아 있기는 힘든 일이었다. 그날도 퇴거명령을 받은 삼일아파트 주민들이 17동 옥상에서 "대책 없는 강제철거를 중단하라"고 쓴 현수막을 들고 시위를 하고 있었다. 그러나 그들의 외침은 20~30미터 너비의 청계천로라는 물리적 간극과 그 위를 달리는 자동차 소음에 묻혀버리고 말았다. 삼일아파트가 헐린 자리에는 33층짜리 초고층 주상복합아파트가 들어섰다.

청계천 6가의 분위기는 사뭇 달랐다. 1925년 경성운동장이라는 이름으로 세워진 후에 경평京平축구대회[1]나 상해임시정부 환영식, 백범 김구 장례식 등이 열리기도 했던 동대문운동장은 900여 풍물 노점상으로 복작거렸고[2], 그 맞은편 의류상가 주변은 젊은 쇼핑객으로 북적였다. 월드컵을 치른 2002년 아예 관광특구로 지정된 동대문 패션타운은 한때 한국경제를 이끌던 '섬유산업'이 '패션산업'으로 화려하게 부활했다고 웅변하고 있는 듯했다.

2킬로미터 남짓 걸었을까. 청계고가가 끝날 때쯤 높이 114미터의 '삼일빌

청계고가 철거를 앞두고 걷기 행사가 열린 2003년 5월 25일, 삼일아파트 옥상 위에서는 생존권 보장을 촉구하는 주민집회가 열리고 있었다.

딩'이 보였다. 1970년에 들어선 삼일빌딩은 그로부터 15년 후 여의도에 249미터 높이의 63빌딩이 들어설 때까지 한국에서 가장 높은 건물이었다.[3] 그래서였을까. 그 당시 삼일빌딩은 청계고가와 함께 '조국 근대화의 상징'으로 통했다. 해방 후 20여 년 만에 우리 손으로 직접 건설한 대규모 현대 건축물이었기 때문이다. 당시 한국정부의 해외홍보물에 당당한 위용을 뽐내는 청계고가와 삼일빌딩 사진이 단골손님처럼 들어간 것은 너무나 당연한 일이었다. 그 둘은 오로지 경제개발을 통해서만 정당성을 찾고자 했던 박정희 정권의 자랑이자 알파요 오메가였다.

일제 때 시작된 청계천 복개, 40여 년 만에 끝나다

개발시대의 상징인 '청계고가'는 청계천을 덮어버리고 놓은 '청계천로'를 빼고는 설명할 수 없는데, 그 역사는 일제강점기로 거슬러 올라간다. 지금이야 근처에 자연하천이 있으면 집값도 뛴다지만, 당시의 청계천[4]은 여름 한철만 물이 흐르는 건천乾川으로 말 그대로 시궁창 냄새 풀풀 나는 하수구 역할을 할 뿐이었다. 심지어 더러운 물이 흐른다 하여 '탁계천濁溪川'이라고까지 불린 청계천을, 일제는 너무 더러워 장티푸스나 이질 등 수인성 전염병을 유발한다는 이유로 덮어버리고 도로화하기로 결정한다. 물론 당시의 목적이 천변 사람들의 생활 편리에 있었던 것은 아니다. 일본이 만주를 침략하면서 한국은 병참기지 신세로 전락했고, 당연히 전쟁 물자를 신속히 수송하기 위해 도로를 확충할 필요성이 대두됐다.

이미 건물이 빽빽이 들어선 도심에 가장 쉽게 도로를 만드는 방법은 하천

일제강점기 때 위생의 목적과 전쟁 물자 수송을 위해 시작된 복개사업은 40년 후인 1977년까지 계속됐다. 복개 중(위)과 복개 후(아래)의 모습.

을 물 흐를 공간만 남겨두고 덮는 것이다. 실제로 종로구나 중구 등 사대문 안의 폭 10미터 내외 도로나 골목길 중 상당수는 크고 작은 하천을 덮고 만든 경우가 많다. 이를 '하천을 덮어 길로 쓴다'고 하여 복개覆蓋도로라 한다. 일제는 그런 식으로 1937년부터 1942년까지 광교 주변 청계천을 복개했다. 계속해서 청계천 본류도 복개할 계획이었으나, 1945년 일본이 전쟁에 지면서 복개사업 역시 중단됐다.

청계천이 다시 복개되기 시작한 것은 한국전쟁의 혼란이 어느 정도 수습된 1955년 들어서였다. 이번에는 전쟁으로 급증한 천변 판잣집 철거와 도심정화라는 목적이 추가됐다. 먼저 광통교에서 장통교까지 450여 미터가 복개됐다. 그게 끝이 아니었다. 비록 속도는 느릴지언정 복개사업은 계속됐고, 1961년 박정희가 쿠데타에 성공한 뒤 복개사업은 군사작전 펼치듯 신속하게 진행됐다. 그해 12월 5일 청계천 6가 동대문 앞에서 '청계천로'라 이름 붙여진 너비 50미터의 복개도로 개통식이 열렸다. 이후에도 복개는 계속됐고, 1977년에 걷기행사 출발점인 신답초등학교 앞에 이르러서야 끝이 났다. 처음 복개를 시작한 동아일보사 앞에서부터 6킬로미터 정도 나아간 거리다.

복개된 것은 비단 청계천만이 아니었다. 월곡천이나 녹번천, 홍제천 등 서울에 있는 하천 가운데 3분의 1이 복개됐다.[5] 심지어 경주나 남원에서는 읍성을 둘러싸고 있던 해자垓字까지 덮어버리는 등 하천 복개는 전국적인 현상이었고, 대부분 도로나 주차장 등으로 사용됐다. 속도와 효율이 선이요 곧 미덕으로 인정받던 시대, 삶의 질이나 천변 빈민의 주거권 따위는 고려 대상이 아니었다.

'불도저' 김현옥과 청계고가

군사정권의 진군은 청계천을 콘크리트로 덮는 데서 끝나지 않았다. 도로 위에 도로를 또 깔았다. 바로 고가도로다. 그 핵심에는 부산시장으로 있다 박정희에게 발탁된 마흔 살의 김현옥 서울시장이 있었다. 그는 저돌적인 일처리로 유명해 '불도저'라 불렸다. 김현옥이 서울시장에 부임한 1966년, 《동아일보》는 장기영 부총리를 금메달감, 권오병 문교부장관은 은메달감, 그리고 김현옥은 동메달감으로 평가했다.[6] 그러나 김현옥은 시장이 된 지 채 1년도 지나지 않아 '불도저'라는 애칭을 자신만의 전유물로 만들어버렸다.

그가 유일무이한 불도저가 될 수 있었던 데는 서울 시내를 온통 공사판으로 만든 데 힘입은 바 크다. 부임하자마자 각종 도로를 건설하기 시작한 김현옥은 이후 세운상가를 짓고, 삼일아파트 등 시민아파트를 세웠으며, 비행장으로나 쓰이던 여의도에 제방을 구축해 지금의 여의도를 만들었고, 한강에는 강변북로를 놓았고, 최초의 고가도로인 아현고가도로와 지금도 여전한 서울역고가도로를 올렸다. 남산1·2호 터널과 삼청터널, 사직터널을 뚫은 것도 그였고, 140개가 넘는 육교를 세우고 광화문 네거리와 명동에 지하도를 판 것도 '불도저' 김현옥이었다. 그런 그의 시야에 청계천이 들어오지 않았을 리 없다.

이미 청계천로가 있는데 그 위에 굳이 고가도로를 놓아야 하는지에 대해 반론이 없었던 것은 아니다. 1954년부터 13년 동안 서울시 도시계획과장 등을 지낸 한정섭은 서울시가 3년 동안 투입하기로 한 35억 원이면 청량리에서 서울역까지 지하철을 놓을 수도 있는데, 외곽교통을 원활히 하기 위한 고가도로를 도심으로 끌어들이는 것은 무리라며 고가도로 건설계획을 정면으로 비판했다.[7]

1970년대 청계고가와 삼일빌딩은 정부의 해외홍보물에 수시로 등장하는 자랑거리였다. 삼일빌딩은 63빌딩이 들어서기 전까지 한국에서 가장 높은 건물이었다.

경주마처럼 전진만 할 뿐 후퇴 따위는 생각하지 않는 천하의 불도저에게 그런 비판이 먹혀들 리 없었다. 결국 1967년 8월 15일 박정희 대통령과 정일권 총리, 김현옥 서울시장 등이 참석한 가운데 청계고가 기공식이 열렸다.[8] 당시 서울의 교통량이란 것이 일천했고 자가용 승용차도 4,000대를 겨우 넘는 수준이었으나, 애당초 그런 것은 중요하지 않았다.

청계고가가 놓인 까닭은?

박정희 정권이 당시 사회 각계의 지적에도 불구하고 막대한 돈을 들여 청계고가를 놓은 이유는 무엇일까? 1970년부터 8년 동안 서울시 도시계획국장 등을 지내며 서울시의 각종 건설정책에 깊숙이 관여한 손정목 선생은 이렇게 말한다.

"박 대통령은 워커힐(현 쉐라톤그랜드워커힐호텔) 공사 중에도 그 건설상황을 점검하기 위해 자주 내왕했지만, 1963년 4월에 개관되고 난 뒤에는 하루가 멀다 하고 뻔질나게 그곳을 찾았다. 토요일 일요일에도 갔고 평일에는 밤에 갔으며 빌라에서 술자리도 가졌고 잠자리도 가졌다. … 박 대통령의 잦은 워커힐 나들이는 1970년대 중반에 청와대 앞 안가安家라는 이름의 비밀 휴식처가 생길 때까지 계속되었다."[9]

애초 미군의 지갑을 열려고 만든 워커힐호텔[10]이었으나, 정작 그 호텔을 애용한 이는 박정희 본인이었다. 1인 독재체제가 강고하던 시절이니 서울시장 역시 당연히 그의 눈치를 보지 않을 수 없었을 것이다. 또 1964년 제18회 도쿄올림픽을 앞둔 일본이 수많은 고가도로를 건설하고 있었으니, 한국이라고 해서 못 만들 까닭이 없다는 자존심도 한몫하지 않았을까.

일제강점기 시절 관동군 장교로 일했던 박정희의 '일본 따라하기'는 고가도로 건설에만 그치지 않았다. 박정희 정권은 각종 대형 시설물마다 '민족'이나 '항일'과 관련한 이름을 곧잘 갖다 붙였다. 층수까지 31층으로 맞춘 '삼일빌딩'을 비롯해 '삼일아파트'와 1984년 말 이름이 청계고가로 바뀐 '삼일고가'까지.

이름만 민족으로 덧칠한 게 아니었다. 1967년 '광복'절에 기공식을 가졌던 '삼일' 고가가 왕복 4차선으로 최종 완공된 날도 1971년 '광복'절이었다.

청계고가는 갔어도 화두는 여전하다

신답초등학교 앞에서 시작해 동아일보사 앞에서 끝나는 것이 아니라, 태평로를 가로질러 서대문 네거리와 신촌, 홍제동까지 연장될 뻔했던 청계고가. 1970년 4월, 이번에는 고가도로보다 지하철 건설에 열심인 '두더지 시장' 양택식이 새 서울시장으로 부임하면서 고가도로 건설은 일단락됐지만 건설 동기만큼이나 그 과정과 결과 역시 황당했다.

'빨리빨리'에만 치중한 나머지 시공과 설계가 동시에 이루어지거나, 심지어 '선시공-후설계'라는 전에 없던 사태가 벌어지기도 했다. 예산 조달 계획이나 완성된 설계도 하나 없이 일단 기공식부터 하고 본 것이다. 완공 직후부터 철거될 때까지 30년이 넘는 시간 동안 통탕거리는 소리가 끊이지 않았다. 만들 때부터 값비싼 철근은 적게 넣고 값싼 시멘트만 들입다 갖다 부은 탓에 금간 곳 때우고 꺼진 곳 메우는 보수공사가 어디선가는 계속된 탓이다.

실제로 김현옥 시장이 부임한 첫해 동안 무려 8번이나 추가경정예산이 편성됐고,[11] 1985년부터 1992년까지는 매년 대여섯 차례 이상, 각각 50~90일 동안 보수공사를 할 정도였다.[12] 당시 기술수준이나 자재 품질, 급증한 교통량 등 청계고가를 둘러싼 여러 사정을 감안하더라도 '미군은 청계고가를 이용하지 않는다'는 소문이 돌 정도였으니, 그 부실 정도는 굳이 눈으로 확인할 필요도 없어 보인다. 어쩌면 1994년 성수대교나 1995년 삼풍백화점 붕괴는 이미 그때 잉

군사작전하듯 마구 덮어버린 청계천이 거침없이 다시 열렸다. 과연 청계천은 '복원'된 것일까?

태된 것인지도 모른다.

    문제는 반세기 전에 했던 실수를 지금도 되풀이하고 있다는 데 있다. 무조건 부수고 짓는 식의 개발논리를 앞세워 덮어버린 청계천을, 복원이라는 허울 좋은 이름으로 사정없이 파헤치는 것은 또 무슨 야만인가. 애초 '600년 고도의 역사와 문화'를 복원하겠다고 시작한 사업이었으나, 실제로 눈앞에 펼쳐진 것은

70년 가까이 복개도로 밑에 갇혀 있던 조선시대 다리와 석축 부재를 굴삭기로 마구 깎아버리는 어이없는 광경이었다.

    청계천은 조선 태종 이래 몇 차례 준설이 있었지만 대부분 바닥에 쌓인 모래만 걷어내는 수준이어서 600년 서울인민의 섭생은 물론 질병까지도 알아볼 수 있는 생활문화사적 유물 연구의 미개척지라는 지적이 많았다. 하지만 겨우 2년밖에 안 되는 공사기간을 맞추기 위해 행해진 것은 극히 일부 지역에 국한된 시험 발굴뿐이었다.

    개발이익을 좇는 토건세력이나 리더십을 자랑하려는 관만의 문제도 아니다. 이들이 '환경'을 빙자해 '개발'을 정당화하려 한다는 비판은, 성급함에 익숙한 시민 다수로부터도 철저히 외면당했다. 심지어 현직 부시장이 청계천 재개발 관련 업체로부터 억대 뇌물을 받아 구속됐고, 서울시 스스로 각 분야 전문가들로 구성한 시민위원회마저 파행 운영에 대한 항의로 집단 사퇴했지만, 개발의 단맛에 길들여진 '수많은 우리들'의 생각을 바꾸기엔 역부족이었다. 정치인들이야 자기 임기 안에 치적을 세우면 그만이라지만, 그 안에서 평생을 살아갈 우리는 도대체 무슨 생각을 하고 있는 건가. 게다가 막개발에 이어 막복원된 도시를 떠안고 살아야 할 후손들의 부담은 누가 고민하고 있나. 1960~1970년대 한반도를 휩쓴 개발 지상주의는 특별한 것이 아니다. 청계고가는 사라지고 없지만 그것이 남긴 화두는 여전하다.

1 일제강점기였던 1929년부터 해방 후인 1946년까지 경성축구단과 평양축구단이 경성과 평양을 차례로 오가며 벌인 축구 경기로, 18년 동안 모두 7번 열렸다. 1946년 7회 대회 이후 38선이 그어지면서 중단되었다가 지난 1990년과 2002년, 2005년 '남북통일축구대회'라는 이름으로 3회 더 개최했다. 지금까지 남쪽이 7승 9무 8패로 북쪽에 약간 뒤져 있다.
2 서울시는 2010년 완공을 목표로 동대문운동장을 헐고 그 자리에 공원과 디자인센터를 짓겠다고 발표했다. 그러나 문화재 관련 시민사회단체와 스포츠인, 청계천 복원사업과 함께 동대문운동장 안으로 이주했던 노점상 등이 거세게 반발해, 서울시 계획은 난항을 겪을 전망이다.
3 2007년 말 현재 한국에서 가장 높은 건물은 서울 삼성동에 있는 주상복합아파트 타워팰리스(263.7미터)이고, 두 번째 역시 서울 목동의 주상복합아파트인 하이페리온(256미터)이다. 63빌딩은 세 번째로 높은 건물이다.
4 일제강점기 전까지만 해도 청계천의 이름은 보통명사격인 '개천開川'에 불과했고, 지류인 중학천이나 청운천 역시 '개천'으로 불리고 있었다. 그랬던 것이 1914년 일제가 조선의 하천 명칭을 정리하면서 '청풍계천淸風溪川'을 줄인 '청계천'으로 부르기 시작한 것으로 보인다. 1916년쯤부터 '개천'이란 말 대신 '청계천'이란 이름이 등장하기 때문이다.
5 서울시도시시설안전관리본부, 《서울은 안전한가》, 서울시, 1995년, 496~497쪽.
6 손정목, 《서울 도시계획 이야기 3》, 한울, 2003년, 77~78쪽.
7 《동아일보》, 1967년 8월 12일자.
8 설계는 세운상가와 남산에 건립 예정이던 국회의사당을 설계한 건축가 김수근이 이끄는 한국종합기술개발공사가, 시공은 현대건설이 맡았다.
9 손정목, 《서울 도시계획 이야기 5》, 196~197쪽.
10 휴가를 떠나는 미군 장병을 타깃으로 지은 호텔답게 이름도 한국전쟁이 한창이던 1950년 서울 도봉 지역 전선을 시찰하다 사망한 미8군사령관 워커Walton H. Walker 중장의 이름을 따 '워커의 언덕', 즉 워커힐Walkerhill호텔이라 정했다. 뿐만 아니라 그 안에 들어선 5개의 개별 호텔 이름도 각각 '더글라스 매카서Douglas MacArthur'와 '매튜 리지웨이', '맥스웰 테일러', '라이만 렘니처', '제임스 밴플리트' 등 미8군사령관을 지낸 사람들의 이름에서 따왔다.
11 손정목, 《한국 도시 60년의 이야기 1》, 한울, 2005년, 147쪽.
12 서울시도시시설안전관리본부, 위의 책, 414~423쪽.

어머니가 가발공장에 취직하던 해
아름다운 청년 전태일과 '평화시장'을 찾아

어머니가 상경한 것은 그의 나이 열일곱 살이던 1967년이었다. 초등학교 졸업 후 부모의 농사를 돕던 어머니는 여느 시골 소년소녀들이 그렇듯 일자리를 구하고자 서울행 완행버스에 몸을 실었다. 별다른 기술이 없던 어머니의 첫 직장은 시내의 한 제과점, 맡은 일은 홀서빙이었다.

어머니가 퇴계로에 있던 가발공장으로 직장을 옮긴 것은 스무 살이 되던 1970년이었다. 당시 그가 플라스틱 머리 모형에 머리카락 심는 일을 하며 받은 월급은 약 5,000원. 월급을 타면 3,000~4,000원씩 뜯어서 1년 만기 5만 원짜리 적금을 부었고, 정릉에 있던 달동네 방세와 왕복 차비, 식비를 빼고 나면 다른 데 쓸 돈은 없었다. 다른 이들도 그랬듯 고향에 있는 부모님과 동생들의 생활비, 오빠의 대학등록금에 보태기 위해서였다.

어머니가 제과점 일을 그만두고 벌이가 좀더 낫다는 가발공장으로 직장을 옮기던 그해 11월 13일. 가발공장에서 몇 블록 떨어지지 않은 청계천 평화시장

'수많은 전태일들'이 일했던 작업장이 대부분 창신동 쪽으로 옮겨가, 지금의 평화시장은 그저 의류 도매시장일 뿐이다.

에서는 한 청년이 온몸에 기름을 붓고 분신자살 하는 사건이 있었으니, '아름다운 청년'이라 불리는 전태일이 바로 그다.

5년 이상 경력자는 전부 환자

전태일이 평화시장에 있는 학생복 맞춤집 '삼일사'에 취직한 것도 그의 나이 열일곱 살이던 1965년이었다. 열여섯 살이 되던 해 대구에서 무일푼으로 상경한 전태일은 처음에는 구두닦이와 리어카 밀어주기, 담배꽁초 주워 팔기 등의 막일을 하며 얼마 안 되는 돈을 벌었다. 그는 이런 식의 불안하기만 한 떠돌이 생활을 접고 정기적으로 월급을 받는 '안정된 직장'을 얻고 싶었다.

그가 가장 먼저 맡은 일은 이른바 '시다'였다. '조수'나 '심부름꾼'을 뜻하는 일본어 '시타바타라키下働き'를 줄여 부른 말로, 주로 하는 일은 다리미질과 실밥 뜯기 등이었으나 간간이 미싱사나 재단사의 잔심부름까지 해야 했다. 그런데 그 작업환경이란 열악하다 못해 참혹하기 이를 데 없었다. 전태일 사후 그의 삶을 기록해 세상에 알린 인권변호사 조영래는 이렇게 적고 있다.

"노동 시간은, 작업량이 비교적 많은 기간(가을, 겨울, 봄)에는 보통 아침 8시 반 출근에 밤 11시 퇴근으로 하루 평균 14~15시간이었다. 일거리가 밀릴 때에는 물론 야간작업을 하는 일도 허다하며, 심한 경우는 사흘씩 연거푸 밤낮으로 일하는 경우도 있다. 업주들이 어린 시다들에게 잠 안 오는 약을 먹이거나 주사를 놓아가며 밤일을 시키는 것도 이런 때다.

…미싱사들의 경우 종일 허리를 꾸부리고 앉아서 행여 1밀리라도 착오가 생길세라 신경을 곤두세우고 눈의 초점을 재봉바늘 끝에 고정시킨 채로 손가락에 뻣뻣이 힘을 주어 옷감을 누르고 발로는 쉴 새 없이 재봉틀을 밟는다. 두꺼운 것을 박을 때에는 손가락에다 힘을 주는 것이 어깨를 통하여 온몸으로 힘이 가고 입매까지 굳어져 버린다. 숙련된 미싱사라도 이렇게 오전 몇 시간을 일하고 나면 예외 없이 어깨와 등허리가 결려오는 것은 물론이다. 우선 손목이 시어서 견딜 수가 없고 심한 경우에는 점심 먹을 때 젓가락질을 할 수가 없을 정도다. 미싱사의 손가락 끝은 살갗이

닳고 닳아서 지문이 없다. 자크(지퍼)를 달 때에는 둘째와 셋째 손가락 끝이 빨개져서 누르면 피가 솟아나온다. 하루의 일을 끝내고 자리에서 일어나면 어지럼증이 나고, 장딴지가 띵띵 붓고 몸 구석구석이 쑥쑥 아리게 되며, 힘이 빠져서 걸음을 걷기가 힘들다. 퇴근할 때 구두를 신으려면 부어오른 발등이 구두에 들어가지 않아 억지로 구두끈을 졸라맨다. 미싱사들의 발등에는 거의 예외 없이 구두끈 자국이 남아있다.

…나쁜 환경 중에서도 가장 대표적인 것이 다락방이다. 이것은 업주들이 좁은 작업장의 공간을 최대한으로 활용함으로써 생산비를 절감하고자 만든 것인데, 바로 이 사실이야말로 한국의 저임금 경제가 딛고 선 냉혹한 인간경시, 인간 비료화肥料化, 저 참혹한 노동지옥을 상징하고도 남음이 있다. 부모로부터 물려받은 멀쩡한 육신을 제대로 바로 펴지 못하고 비좁은 작업장 사이를 허리를 꾸부리고 걸어 다니는 노동자들을 상상해보라."[1]

전태일이 조사한 바에 따르면, 평균연령 열다섯 살인 시다는 말할 것도 없고 재단사나 미싱사의 경우 거의 전원이 신경성 소화불량과 만성위장병, 신경통 등을 앓고 있었다고 한다. 나아가 '5년 이상 경력자는 전부 환자'라는 말도 있었고 폐병으로 피를 토하는 이도 적지 않아, "여공은 시집가도 3년밖에 못 써먹는다"는 말까지 있었다고 한다.[2] 그들은 한 달에 이틀 정도를 쉬며 주 98시간씩 일했고, 야간근무가 허다한 것은 물론이었다. 어린이 노동착취가 여전하다는 '스리랑카 신발공장' 이야기가 아니다. 엄연히 1960~70년대 평화시장, 아니 대한민국 도처에서 벌어진 일이다.

평화시장이 아닌 착취시장

　박정희의 집권과 함께 추진된 산업화는 곧 농촌인구의 도시집중을 의미했다. 서울은 무작정 상경하는 이들로 초만원이었는데, 특히 '조국 근대화의 역군'이라고 입으로만 칭송되던 젊은 노동자들에게는 동경의 대상이었다. 그러나 아무런 연고나 배운 것도 없는 젊은이들을 흔쾌히 받아주는 곳이 많을 리 없었다. 내 어머니처럼 특별한 기술을 지니지 않은 소년소녀들을 받아주는 곳은 청계천 정도였다. 당시 청계천의 평화시장과 통일상가, 동화시장, 신평화시장 등에만 1,000여 개의 영세 봉제공장이 있었는데 거기서만 2만~3만 명 규모의 노동력을 필요로 하고 있었다.

　수요에 비해 공급이 비정상적으로 많으면 당연히 가치는 떨어지는 법. 적은 돈을 준다 해도 일할 사람이 넘쳐났으니, 청계천 노동자의 삶은 척박할 수밖에 없었다. 게다가 박정희 정권이 추진하던 경제개발계획의 전제조건은 '최소한의 임금'으로 '최대한 노동'을 시키는 것. 집권세력과 자본가들은 인간다운 최소한의 삶을 위한 노동자의 권리 주장을 '빨갱이의 준동'으로 몰아가며, 노동자의 희생을 대가로 얻은 경제성장의 과실을 독차지했다.[3]

　평화시장은 그 극단에 있었다. 1960년대 말 이후 섬유봉제산업이 급격히 성장하면서 그 중심지로 떠오르던 평화시장이었으나 열악한 작업 환경이나 부실한 처우 등은 '평화'라는 이름에 걸맞지 않았다. 오히려 노동착취 수준으로 보자면 국내 최고였다고 해도 과언이 아닌 '착취시장'이었다. 일례로 커피 한 잔에 50원 하던 시절에 열다섯 살 시다의 일당은 고작해야 60원에서 100원 정도였다. 1원짜리 풀빵 하나 사먹을 돈이 없어 굶다 쓰러진 시다나, 환기창 하나

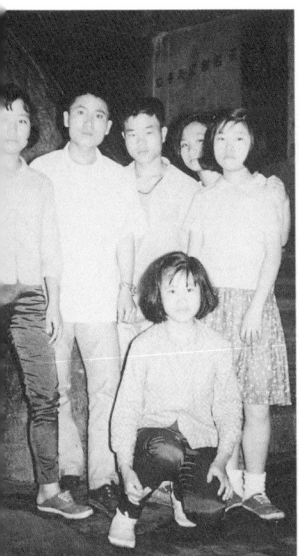 

:
평화시장이 아닌 '착취시장'에 갓 취직했을 때 전태일의 눈에 들어온 것은 각혈하며 쓰러져가는 시다들이었다. 시다, 미싱보조사와 함께 찍은 왼쪽 사진에서는 뒷줄 왼쪽에서 세 번째가, 한미사 동료와 찍은 오른쪽 사진에서는 맨 오른쪽이 전태일이다.

없어 있는 먼지 없는 먼지 다 마셔가며 일하다 각혈하고 폐병에 걸리는 시다. 1970년 남산에 들어선 어린이회관 앞 표지석에는 "웃고 뛰놀자, 그리고 푸른 하늘을 쳐다보며 오늘을 생각하고 내일에의 꿈을 키우자"고 새겨져 있었으나 그것은 모두 다른 나라 이야기였다. 높이 3미터짜리 작업장을 두 개 층으로 쪼개 마치 닭장 같은 곳에서 일하던, 겨우 열서너 살짜리 소녀 시다의 삶이란 내일은 꿈꿀 수조차 없이 고단한 오늘만이 계속되는 나날이었다.

각하께선 곧 저희들의 아버님이십니다

전태일이 사회 모순에 눈뜨게 된 것은 그때였다. '여공에 대한 월 1일 유급 생리휴가(59조)나 건강진단(71조), 재해보상(제8장)' 등 노동자의 기본적인 생활을 보장하기 위해 만든 '근로기준법'의 존재를 알게 된 것이다. 그는 그런 것도 모르고 속아 살아온 자신들이 바로 '바보'라며 평화시장의 동료 재단사들과 함께 '바보회'를 만들었다. 그러고는 《축조逐條 근로기준법 해설》을 구해 읽고, 평화시장의 노동환경 개선을 위해 활동하자고 동지들과 뜻을 모은다. 물론 근로기준법이 '빛 좋은 개살구'였다는 것이 드러나는 데 그리 오랜 시간이 걸리지는 않았다.

너무도 순진했던 전태일이었다. 그는 자본이 없었음에도 세금을 내고 법을 지키면서도 이익을 낼 수 있는 작업장을 만들어 보란 듯이 성공하겠노라는, '이룰 수 없는 꿈'을 꾸기도 했다. 또 평화시장 노동자를 상대로 열악한 노동환경 실태에 대한 설문조사를 벌여 노동청이나 시청에 찾아가 시정을 요구하기도 했다. 전태일은 박정희 대통령에게 보낼 목적으로 1969년 12월 19일, 한 장의 진정서를 썼다.

"…저의 좁은 생각 끝에 이런 사실을 고치기 위하여 보호기관인 노동청과 시청 내에 있는 근로감독관을 찾아가 구두로 감독을 요구했습니다. 노동청에서 실태조사도 나왔습니다만 아무런 대책이 없습니다. …응당 근로기준법에 의하여 기업주는 건강진단을 시켜야 함에도 불구하고 법을 기만합니다. 한 공장의 30여 명 직공 중에 겨우 2명이나 3명 정도를 평화시장주식회사가 지정하는 병원에서 형식상의 진

:

전태일은 평화시장의 노동착취 실태를 고발하기 위해 박정희 대통령에게 편지까지 보냈다. 그러나 '아버지'로부터 답장을 받지는 못했다.

단을 마칩니다. X선 촬영 시에는 필름도 없는 촬영을 하며 아무런 사후지시나 대책이 없습니다. 1인당 300원의 진단료를 기업주가 부담하기 때문입니까? 아니면 전부가 건강하기 때문입니까? … 각하께선 국부이십니다. 곧 저희들의 아버님이십니다. 소자된 도리로서 아픈 곳을 알려드립니다. 소자의 아픈 곳을 고쳐주십시오. 아픈 것을 알리지도 않고 아버님을 원망한다면 도리에 틀린 일입니다. …"[4]

그러나 그 '아들'들은 이미 '아버지'의 눈 밖에 난 자식들이었다. 어린 직공들이 하루 세끼 밥값으로 50원을 쓸 때 업주들은 한 끼 점심값으로 200원을 쓰던 시절, 현실의 벽은 감히 오를 수 없을 만큼 높았다.

1970년 11월 13일 평화시장 앞

노동운동을 하다 해고되어 잠시 청계천을 떠났던 전태일이 다시 평화시장으로 돌아온 것은 본격적으로 투쟁하리라 마음을 다잡은 1970년 9월이었다. 평화시장으로 돌아온 그가 가장 먼저 한 일은 '바보회'를 평화시장·통일상가·동화시장이 있는 세 건물을 가리키는 '삼동三棟친목회'로 확대하고, 봉제공장의 노동실태를 세상에 알리는 것이었다. 또 삼동친목회를 노동조합으로 발전시켜 노동조건 개선운동을 벌여나가며, 요구가 관철되지 않으면 데모를 하는 계획까지 짰다.

한 달 뒤인 10월 6일 드디어 126장의 설문지를 회수하는 데 성공한 삼동친목회는 노동청에 '평화시장 피복제품상 근로개선 진정서'를 제출하기에 이른다. 다음날에는 확실한 통계자료나 근거를 요구하며 보도를 꺼리던 언론의 태도도 달라져, 《경향신문》에 "골방서 하루 16시간 노동"이라는 제목으로 사회면 톱 기사가 나갔다. 감동한 삼동친목회 회원들은 경향신문사에서 신문 300부를 외상으로 구입해 평화시장으로 달려갔다. 결코 싼 가격이 아니었음에도 이날 한 부 20원짜리 신문은 남은 것 하나 없이 모두 팔렸다고 한다. 세상이 '우리도 인간이다'라고 외치는 자신들의 목소리에 귀 기울여주고 있다는 데 대한 벅찬 감동의 힘이었다.

사회적인 분위기도 유리했다. 겨울만 지나면 제7대 대통령 선거가 시작될 예정이어서 박정희 정권은 한껏 긴장할 수밖에 없었다. 만약 이 사태가 확대된다면 '전태일 정신의 구현'을 공약으로 내건 신민당 김대중 후보가 유리할 수밖에 없었기 때문이다. 이에 정부는 근로감독관 등을 파견해 온갖 방법으로 회유 작업을 벌였고, 전태일을 비롯한 삼동친목회 회원들도 처음에는 그들의 제안을 곧이곧대로 받아들이는 듯했다. 그러나 시간이 지나도 노동조건을 개선해주겠다는 약속은 전혀 지켜지지 않았다. 약속은 몇 차례 더 있었으나 이행은 언제나 하 세월이었다.

결국 시위를 통해 목소리를 내기로 결정한 삼동친목회 회원들은 몇 차례의 시도 끝에 기사가 나가고 약 한 달이 지난 11월 13일 데모를 할 수 있었다. 그러나 이날 정보를 미리 입수한 경찰과 시장경비원들이 모인 이들을 해산시키고 현수막을 빼앗는 등 데모를 원천봉쇄하고 나섰다. 그때 한 손에 근로기준법 책을 든 전태일이 몸에 불을 붙인 채 "근로기준법을 준수하라! 우리는 기계가 아니다! 일요일은 쉬게 하라!"는 외마디 구호를 외치며 시장 입구로 뛰어나갔다. 불길은 순식간에 전태일의 온몸을 휘감았고, 그는 얼마 못 가 자리에 쓰러졌다. 분신 직후 전태일은 병원으로 실려 갔고, 이에 분노한 노동자들은 빼앗긴 현수막

: 2005년 평화시장 앞 버들다리 위에 전태일 흉상이 세워졌다. 그렇다고 우리 사회에 전태일 정신이 구현되었다고 말할 수 있을까?

대신 혈서로 쓴 현수막을 들고 동대문 쪽으로 밀려갔다.

의사들이 1만 5,000원짜리 주사 두 대를 맞으면 일단 화기는 줄일 수 있다고 했으나, 그 돈이 없어 주사를 맞을 수 없었던 전태일은 결국 그날 명동성모병원에서 "배가 고프다"는 말을 마지막으로 숨을 거두었다. 경제개발의 상징인 경부고속도로가 개통된 지 꼭 4개월 만의 일이다.

훼손된 전태일 동판과 오늘의 대한민국

국내 최대 규모의 의류 도매시장인 평화시장. 근처의 두산타워나 밀리오레 등 신식 쇼핑몰에 손님을 많이 빼앗기기는 했지만 그래도 아직까지는 도매시장 중에서 옷값 싸고 품질 좋기로 이름난 곳이다. 복원된 청계천을 따라 오간수교에서 나래교까지 500미터에 걸쳐 인도 양쪽으로 전태일 정신을 기리는 동판 4,000여 장이 깔려 있어, 천대받고 무시당해온 그들의 역사가 이제는 사회적으로 인정받는 듯싶기도 하다.

그러나 정확히 거기까지다. 2003년 말까지만 해도 전태일이 분신한 자리에는 "이곳은 영원한 노동자의 벗 전태일이 1970년 11월 13일 노동자의 인간다운 삶을 위해 분신 항거한 곳입니다"라고 새겨진 동판이 설치되어 있었다. 그랬던 동판이 설치된 지 3년도 안 돼 뜯겨져 나간 것은 청계천 복원공사기 한창이던 그해 12월. 다행히 누군가가 길바닥에 나뒹굴고 있는 동판을 챙겨 유실은 막을 수 있었다. 하지만 이것이 우리 사회가 전태일을 비롯한 노동자의 존재를 어떻게 여기고 있는지 보여주는 바로미터가 아닐까.

전태일이 외쳤던 "노동자도 인간이다!"라는 구호는 지금도 여전하고, 사람

: 2003년 말까지만 해도 전태일이 분신한 자리에는 그의 죽음을 기리는 동판이 설치되어 있었다. 그러나 청계천 복원공사 와중에 뜯겨 나가고 말았다.

답게 살 권리를 차압당한 노동자의 분신 역시 끊이지 않고 있다. 개발과 건설, 전진을 외쳐 온 정부와 기업의 효율성 극대화 논리나 언론의 무관심과 냉대 또한 크게 달라지지 않았다. 심지어 전태일의 죽음으로 불타올랐던 민주노조운동의 전통은 어디로 갔는지 노동자마저 '정규직'과 '비정규직', 그리고 '외국인 노동자'로 나뉘어 뿔뿔이 흩어지고 있다. 과연 우리는 어머니들이 살아냈던 그 시대로부터 무엇을 배웠는가. 오늘을 사는 우리가 대답할 차례다.

---

1 조영래, 《전태일평전》, 돌베개, 1995년, 104~109쪽.
2 같은 책, 110~111쪽.
3 쿠데타 직후부터 노동조합을 해체시킨 박정희 정권은 이후 '외국인 투자기업의 노동조합 및 노동쟁의 조정에 관한 임시조치법'(1970년)과 '국가보위에 관한 특별조치법' 등을 통해 노동운동을 강압적으로 금지하고, '경제쿠데타'라 불린 1972년 '8·3사채동결조치'를 통해 빚더미에 앉은 대기업의 자금 숨통을 터주는 등 '친대기업' 자세를 견지했다 (서중석, 《한국 현대사》, 웅진씽크빅, 2005년, 267쪽).
4 권태억 외, 《근현대 한국탐사》, 역사비평사, 1997년, 399쪽.

해방과 함께 태어나 전쟁과 함께 자라다

용산동 2가 '해방촌'을 찾아

무언가 경계하는 눈빛이 역력했다. 사람들의 어깨를 들썩거리게 하는 힘을 지닌 사물놀이가 그들에게는 잘 통하지 않는 듯했다. 김덕수패가 사물놀이를 개발한 것이 1970년대 후반이니 북한 사람들이 모를 만도 하다. 징과 쇠, 북과 장구는 남과 북 할 것 없는 보편적인 민속악기 같지만, 반세기 동안 공고히 유지된 분단체제는 남과 북을 그렇게 갈라놓고 있었다.

경기도 안성에 있는 '하나원'을 찾은 것은 2004년 어느 여름 날, 친구들과 함께 전국 사회복지시설을 돌며 사물놀이 공연 봉사활동을 하던 때였다. 하나원은 새터민의 남한사회 적응을 위해 지난 1998년 문을 연 정착지원시설로, 북을 떠나 남쪽에 새 터전을 일군 새터민은 일단 하나원에서 1년 정도 적응훈련을 받아야 한다. 말하자면 새터민들의 남한 적응을 위한 '인큐베이터'인 셈이다.

하나원 교육 프로그램의 실효성을 두고 논란이 있는 것이 사실이지만 요즈음 새터민들의 사정은 그래도 나은 편인지 모른다. 반세기 전만 해도 사정은 영

남산과 용산 미군기지 사이에 자리한 해방촌은 해방과 함께 태어나 전쟁과 함께 자랐다.

딴판이었다.

서울 속 '외딴섬' 해방촌 찾아가기

남산3호터널을 막 빠져나와 강남 쪽으로 달리다 보면 왼쪽으로 그랜드하얏트호텔이 보인다. 호텔을 둘러싼 한남동과 이태원동 또한 제법 호화롭기로 소문난 동네. 하지만 오른쪽으로 조금만 시선을 돌리면 이와는 정반대의 풍경이 펼쳐진다.

"…산비탈을 도려내고 무질서하게 주워 붙인 판잣집들이었다. …레이션[1] 갑을 뜯어 덮은 처마가 어깨를 스칠 만큼 비좁은 골목길이었다. 부엌에들 아무 데나 마구 버린 뜨물이 미끄러운 길에는 구공탄 재가 군데군데 헌데 더뎅이 모양 깔렸다."[2]

이범선이 한국전쟁 직후 이 지역의 풍경을 묘사한 소설 〈오발탄〉의 한 대목이다. 그와 비슷한 시기에 강신재가 쓴 〈해방촌 가는 길〉에는 다음과 같은 구절이 나온다.

"기애는 희뿌연 남산을 바라보고 이 년 전, 그 중턱의 판잣집으로 이사를 오던 날 서글픈 감정을 서로 감추느라고 세 식구가 미묘한 고통을 겪은 일을 지금도 생생히 마음속에 되살려 올렸다. 초라한 판잣집은 정말 너무도 형편이 없었다. 그것을 보는 순간 가슴이 쩌릿하게 아파오도록 그것은 그냥 닭장이나 헛간과 다를 바 없었다."[3]

비록 반세기 전의 이야기지만 판잣집이 콘크리트 양옥으로 바뀌었고 진흙길이 아스팔트로 포장됐을 뿐이다. 복잡하기만 한 골목이나 다닥다닥 붙어 있는 가옥들의 모습은 그때나 지금이나 그다지 달라진 게 없는 동네 용산동 2가, 이른바 '해방촌'이다.

'해방촌'이란 이름은 이 동네가 해방과 동시에 생겨났기에 붙은 이름이다. 또 한국전쟁 후 북에서 남으로 내려온 이들이 임시거처로 사용한 곳도 이곳 남산 기슭의 해방촌이었다. 그래서 지금도 어느 정도 나이가 든 사람들에게는 용산동 2가보다 해방촌이라는 이름이 더 익숙하다고 한다.

해방과 함께 태어나 전쟁과 함께 자란 해방촌

다른 지역과 해방촌을 잇는 길은 크게 세 개다. 남산3호터널을 빠져나와 미군기지 앞의 진입로를 통해 들어가거나 남산 중턱의 소월길을 통해, 혹은 서쪽의 후암동 길을 거쳐 들어갈 수 있다. 서울 중심부에 있는 동네치곤 진출입로 사정이 그리 좋은 편이 아니다. 마치 서울이란 바다에 떠 있는 외딴섬 같다.

고속도로조차 도시 안까지 비집고 들어와 연결되는 마당에 유독 해방촌만이 이렇게 고립되어 있는 이유는 무엇일까? 미군기지와 남산이 각각 남북을 막고 있고 동쪽은 남산3호터널을 막 빠져 나온 반포로가 가리고 있기 때문만은 아니다. 태생이 해방 직후 들어온 해외동포와 남으로 내려온 실향민의 '임시거처'였기에 주거나 교통시설 역시 임시의 그것 이상이 아니었을 것이다.

서울역에서 장지동까지 가는 401번 버스를 타고 가다 남산3호터널을 지나자마자 나타나는 첫 정거장에 내리면 용산 미군기지 앞이다. 거기서 바로 해방촌으로 올라가도 좋지만 지하철4호선 숙대입구역에서 내려 후암동 길을 따라 올라가는 것이 해방촌을 오롯이 느끼기에는 더 낫다.

숙대입구역에서 남산 쪽으로 걸으면 1917년 일제가 일본인 자제들을 위해 세웠던 용산중고등학교 정문을 지나 우리은행 앞 삼거리에 닿는다. 거기서 오른쪽으로 몸을 돌리면 다가구 주택이 다닥다닥 붙어 있는 산동네가 보이는데 그곳이 바로 해방촌이다.

동네 어른들이 일제강점기 시절 신사神社의 계단이었다고 말하는 107계단을 따라 올라가면, 한 사람이 간신히 지나갈 만한 골목 사이에 해방모자원이 있다. 해방모자원은 휴전 직전인 지난 1953년 3월 설립한 것으로, 저소득층 모자母子

일제강점기 당시 신사 계단이었다는 107계단을 따라 올라가면 '월남민들의 가나안' 해방촌에 닿는다.

가정을 지원하기 위한 사회복지시설이다. 애초에는 전쟁으로 생겨난 모자 가정을 위한 살림집을 하나둘 마련해주다가 그 수가 늘자 아예 일대 땅을 사들여 지었다. '해방과 함께 태어나 전쟁과 함께 자란' 해방촌의 성격을 가감 없이 설명해주고 있는 시설 가운데 하나다.

그러고 보면 해방촌의 역사는 전쟁과 떼려야 뗄 수 없는 관계에 있다. 해방촌이 생겨난 것은 일본군이 미군에 패퇴하면서부터다. 본디 해방촌이 자리한 용산동 2가 산 2-5번지 일대는 일본군 제20사단의 사격장이 있던 곳이다. 해방이 되면서 미군정청이 접수하기는 했으나 통제력이 미치지 못했기 때문인지 그 공터는 전쟁통에 서울로 몰려든 실향민의 차지가 되어버렸다.

잠잘 곳이 마땅치 않던 그들은 먼저 일본군이 버리고 간 육군관사를 차지했다. 한때 육군형무소로 사용되다가 지금은 미군관사로 사용되고 있는 건물인데, 미군정청이 내쫓을 때까지 그곳은 집 없는 실향민 차지였다. 1946년 미군정청에 의해 쫓겨난 실향민들이 다음으로 옮겨 간 곳은 바로 위에 있던 지금의 용산동 2가 일대였다. 그들은 주인 없는 땅에 움막을 짓고 살기 시작했다.

해방촌의 랜드마크 해방교회

해방촌 한가운데 우뚝 솟아 있는 해방교회는 해방촌의 '랜드마크'이자 역사이기도 하다. 실향민 중에서도 다수를 차지하던 이들은 서북 지역, 특히 평안북도 선천에서 내려온 사람들이었다. 일제강점기 때부터 이미 개신교 신자의 3분의 1 이상이 뿌리내린 대표적인 개신교 지역답게, 한국전쟁을 거치며 적잖은 선천 사람들이 월남하기에 이르렀다. 북한 지역을 점령한 공산군은 종교행위를 인정하지 않았기 때문이다. 남으로 내려온 사람들은 나중에 이름이 '영락교회'로 바뀐, 을지로 2가의 베다니 전도교회를 중심으로 활동하다가 점차 그 수가 많아지자 해방촌 일대로 근거를 옮기기 시작했다. 그들은 해방촌 언덕 위에 해방교회를 세우고, 그곳을 중심으로 젖과 꿀이 흐르는 자신들만의 '가나안'을 만들어갔다.

물론 '지금의 해방교회'는 반공 이데올로기로 점철된 '그때의 해방교회'와 다른 점이 한두 가지가 아니다. 이제는 세월이 흘러 초기 정착민들이 해방촌을 떠나 교세도 예전 같지가 않다. 이사를 가도 여전히 해방교회를 찾는 이들이 적지 않다지만, 선천 사람들로 북적이던 당시 해방교회의 느낌이 사라진 지는 이미 오래됐다는 것이 신도들의 한결같은 대답이다. 세월 앞에 장사 없다고, 시간이 흐르며 해방촌의 집단성과 보수성도 점점 엷어지고 있다.

해방교회가 그들의 정신적 지주역할을 했다면 근처에 있는 기독교계 학교인 보성여중고와 숭실중고는 새로운 체제로의 진입을 위한 징검다리 구실을 했다. 물론 해방촌에 살았던 사람들 대부분이 하층민이었기에, 실제로 이런 학교에 자녀가 재학하는 경우는 드물었다고도 한다. 그러나 서울 다른 지역에 사는 선천 사람들이 먼 등하굣길에 아랑곳하지 않고 자녀를 이 학교에 보내려고 했다는 것을 보면 전쟁 중에 월남한 사람들에게 이들 학교가 갖는 '상징성'이 꽤 컸음을 알 수 있다. 1975년 은평구 신사동으로 이전한 숭실중고와는 달리 해방교회와 군인아파트 사이에 있는 보성여중고는 지금도 여전하다.

월남인들의 인큐베이터 해방촌

아무리 종교를 중심으로 뭉치고, 교육을 통해 자립하려 한들 결국 관건은 경제력이다. 경제력이 뒷받침되지 않는다면 힘을 갖기 어렵다. 그런 면에서 해방촌은 또 하나의 지리적 이점을 지니고 있었다.

해방촌이 천막촌으로 거듭나던 시절, 일대 땅의 97퍼센트 이상이 국유지나 시유지였기에 자기들 마음대로 천막을 쳐도 나가란 말을 하는 이가 없었다. 전쟁 통에 행정력이 거기까지 미치지 못했다. 사유지에 무단으로 천막을 쳤다가 이내 쫓겨나야 했던 다른 지역 피난민들과는 달리, 해방촌 피난민들은 비교적 안정적으로 생활의 기반을 다져나갈 수 있었다.

비만 내렸다 하면 질퍽거리는 흙길이나 상하수도 구분이 없어 항상 악취가 진동했던 것은 대부분의 달동네가 안고 있던 문제다. 그러나 해방촌에는 상수도 역할을 하는 남산 샘물이 있었고, 특히 1953년 8월 15일 서울환도와 함께 올라온 한국 해병대사령부가 여기에 자리를 잡으면서 도로와 상수도를 설치해 생활환경이 급속하게 나아지기 시작했다.

게다가 해방촌 바로 남쪽에는 미군기지가, 북쪽으로 2킬로미터 밖에는 남대문 시장이, 그리고 그보다 가까운 곳에는 장삼이사들이 들고나는 서울역이 있었다. 튼튼한 육신 말고는 별다른 자산이 없던 피난민들이 할 수 있는 일이라곤 육체노동을 통한 돈벌이뿐이었다. 그들은 지리적 이점을 활용해 군복을 염색하거나 스웨터를 짜고, 담배를 말거나 날품을 팔아 생계를 꾸려나갈 수 있었다. 실제로 해방촌 주민의 80퍼센트가 '사제' 연초제조업에 종사해 해방촌을 '제2의 전매청'이라고 부를 정도였다고 한다.[4] 해방촌이 다른 달동네와는 달리 도심에서 멀지 않은 곳에 위치했기에 가능했던 일이다.

피난 온 사람들을 주축으로 형성된 해방촌. 전쟁으로 고향에서 내몰린 피난민을 받아준 해방촌에서, 그들은 서로 의지하며 남한 땅에서 살아갈 힘을 얻었다. 결국 이렇게 해방촌은 한국전쟁을 거치면서 월남민의 인큐베이터로 탈바꿈하게 된다.

해방촌의 오늘

고향을 떠나 남쪽으로 내려온 사람들의 종교·교육·경제 공동체로서 자립을 위한 인큐베이터 역할을 톡톡히 했던 해방촌. 하지만 전쟁을 기억하는 이들이 급속히 사라지고 있는 지금 해방촌에 간다 해도 예의 흔적을 찾아보기는 쉽지 않다. 그나마 다섯도 안 되는 선천 출신 가구가 남아 해방촌의 역사를 증언해주고 있을 뿐이다.

"이제 서너 집이나 남았을까? 다들 돈 벌어서 떠났지요. 이북 사람들은 생활력이 좋아서 이곳에 오래 살지 않고 바로들 돈 벌어 떠났어요."

:
용산동 2가라는 법정명보다 해방촌이라는 이름이 더 익숙한 동네, 그래서인지 '해방'이 들어간 상점 이름이 많다.

    전쟁 시기에 이곳에 정착한 이후 30여 년 전부터 슈퍼를 운영해오고 있는 황치원 장정복 부부. 이미 칠순을 넘긴 그들은 "선천 사람들이 떠난 해방촌을 차지한 것은 이제 전라도 사람들"이라며, "이미 20년 전부터 그런 변화가 시작됐다"고 했다.

    실제로 타향살이의 고단함을 단합된 힘으로 극복할 수 있도록 해준 해방촌의 오늘은 지나다니는 사람도 별로 없을 만큼 옹색하기 그지없어 보였다. 해방촌 사람들이 모여 담소를 나누었다는 슈퍼 앞 평상은 자동차가 지나다닐 수 있게끔 치워진 지 오래였다. 아직도 용산동 2가보다는 해방촌이라는 이름이 더 자

사회적 약자들의 '인큐베이터' 역할을 해온 해방촌. 재개발 등쌀에 밀려 해방촌 같은 인큐베이터가 사라진다면 이제 그들은 어디로 가야 할까.

연스럽게 불려지고 '해방'이라는 이름을 쓰는 점포들이 적지 않게 남아 있으나 사실상 해방촌의 역사는 거의 끝난 것처럼 보였다.

    북한 지역에서 왔다는 사실은 곧 '심사'를 받아야 한다는 의미이기도 했다. 길거리에서 우익 청년이나 경찰에게 잘못 걸리기라도 하면 '빨갱이'가 아님을 몸소 증명해야 했던 해방촌 사람들. 그러했기에 경찰의 좌익색출을 돕거나 직접 좌익을 상대로 테러를 감행했던 서북청년단의 주요 구성원을 이루었는지도 모른다. '빨갱이 색출'을 피해 아예 반공투사로 거듭난 것이다. 그와 같은 부담 때문이었을까. 선천 사람들은 경제력을 쌓으면 이내 다른 지역으로 이사를 갔다.

해방촌이 고향을 떠난 이들에게 잠시 머무르며 힘을 기를 수 있는 인큐베이터 역할은 했을지언정 진정한 보금자리일 수는 없었다.

해방촌이 사라지면

요즈음 들어 신문지상에 용산동 2가 땅주인들도 은평구 진관내외동이나 서대문구 아현동처럼 재개발되면 큰 돈 벌 수 있으리란 기사가 종종 실린다. 뉴타운 지역으로 지정되어 재개발될 것이란 이야기다. 이를 두고 이제 해방촌 사람들도 진정한 해방을 맞을 것이라고 전망하기도 한다.

이는 곧 '인큐베이터'로서의 해방촌의 종말을 의미한다. 해방교회나 해방모자원은 살아 남을 수 있을지 모르지만 해방촌을 일구어낸 사람들의 땀 냄새가 배어 있는 살림집은 남김 없이 헐릴 것이다. 또 황치원 장정복 부부의 말마따나 지금 해방촌 사람들의 다수를 형성하고 있는 것은 전라도 사람들, 이른바 산업화 시기에 변변한 공장 하나 없는 고향을 떠나 서울에 둥지를 튼 인력시장 공급원들도 뿔뿔이 흩어진다는 말이다.

달동네가 없어져도 도시빈민은 좀처럼 사라지지 않는 것처럼 해방촌이 사라진다 한들 '기애'가 느꼈을 서러움이 쉽사리 사라질 수 있을까. 인큐베이터가 사라져가는 서울, 이제 그들을 보듬을 공간은 어디인가.

1 미군의 야전식량.
2 이범선, 〈오발탄〉, 《한국문학전집 22》, 학원출판공사, 1994년, 95쪽.
3 강신재, 〈해방촌 가는 길〉, 《젊은 느티나무》, 민음사, 2005년, 282~283쪽.
4 김귀옥, 《이산가족, '반공전사'도 '빨갱이'도 아닌…》, 역사비평사, 2004년, 226쪽.

'친일미술가'의 손으로
'독립운동가'의 동상을 빚다

남산공원 '김구와 안중근 동상'을 찾아

1989년 초등학교 4학년 봄 소풍 때 처음 가본 여의도 국회의사당. 그땐 그저 나라를 움직이는 분들이 일하는 곳으로만 알고 있었다. 우리학교 운동장보다 더 큰 회의장과 높다란 돔, 모든 게 대단해 보였다. 그런 국회의사당을 달리 보게 된 것은 2004년 봄이다.

〈오마이뉴스〉 시민기자 시절 4·15총선 관련 취재를 위해 국회의사당에 가게 됐는데 오랜만에 다시 와본 곳이라 한번 둘러보고 싶었다. 15년 전에는 그 규모에 압도됐다면, 이번에는 디테일에 관심이 갔다. '의원전용'이라 지나다니지 못했던 중앙현관과 붉은 카펫의 권위적인 느낌은 하나도 변한 것이 없었다. 그러던 중에 중앙현관과 본회의장 사이 계단 양쪽에 섬세하지 않은 조각상태 등 여러모로 초라하고 궁색해 보이는 대리석상에 유독 시선이 갔다. 충무공 이순신 상과 세종대왕 상이 그것인데, 반지르르한 대리석 벽과 넓은 실내 공간과는 전혀 어울리지 않아 보였다.

국회의사당 중앙현관에 서 있는 세종대왕과 이순신 대리석상. 둘 다 일제와 독재정권에 부역한 김경승의 작품이다. 땅딸막한 몸집 등 모양새가 유려하지 않다.

게다가 가까이 다가가 살펴보니 그것을 조각한 이는 다름 아닌 '김경승'. 이화여대와 홍익대 미대 교수를 지낸 김경승은 누구인가? 그의 이름을 확인하는 순간 '이건 좀 아니다' 싶은 생각이 들었다.

'반도 조각계의 중진' 김경승

김경승은 그의 친형 김인승과 함께 일제에 부역한 미술가로 거론되는 대표적 인물 중 하나다. 일본 메이지대학 법문학부를 졸업한 김세형의 여섯 남매 중

차남으로 태어난 김경승은, 다섯 살 위의 김인승이 일본 도쿄미술학교(현 도쿄예술대학)에서 유화를 공부할 때 같은 대학에서 조각을 전공했다.

형제는 용감했다. 형 인승은 1937년 조선총독부가 주최한 제16회 조선미술전람회(선전)에 〈나부裸婦〉를 출품해 최고상인 '창덕궁상'을 수상했는가 하면, 그후 내리 4년 동안 특선을 거머쥐었다. 급기야 '선전 추천작가' 반열에 오른 김인승은 '그림을 그릴 줄 아는 자는 그림으로 나라를 지킨다'는 화필보국畵筆報國 정신이 투철했다. '조선 징병제 시행기념 기록화' 제작과 순회전시회에 참여했고, 친일 미술전시회의 극치인 반도총후미술전의 추천작가로도 활약했다.

동생 김경승도 일본인 작가를 제외하고 유일하게 일본 옷을 입은 인물을 등장시킨 〈S씨상〉(1939년)과 〈목동〉(1940년)으로 특선에 오르는 등 두각을 나타냈다. 〈어떤 감정〉(1941년)과 〈여명〉(1942년)으로 두 번 연달아 총독상을 받았고, 1943년에는 형에 이어 선전 추천작가가 되는 영광을 누렸다. 그중 〈목동〉은 얼굴에 힘이 잔뜩 들어간 젊은 농부가 오른손에 낫을 쥐고 서 있는 모습을 묘사했는데, 작품 제목과는 달리 전혀 목가적이지 않다. 1930년대 후반 '전쟁을 위해 식량증산에 힘쓰자'는 일제의 산미증식계획이 주제이기 때문이다. 〈여명〉 역시 장도리를 어깨에 걸친 조선인 노동자를 통해 식민지인의 전쟁협력을 다루고 있고, 〈제4반〉(1944년)은 전쟁물자 조달을 위해 조직된 조선여성노동대를 묘사하고 있다.

김경승은 해방 뒤 제기된 친일작품 논란에 대해 "누가 보아도 한국인의 냄새와 민족적인 독립정신이 풍김을 짐작하기 어렵지 않다"고 반박했다. 그러나 1942년 6월 3일자 《매일신보》에 실린 〈여명〉 수상소감에는 '반도 조각계의 중진'[1] 김경승의 본심이 드러나 있다.

"이보다 더 중대한 문제는 재래 구라파 작품의 영향과 감상의 각도를 버리고 일본인의 의기와 신념을 표현하는 데, 새 생명을 개척하는 대동아전쟁 하에 조각계의 새 길을 개척하는 것일 겁니다. 나는 이같이 중대한 사명을 위하여 미력이나마 다하여보겠습니다."

해방 직전인 1944년 경성일보사가 주최하고 조선총독부와 국민총력조선연맹 등이 후원한 '결전決戰미술전람회'. 김경승은 이 대표적 친일미술전의 심사위원을 맡았고, 〈대동아 건설의 소리〉라는 다분히 일제 찬양적 작품을 출품하기도 했다. 또 친형 인승과 함께 '조선미술가협회'라는 대표적 친일미술단체에서 활동하면서 전시회로 벌어들인 돈을 국방헌금으로 내는 등 일제 협력에 앞장섰다. 해방의 그날까지 진정한 친일미술가로서의 면모를 과시했다.

남산을 수놓은 친일작가의 동상

김경승의 작품이 전시회장 안에만 있는 것은 아니다. 숭례문에서 출발해 힐튼호텔 앞을 지나 남산 정상까지 오르다 보면 김유신 장군과 백범 김구, 안중근 의사 동상 3기가 남산식물원 앞까지 차례로 서 있는 것을 볼 수 있다. 모두 김경승의 작품으로, 1967년에 안중근, 1969년에는 김유신과 백범 김구 동상을 세웠다.

1970년대 초 경주에 화랑교육원을 세우는 등 화랑도 전통을 합법적 살인자이자 도둑에 불과한 사무라이식 맹종으로 왜곡하며 유난하리만큼 무武를 강조한 박정희 정권. 김유신 동상이야 역사적 정통성이 빈약한 박 정권이 군인정권의 정당성을 내세우기 위해 세웠다고 치자. 문제는 '가짜 민족주의자'가 '친일미술가'들과 함께 자신들과는 정반대의 삶을 살다간 독립운동가들의 동상까지 만들어 역사왜곡에 나섰다는 점이다.

먼저 김유신 동상 뒤 가파른 계단을 올라가면 나오는 백범 김구 동상의 기단에는 "네 소원이 무엇이냐 하고 하느님이 물으신다면 나는 서슴지 않고 '내 소원은 대한독립이오'라고 대답할 것"이라는 김구의 말이 새겨져 있다. 그 옆에는 이런 글귀도 있다.

"위국성충은 일월과 같이 천추만대에 기리 빛나리. 백범김구선생동상건립에 즈음하여 1969년 8월 대통령 ○○○"

박정희 전 대통령의 글이다. 김경승이 민복진과 공동으로 조각한 이 동상의 건립문은 박종화가, 김구의 생애에 대해서는 이은상이 썼다. 모두 친일 전력에서 자유롭지 못한 이들이다. 도대체 무슨 염치로 '첫째도, 둘째도, 셋째도 독립이 소원'이라던 백범의 동상을 만들 생각을 했던 것일까. 이런 이유 때문이었는지는 알 수 없지만, 박 전 대통령의 이름은 누군가가 날카로운 것으로 긁어버려 판독하기 힘들다. 못다 긁은 "정희"라는 낙관만 네모 틀 속에 갇혀 남아 있을 뿐이다.

김경승과 박정희의 '콤비플레이'는 여기서 끝나지 않았다. 계단을 따라 옛 남산식물원 쪽으로 더 올라가면 1971년 문을 연 안중근의사기념관 왼쪽으로 안중근 동상이 있다. 이 역시 김경승이 조각한 것으로, 그 앞에 있는 가로 6미터, 세로 3미터 정도의 돌에는 "민족정기民族正氣의 전당殿堂"이라는 박정희의 글씨도

남산공원에 있는 도마 안중근상(왼쪽), 백범 김구상(오른쪽), 김유신상(아래)도 모두 김경승의 작품이다. 김경승은 '친일'에서 '친독재'로 변신하며 명성을 이어갔다.

'친일미술가'의 손으로 '독립운동가'의 동상을 빚다 69

박정희 대통령이 세운 남산 안중근의사기념관 앞에는 "민족정기의 전당"이라고 쓴 박 대통령의 글씨가 여전히 남아 있다. 정통성이 빈약한 독재정권은 '항일'마저 자신들의 것으로 만들어버렸다.

새겨져 있다. 1979년 9월 2일 안중근 탄생 100돌을 맞아 박 전 대통령이 써서 세운 것이다.

    종로 탑골공원의 월남 이상재 동상과 신사동 도산공원의 안창호 동상 등 독립운동과 관련한 김경승의 작품이 김구와 안중근, 안창호에만 그치는 것은 아니다. 김경승은 심지어 독재에 항거해 일어선 4·19혁명의 희생자를 기리는 수유리 '4·19국립묘지'의 4월학생혁명기념탑과 수호자상 등을 만들기도 했다. 김성수나 김활란 등 해방 후 사학재단을 통해 기득권을 유지해간 친일반민족행위자의 동상을 제작한 것도 김경승이다. 심지어 불국사 석가탑과 다보탑 개보수에까지도 손을 댔다.

서울만의 상황도 아니다. 전두환 정권 시절 대대적으로 조성한 전북 정읍의 황토현 전적기념관에 세워진 전봉준 동상과 그 뒤의 부조도 그의 작품이다. 이에 대해서는 미술평론가 유홍준이 "농민군의 행렬이 마치 살진 농민들의 소풍놀이처럼 유치하게 표현되어 있다"며 "내용으로나 형식으로나 도저히 눈뜨고 볼 수 없는 20세기 최대의 '문제작'"[2]이라고 혹평함으로써 그 조악함이 널리 알려졌다. 김경승은 부산과 통영에 세워진 이순신 동상을 비롯해, 인천 자유공원의 매카서 동상 등 50기가 넘는 동상을 남겼다.

'친일'이 '독립운동'을 심사하던 시대

물론 김경승을 비롯해 그의 친형 인승과 운보 김기창, 이당 김은호, 이상범, 심형구 등은 해방 직후 친일미술가로 지목돼 조선미술건설본부에서 배제되는, 나름의 시련(?)을 겪기도 했다.

그러나 '항일'은 없고 '친일'만 존재했던 일제강점기의 조선 미술계. 그들은 해방 후 '친일'에서 '친독재'로 변신하며 화려한 재기에 성공했다. 특히 김경승은 독재정권의 비호 아래 동상 전문 미술가로 이름을 떨쳤다. 박정희 정권 시절 독립운동가의 동상 건립을 위해 조직된 애국선열조상건립위원회 전문위원장으로 활동하면서 동상제작을 거의 도맡다시피 했던 것이다. 위정자들의 관심도 남달라 대한민국미술전람회(국전) 창설위원으로서 심사위원 및 서울시 문화위원, 예술원 회원 등을 지낼 수 있었다. 그런가 하면 김기창이나 현제명, 유치진 등 친일반민족행위 전력이 농후한 예술가 55명과 함께 박정희 정권 시절 '3·1 문화상'을 받기도 했다. 권력을 쥔 자를 맹목적으로 추종하는 이들에게 서울문화상이나 예술원상 등은 덤으로 주어졌다.

'예술가'라기보다는 차라리 '기능인'에 가까운 이들 일제 협력자들이 일언반구의 사과 한마디 없이 한국예술계의 원로임을 자처할 수 있던 배경에는 '한국 국사학의 태두' 이병도를 비롯해 신석호와 백낙준 등 친일 전력을 가진 이들이 독립유공자 포상 심사위원으로 있었던 사실이 있다. '친일'이 '독립운동'을 심사하던 시대였다.

지금도 여전하다

친일문제에 대해 어떤 사람들은 "죄는 미워할지라도 사람을 미워해서는 안 된다"며 점잖은 충고를 하기도 한다. 나아가 "지금에 와서 문제를 제기하면 자칫 사회적 갈등으로 비화될 수도 있으니 용서하는 것은 어떨까"라고도 한다.

"예술가의 위대함은 그것이 선이든 악이든 해당 사회에 절대적인 영향력을 행사하는 데 있다"고 설파한 드골의 전후 프랑스. 그들은 해방 직후 다른 어떤 분야보다 해악이 크다는 이유로 나치스에 부역한 예술가들을 말끔히 청산하지 않았던가. 물론 4년여의 비교적 짧은(?) 기간 동안 나치스 지배를 받은 프랑스와 40년에 가까운 지배를 받은 한국을 같은 기준으로 비교하기는 힘들다. 그러나 애초부터 용서나 화해라는 것은 진실규명과 반성이 있은 후에야 가능한 것이지 무턱대고 용서부터 하고 보자는 생각은 불순하다.

그들의 반성이나 고백이 있든 없든 이미 친일전력자들에 대한 용서는 내려진 것 같다. 1990년대 초 지방자치제도가 실시된 이후 각 지방자치단체를 중심으로 마산의 〈선구자〉 조두남이나 수원의 〈봉선화〉 홍난파, 진주의 〈애수의 소야곡〉 남인수 등, 그 지역 출신 예술가들에 대해 일제부역 여부와는 상관없이 무조건 기념하고 보자는 붐이 일고 있으니 말이다. 물론 어찌 그들 지자체의 빗나간 애향심과 천박한 역사의식만 탓할 수 있으랴. 지금 내 지갑 속에 들어 있는 만 원짜리 지폐의 세종대왕도 친일미술가의 작품인 것을!

1 《매일신보》, 1942년 6월 3일자.
2 유홍준, 《나의 문화유산답사기 2》, 창작과비평사, 1997년, 373~374쪽.

해방 60년 만에 닻 올리는 친일 역사 청산
'반민특위'가 있던 국민은행 명동지점을 찾아

경기도 남양주시 일패동 산 45-2번지 자동차운전학원 옆 양지바른 언덕배기에 자리한 8,000여 제곱미터의 이 땅은, 1907년 법부대신 조중응이 사법권과 경찰권을 일제에 넘기고 항일의병 처결을 지휘한 대가로 받은 토지 가운데 일부다. 지금은 그의 4~5대 후손들 소유로 공시지가만 2억여 원, 시가 5억여 원에 달하는 가치를 지닌다.

그 땅이 2007년 국가에 귀속됐다. '친일반민족행위자 재산의 국가귀속에 관한 특별법'을 따른 조치다. 비록 조중응이 친일의 대가로 받은 토지의 0.38퍼센트에 불과하지만, 해방 60여 년 만에 이뤄진 '첫 조치'라는 데 그 의미가 있다.[1] 이전까지만 해도 한국에서는 '역사청산'을 입에 올리는 것이 금기 아닌 금기였기 때문이다.

해방 3년 만에 시도된 역사청산

1948년 대한민국 정부 수립 직후 국민 다수의 호응 속에 반민족행위 특별조사위원회(반민특위)가 출범했다. 일부 한민당 의원들의 반대가 있었으나 새 나라 건설을 위해서는 친일반민족행위자들의 공직 박탈과 처벌이 먼저라는 김웅진 의원의 주장에 재적의원 140명 중 103명의 압도적 지지로 반민족행위 처벌법(반민법)이 통과됐다. 이에 따라 국회는 김상덕 의원을 위원장으로 하는 반민특위를 설치하고, 반민족행위자들에 대한 조사와 검거 작업을 개시했다.

반민특위에 가장 먼저 붙들려온 자는 종각 네거리 종로타워 자리에 있던 화신백화점 소유주 박흥식이었다. 이어 독립투사를 밀고하고 다닌 《대한일보》

반민특위 본부가 있던 명동 국민은행 건물이다. 지금은 새 건물이 들어서 옛 모습을 찾아보기 힘들다.

1949년 9월 5일 중앙청에서 열린 반민특위 조사부 책임자회의 기념사진으로, 원 안의 인물은 반민특위 중앙사무국 총무과장이었던 이원용 조사관이다.

사장 이종형과 3·1운동 당시 민족대표 33인 중 한 명이었으나 친일로 돌아선 최린, 친일 경찰 노덕술, 친일 문인 이광수와 최남선 등이 줄줄이 체포됐다. 당시 민중은 반민특위의 선전에 한껏 고무되어 있었다. 친일자본가 박흥식이 체포되자 《서울신문》은 이런 사설을 싣기도 했다.

"민족정기를 바로잡기 위한 반역자 숙청의 반민법이 공포된 지 3개월이 지난 오늘, 드디어 추상같은 반역자 처단의 서막이 열리었다. 36년간 일제의 앞잡이로 조국과 동족을 좀먹던 친일파 민족 반역자에 대한 불타는 원한과 울분을 이제 태극기가 날리는 하늘 아래 우리 소리 쳐 푸는 날이 돌아왔다. … 비록 군정 3년간의 후덕으로 이들 친일파와 반역자들이 뼈를 깎는 듯한 후회 대신 간교한 변명을 일삼고 대로를 활보하는 양을 주먹을 쳐 가면서 보아 왔으나, 오늘 모든 간운奸雲들이 걷혀 버린 푸른 하늘 아래 우리 등에 채찍을 내리고 죽음의 터전으로 우리를 몰아내던 이들 매국도배를 조국과 민족의 이름으로서 심판, 처단하는 날이 왔다."2

반민특위 와해를 위한 총공세

순순히 당하고만 있을 친일부역자들이 아니었다. 이미 친일부역자들은 '정의로운 국가'보다 '친미반공 국가' 건설을 원했던 미군정과 이승만 정권의 의지를 간파하고, 일제에 이어 미군정에 붙어 거의 대부분 현장으로 '복귀'한 상태였다. 예컨대 이런 식이었다.

"이 사람아, 세월이 두 번째 바뀐 줄 아직 모르누만. 이제는 우리가 왜놈 앞잡이며 좌익을 잡아들이는 끗발 좋은 호시절을 다시 만났단 말야. 우리가 일정 때 그 방면에 유경험자다 보니 다들 복직이 됐지. 계급도 껑충 뛰고. 골수 좌익들 중엔 우리가 예전에 취조했던 불령선인不逞鮮人3 놈들이 많아. 일정 때 좌익사상에 물든 놈들이 독립운동에도 극렬했잖아."4

서울운동장(지금의 동대문운동장)에서 열린 '반공구국 총궐기 및 정권이양 축하 국민대회'에서는 "국회에서 통과한 반민법은 반장이나 통장까지 잡아넣을 수 있도록 되어 있어 이것은 온 국민을 그물로 옭아매는 망민법網民法"이라거나 "민족분열의 법률을 만든 것은 국회 안에 있는 공산당 프락치의 소행"이라는,

이승만 대통령 등 집권세력이 조직적으로 방해하거나 반민특위 인사들에 대한 집단 암살이 시도되는 등 반민특위 활동에 대한 저항도 만만치 않았다. 사진은 반민특위 전남조사부가 설치한 투서함의 모습이다.

본질을 호도하는 전단이 뿌려졌다. '반공세력'은 곧 '민족세력'이니 처벌해서는 안 되며, 오히려 친일파 처단을 주장하는 자들이 빨갱이들이니 그들을 처벌해야 한다는 논리였다. 피의자가 오히려 피해자임을 자처하는, 반공 이데올로기에 기댄 전형적인 물타기가 시작된 것이다.

    이승만 대통령 역시 연거푸 담화를 발표해 반민특위 활동에 제동을 걸었다. 대표적인 친일 경찰 노덕술이 체포되자 아예 '반민특위 활동은 헌법 위반'이라는 담화까지 발표했다. 반민특위 경남지부 투서함에서는 "인종의 말단들이 한데 모여서 반민법이니 무엇이니 허허! … 너희들은 살려둘 수 없다. 신변을 주注하게. 모조리 죽일 터이니. 姜, 金, 沈, 金, 李, 수명壽命하게. 경고하네"⁵라고 적힌 메모가 발견됐는가 하면, 강원도지부 조사부장 김우종은 자신을 경호하던 경찰관이 쏜 총에 맞는 일까지 벌어졌다. 심지어 집단 암살이 시도되기까지 했다.

서울시경 수사과장 최난수와 중부경찰서장 박경림 등이 테러리스트 백민태에게 권총 1정과 수류탄 5개를 건네며 반민특위 관계자들에 대한 암살을 사주했다. 암살리스트에는 반민특위 김상덕 위원장과 김상돈 부위원장은 물론, 국회의장 신익희와 특별검찰부장(검찰총장) 권승렬, 특별재판부장(대법원장) 김병로 등 15명이 들어 있었다. 특히 국회의원 김웅진이나 노일환 등에 대해서는 그들을 납치해 "나는 남쪽에서 국회의원 노릇을 하는 것보다 이북에 가서 살기를 원한다"는 자술서를 받아 신문사에 보낸 뒤, 38선 근처에서 살해하라는 특명이 내려졌다. 반민법 제정에 앞장선 이들을 '빨갱이'로 몰아 궁지에 빠뜨리기 위한 술책이었다.

다행히 마음을 바꾼 백민태가 음모를 폭로하는 바람에 실제로 암살이 이뤄지지는 않았다. 그러나 최난수 등은 암살이 이뤄지지 않았으므로 교사죄도 성립하지 않는다 하여 풀려났고, 박경림 등도 증거불충분으로 이내 방면됐다. 그러나 이는 서막에 불과했다.

1949년 6월 6일 아침 8시 신임 중부경찰서장 윤기병이 40여 명의 사복경찰관을 이끌고 명동 반민특위 사무실로 들이닥쳤다. 이들은 반민특위 위원과 특경대원 35명을 연행하고, 각종 조사 자료와 피의자 심문 기록까지 모조리 압수해버렸다. 특별검찰부장 권승렬은 권총을 압수당했고, 특별검찰관 곽상훈은 몸수색을 당했다. 공권력의 반민특위 습격은 서울은 물론 충북이나 강원도 등 전국 거의 모든 반민특위 사무실에서 동시다발적으로 이루어졌다.

2년 만에 사라진 반민법과 반민특위

국회 내 친일부역 세력은 이 기회를 놓치지 않았다. 그들은 공소시효를 1년 앞당기는 내용의 반민법 개정안을 통과시킨 데 이어 폐지안까지 일사천리로 통과시켜버렸다. 이승만 정권도 공소 중인 사건은 모두 취하하고, 반민법에 따른 판결은 효력을 모두 상실시키는 방식으로 화답했다.[6] 결국 한국전쟁이 한창이던 1951년 2월 14일, '반민법 폐지에 관한 법률'이 공포됨으로써 친일반민족행위자들을 단죄하려는 시도는 완전히 거세되고 말았다. 반민법이 공포된 지 2년이 막 지난 시점이었다.

출범 직전 7,000여 명의 반민 피의자를 파악했던 반민특위였다. 그러나 사실상 조사를 받은 자는 그 10분의 1도 안 되는 682명뿐이었고, 그 가운데 기소된 자는 221명, 특별재판부의 판결을 받은 자는 38명에 그쳤다. 이 가운데 실형을 선고받은 자는 고작 10여 명에 불과했고 사형이나 무기징역 등 극형을 받은 자는 단 한 명도 없었다.

제2차 세계대전 당시 프랑스에서는 나치스에 협력했다는 이유로 12만 7,750여 명이 재판을 받았고, 그 가운데 6,760여 명이 사형선고를 받았으며, 760여 명이 실제로 사형을 당했다. 벨기에의 경우도 5만여 명, 네덜란드도 4만여 명에 대해 징역형 이상을 선고했다.[7] 그들의 경우 나치스의 점령 기간도 상대적으로 짧았고, 국내에서 활발한 저항 활동이 벌어졌다는 점에서 우리와 단순 비교하기에는 무리가 있다. 하지만 한국의 사후 처리가 얼마나 미진했는가를 보여주는 비교 대상임에는 분명하다.

반민특위가 와해되자 더 이상의 역사청산은 불가능했다. 오히려 친일 청산

1951년 7월 이승만 대통령이 해방 후 육군 참모총장과 외무부장관, 국무총리, 국회의장 등을 지낸 정일권 중장에게 훈장을 주고 있다. 이승만과 박정희 등 독재정권은 친일부역자들을 중용함으로써 정권의 기반을 다졌다.

을 주창한 이들이 '역청산' 당하는 일이 사회 곳곳에서 비일비재하게 벌어졌다. 그 결과 해방 후에 총리 2명과 장관 21명, 시장과 도지사 10명, 대법원장 3명, 대법관 10명, 검찰총장 4명, 합참의장 6명 등이 친일반민족행위자들로 채워졌다. 이들을 비롯해 헤아릴 수 없이 많은 기회주의자들은 우리 사회 곳곳으로 독버섯처럼 뻗어나가 일제에 불러댔던 용비어천가를 미군정에게, 이승만과 박정희 독재정권에게 가사만 바꿔 불러댔다. 오히려 '건국공로자'나 '반공투사'라는 명예를 얻은 그들은, 자신들의 기득권을 지키고 확대하기 위해 분단체제 유지에 앞장서거나 민주주의 발전을 저해하기를 서슴지 않았다. 그 두꺼운 낯짝에 반성이나 참회가 있을 리 없었고, 우리 사회의 발전은 그만큼 뒤처졌다.

《친일인명사전》 발간만이 전부는 아니다

"우리는 한국 독립군, 조국을 찾는 용사로다.
나가 나가, 압록강 건너 백두산 넘어가자.
우리는 한국 광복군, 악마의 원수 쳐물리자.
나가 나가, 압록강 건너 백두산 넘어가자…"

2004년 1월 19일 저녁 7시 국민은행 명동지점 앞에서 촛불을 든 한 무리의 사람들이 〈압록강 행진곡〉을 부르고 있었다. 서울 한복판에서 울려 퍼진 독립군가. 《친일인명사전》 편찬을 위한 네티즌 모금' 목표액 5억 원 달성을 기념해, 십시일반 보탠 시민들이 모인 자리였다.

이들이 행사장소로 국민은행 명동지점 앞을 택한 이유는 이곳만큼 《친일인명사전》 편찬 의미를 빛내주는 장소가 없기 때문이다. 애당초 해방 직후 이뤄졌어야 했지만 결국 실패하고 만 친일청산. 국민은행 명동지점 자리는 지금으로부터 약 60년 전 친일청산의 기치를 내걸고 출범했으나 이내 좌절되고 만 반민특위 본부가 있던 곳이다.

지난 1999년 민족문제연구소가 표지석을 설치하기 전까지만 해도 까맣게 잊혀져 있던 명동 변화가의 한구석. 그 표지석이란 것도 대로변이 아닌 골목 깊숙한 곳에 있어 찾기가 쉽지는 않지만, 그날 분위기만은 희망적이었다. 3만 3,000명이 넘는 시민이 자발적으로 참여해 7억 5,000만 원의 사전 발간 비용을 마련했다는 것은 해방 60년 만의 첫 쾌거라고 부를 만했다.

갈 길은 멀다. 친일재산 환수작업만 하더라도 대표적 친일반민족행위자인

2004년 1월 19일 반민특위 터에서 《친일인명사전》 편찬을 위한 네티즌 모금' 5억 원 달성 기념식이 열렸다. 반민특위 와해로 중단된 친일 청산 작업이 60여 년 만에 재개되는 순간이었다.

이완용의 경우 친일의 대가로 받은 토지만 여의도 면적의 두 배에 달하는 150여만 제곱미터에 달한다. 그 가운데 단 0.09퍼센트만이 국가로 귀속됐을 뿐 나머지는 후손들에게 대물림되어 대부분 현금화되었기에, 그것을 추적해 국가로 귀속하기란 현실적으로 쉽지 않은 것이 사실이다.[8] 독립유공자 후손의 80퍼센트가 고졸 학력이고, 60퍼센트가 무직인 점을 고려하면[9] 역사는 참으로 불공평하다.

역사청산은 단순히 어제의 문제가 아니다. 사회의 건강성을 유지하기 위한 오늘의 문제인 동시에, 내일을 결정할 중대한 문제다. 그렇다고 역사청산이 《친일인명사전》 발간이나 친일재산 환수작업만으로 끝나는 것은 아니다. 우리는 친일청산에 대해 논의할 때마다 으레 대표적 친일인사들의 과오를 떠올린다. 그러나 진정한 역사청산에 성공하기 위해서는 일상에서의 꾸준한 반성적 성찰이 뒷받침되어야 한다. 이를 테면 '일제 때 면서기를 지낸 내 할아버지도 결국에는 일제에 협력한 것이 아닌가? 과연 당신도 피해자임을 자처할 수 있나?' 하는 질

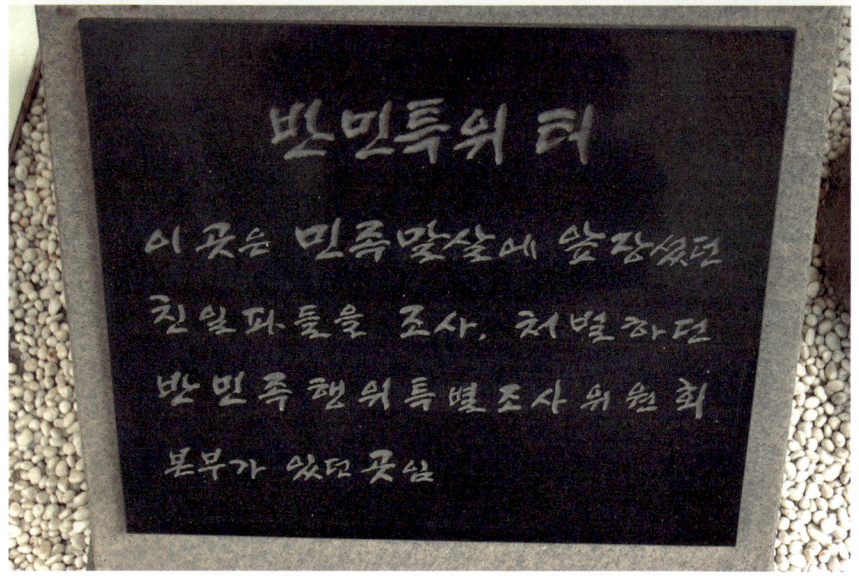

:
반민특위가 있던 국민은행 명동지점 한쪽 구석에 (정부나 서울시가 아니라) 민족문제연구소가 세운 반민특위 표지석 한 기가 서 있다. 글씨는 성공회대 신영복 교수가 썼다.

문을 끊임없이 던져야 한다.

우리는 일본 정부를 상대로 강제징용이나 정신대 문제 등에 대해 책임 있는 자세를 보이라고 촉구해왔지만, 유독 우리 '안'의 문제에 대해서만은 침묵을 지켰다. 그리고 그 책임이라는 것도 타자화시키는 데에만 능숙했지 내 문제, 내 가족의 문제라고는 생각하지 않았다. 이제는 이른바 '침묵의 공조'를 깨야 할 때다. '해프닝'은 반민특위만으로 족하다.

1 '친일반민족행위자 재산의 환수에 관한 특별법'에 따라 출범한 친일반민족행위자 재산조사위원회는 2007년 조중응을 비롯해 이완용과 송병준, 고희경 등 친일반민족행위자 22명이 친일의 대가로 받은 토지 가운데 329만여 제곱미터에 대해 국가 귀속결정을 내렸다. 그러나 이는 그들이 친일의 대가로 받은 전체 토지의 채 1퍼센트도 안 되는 면적이다.
2 《서울신문》, 1949년 1월 11일자.
3 일본어 발음으로는 '후테이센징'이라고 읽는다. '후테이'는 불량하거나 불온하다는 의미이고, '센징'은 조선인을 경멸적으로 낮춰 부르는 말이다. 즉 '후테이센징'은 일제강점기 때 식민통치를 따르지 않는 조선인을 가리키는 말이었다.
4 김원일, 《불의 제전 1》, 문학과지성사, 1997년, 103~104쪽.
5 《민주중보》, 1949년 2월 25일자.
6 이강수, 《반민특위 연구》, 나남출판, 2003년, 214쪽.
7 허종, 《반민특위의 조직과 활동—친일파 청산 그 좌절의 역사》, 선인, 2003년, 234~235쪽.
8 친일재산 국가귀속에 있어 추적의 어려움만 있는 것은 아니다. 지난 1997년 서울고등법원 민사 2부는 이완용 증손이 제기한 서대문구 북아현동 545번지 일대 토지반환소송에서 원고승소 판결을 내렸다. 재판부는 판결문에서 "1948년 친일파 재산 몰수와 처벌을 위한 반민법이 제정됐으나 3년 만에 폐지됐고, 그후 관련법이 제정되지 않았다"며 "친일파 땅이라도 법률적 근거 없이 뺏을 수 없다"고 말했다. 그러나 2001년 서울지방법원 민사합의14부는 이재극의 손자며느리가 제기한 경기도 파주시 소재 토지반환소송에 대해서는 소송각하 판결을 내렸다. 즉 "우리 헌법은 대한민국이 3·1운동 정신과 대한민국 임시정부의 법통을 계승하고 있음을 천명하고 있고, 법원은 헌법기관으로서 헌법정신을 구현하고 헌정질서를 수호할 의무가 있다"며 "이같은 헌법정신으로 볼 때 반민족행위자가 반민족행위로 취득한 재산의 보호를 구하는 것은 현저히 정의에 어긋난다"는 것이 그 이유였다. 비슷한 사안에 대한 사법부의 판결이 서로 달랐다.
9 《한겨레신문》, 2005년 7월 12일자.

침략과 수탈에서 평화 교류의 철도로

'서울역'을 찾아

오늘날 서울 사람들이 최고로 꼽는 식당은 어디일까? 63빌딩 스카이뷰? 종로타워 꼭대기에 있는 탑 클라우드? 요즈음에는 이런 대형식당을 비롯해 작지만 알찬 고급 레스토랑들이 넘쳐난다지만, 1920~30년대 경성(서울)의 사정은 사뭇 달랐다.

당시 최고의 레스토랑은 단연 경성역에 있던 '그릴'. 해방 후 이름이 '서울역'으로 바뀐 경성역 2층에는 조선 최고의 양식당인 '그릴'과 찻집 '티룸'이 있었다. 요절한 천재작가 이상은 소설 《날개》에서 이렇게 말한다.

"나는 좀 야맹증이다. 그래서 될 수 있는 대로 밝은 거리를 골라서 돌아다니기로 했다. 그리고는 경성역 일이등 대합실 한곁 티룸에를 들렀다. 그것은 내게는 큰 발견이었다. … 나는 한 복스¹에 아무것도 없는 것과 마주 앉아서 잘 끓은 커피를 마셨다. … 서글다. 그러나 내게는 이 서글픈 분위기가 거리의 티룸들의 그 거추장스러운 분위기보다는 절실하고 마음에 들었다. … 그러나 경성역 홀에 한 거름을 디려놓았을 때 나는 내 주머니에는 돈이 한 푼도 없는 것을 그것을 깜빡 잊었던 것을 깨달았다."[2]

서구의 분위기를 느껴보고자 했으나 정작 돈이 없었던 《날개》의 주인공. 그도 그럴 것이 경성역 '그릴'과 '티룸'은 아무나 갈 수 있는 곳이 아니었다. 쌀 한 말에 70전, 설렁탕 한 그릇에 15전 하던 시절, 양식 A코스가 3원 20전이나 했으니 말이다.[3] 쌀 닷 말 살 돈으로 양식 한 끼를 먹을 수 있는 이는 조선총독부 관리나 기업가나 지주들밖에는 없었을 것이다.

서울역에서 발견한 경성역의 흔적

경성역 준공식은 조선신궁 진좌제[4]가 치러진 1925년 10월 15일 열렸다.

:
경성역 준공식은 조선신궁 진좌제가 열린 날이기도 한 1925년 10월 15일 치러졌다. 경성역 준공식에서 일본 신사의 제관이 나무에 흰 천을 매단 채 기념행사를 진행하고 있다.

시공은 '만철滿鐵'이라 불렸던 남만주철도주식회사가 주도했고, 설계는 조선총독부 청사를 설계한 독일인 게오르그 데 라란데George de Lalande와 츠가모토 야스시塚本靖 도쿄 제국대 교수가 맡았다. 츠가모토 야스시는 지금 한국은행으로 쓰이고 있는 조선은행 본점(1912년 완공)과 도쿄역(1914년 완공)을 설계한 '일본 근대건축의 대부' 다쓰노 깅고辰野金吾의 수제자였다. 당시 경성역 건설에 들어간 돈은 194만 5,000엔, 조선총독부 1년 예산의 절반에 맞먹는 액수였다. 그릴과 티룸 등 서양 음식점은 물론 당시로서는 낯선 스팀난방 시설까지 갖춘, '제국'을 통틀어 몇 안 되는 건물이었다.

해방 후에 이름이 바뀌어 서울의 관문임을 자임해온 서울역. 하지만 고속철도 개통으로 KTX 서울역이 모든 업무를 맡게 되면서, 정작 옛 서울역은 흉물처럼 방치되고 있는 실정이다. 조만간 문화공간으로 바뀌어 시민들 품으로 되돌아온다고는 하지만 민자로 지어진 KTX 서울역의 무지막지한 진입로에 포위당한 서울역은 이미 숨통이 끊어진 듯했다. 만약 새 건물을 지을 때 주변 환경과의 조화라고는 전혀 생각하지 않는 우리네 현실을 확인하고 싶다면 바로 이곳으로 가보면 된다.

지금은 인적이 끊긴 서울역 플랫폼을 지나 2층으로 올라가면《날개》의 주인공이 돈이 없어 아쉽게도 발길을 돌렸을 티룸과 그릴에 닿는다. KTX 서울역이 세워지기 전까지만 해도 서울역 문화관으로 쓰였던 곳이다. 서울역과 한국 철도의 역사를 안내해주는 자료와 사진들로 빼곡했던 기억이 있지만, 지금은 모든 집기를 들어내 텅텅 비어 있다.

신기하게도 일제강점기 때 찍은 그릴 사진과 현재의 모습에는 큰 차이가 없다. 은그릇과 은촛대, 그리고 1,698개의 상평통보를 테두리에 박아 만든 지름

경성역 2층에 있던 '그릴'은 일제강점기 때나 지금이나 그다지 변하지 않은 모습이다(위).

2005년 5월 찍은 사진으로, 벽난로와 육각형 천장, 문과 창문 장식 등이 일제 때와 거의 똑같다(아래).

2.8미터의 대형 식탁은 찾아볼 수 없지만, 그 밖에는 큰 변화가 없었다. 사진에 찍힌 벽난로와 창문, 나무로 만들어진 벽면은 먼지가 쌓이고 낡기는 했지만 지금도 여전히 남아 있는 것을 확인할 수 있었다. 최근 걸린 샹들리에만 조금 다를 뿐 삐걱거리는 나무마루 역시 반세기가 더 지난 지금까지도 그대로인 듯했다.

치열한 역사의 현장

서울역은 감상에만 젖어 있기에는 너무나 치열했던 역사의 현장이다. 1919년 3·1운동 때에는 경성역에서 출발한 열차가 전국 방방곡곡으로 독립선언문을 실어 날랐고, 해방 때에는 기쁨에 겨운 수많은 조선인이 태극기를 휘날렸던 서울역. 1960~70년대에는 일자리를 찾아 상경한 젊은이들이 서울 땅에 발을 들여놓는 관문이었고, 또한 이들을 보살피러 곡식을 싸들고 상경하는 우리의 어머니들을 맞이하던 역이었다. 1980년 '서울의 봄'과 1987년 6월 항쟁을 기억하는 이는 응당 서울역 광장에서 울려 퍼졌던 "유신 철폐! 군부 타도!"의 함성을 떠올릴 것이다.

또 우리들이 모르고 지나치는 극적인 역사의 현장이기도 하다. 서울역 오른쪽 구석에 서 있는 단출한 기념비 한 개가 그 역사적 순간을 증언해준다. 3·1운동의 열기가 채 식지 않았을 1919년 9월 2일 오후 5시. 경성역의 전신인 남대문역[5]에서 큰 폭발음이 들렸다. 제3대 조선총독으로 부임한 사이토 마코토齋藤實가 기차에서 내려 막 마차에 오르려는 순간, 불과 6~7미터 앞에서 폭탄이 날아든 것이다. 그러나 폭탄이 마차에 도착하기도 전에 터진데다 위력도 약해 사이토는 목숨을 부지할 수 있었다. 다만 옆에서 사이토를 호위하던 순사 스에히로 마타지로와 취재 중이던 《아사히신문》 경성특파원 타치바나 코키츠와 야마구치 이사오 등 일본인 3명이 죽고, 34명이 중경상을 입었다.

10년 전 이토 히로부미가 중국 하얼빈역에서 총에 맞아 죽은 기억을 갖고 있던 일제는, 사건 직후 경성 시내에 비상령을 선포했으나 폭탄을 던진 이를 쉽게 잡을 수 없었다. 그도 그럴 것이 환갑이 지난 예순네 살의 노인을 주목할 이

조선총독부 1년 예산의 절반을 쏟아 부어 만든 경성역(현 서울역). 설계는 조선총독부 청사를 설계한 독일인 게오르그 데 라란데와 츠카모토 야스시 도쿄 제국대 교수가 맡았다.

유가 없었기 때문이다.

사이토 총독에게 폭탄을 던진 이는 평안남도 덕천 출신의 강우규였다. 상하이에서 일본 상하이파견군 대장 등을 즉사시킨 윤봉길이 스물다섯 살, 도쿄에서 일황 히로히토(裕仁)에게 폭탄을 던진 이봉창이 서른세 살, 조선인을 탄압하던 종로경찰서를 폭파한 김상옥이 서른네 살, 그리고 동양척식주식회사와 조선철도회사를 습격한 나석주가 서른다섯 살이었음을 감안하면, 강우규의 연배는 보

해군대장 출신으로 제3, 5대 조선총독을 지낸 사이토 마코토(왼쪽).

강우규는 1919년 9월 2일 제3대 조선총독으로 부임한 사이토 마코토에게 폭탄을 던졌으나 실패, 1년 후 서대문형무소에서 숨을 거두었다(오른쪽).

통 높은 것이 아니었다. 일본천황이 살고 있는 도쿄 황궁에 폭탄을 던진 김지섭의 경우만 마흔 살이었을 뿐, 대부분의 항일의거는 혈기왕성한 20~30대 청년들에 의해 이루어졌다. 그런데 환갑을 넘긴 노투사가 그 대열에 뛰어든 것이다.

어쩌면 우리에게 알려진 최고령 독립투사일 수도 있는 강우규는 한때 한의학을 배워 환자를 치료하기도 하고 개화사상에 힘입어 기독교장로회에 들기도 한 것으로 전해진다. 그러다 1910년 국권이 일제에 넘어가자 '눈에 들어오는 것이 모두 보고 싶지 않은 사람, 보고 싶지 않은 물건들 뿐'이라며 만주로 건너가, 1915년 지린성 라오허현에 독립운동기지로 쓸 신흥촌을 세워 후학을 길렀다.

그러던 중 일어난 3·1운동의 열기는 만주라고 예외가 아니었다. 강우규 역시 만주 등지에서 학생과 동포들을 모아 독립만세운동을 벌였다. 그러나 변하는 것은 없었다. 혹시 이때 평화적인 방법으로는 결코 일제를

꺾을 수 없다는 나름의 진리를 터득한 것일까. 강우규는 영국제 폭탄을 구해 그해 8월 5일 서울로 잠입한다. 그가 노렸던 이는 다름 아닌 신임 조선총독 사이토 마코토!

하지만 사이토를 폭사시키는 데 실패한 강우규는 사건 발생 보름 뒤 조선인 순사 김태석에게 붙잡힌다. 강우규는 고등법원 항소가 기각되어 사형이 확정된 후, 면회를 온 장남 강중건에게 이승에서의 마지막 말을 남긴다.

"사람이 한 번 나면 죽는 것이다. 네가 나의 사형 받는 것을 슬퍼한다면 내 아들이 아니다. 나는 내가 우리 민족을 위하여 아무 일도 이루어놓지 못하였음을 슬퍼할 뿐이다. 내가 이때까지 자나 깨나 잊지 못하는 것은 우리나라 청년들의 교육이다. 내가 이번에 죽어서 우리 청년들의 가슴에 어떠한 감상과 인상을 주게 된다면 그 이상 보람 있는 일이 없겠다."[6]

:
서울역 한쪽 구석에 강우규의 거사를 기록한 표지석 한 기가 쓸쓸하게 서 있다.

침략과 수탈에서 평화 교류의 철도로　93

결국 강우규는 1년여의 옥살이 끝에 1920년 11월 29일 오전 9시, 서울 서대문 형무소 사형장에서 "사형대에 홀로 서니 춘풍이 감도는구나. 몸은 있으되 나라가 없으니 어찌 감회가 없으리오"라는 짧은 유언을 남기고 쓸쓸하지만 의미 있는 생을 마감한다. 향년 예순다섯 살.

침략과 수탈이 아닌 평화와 교류를 위하여

1899년 일제가 처음 이 땅에 들어와 '제물포―노량진' 33.2킬로미터 구간의 경인선을 놓은 지 6년 만에 러일전쟁 수행을 위한 경부선과 경의선 등이 잇달아 연결되었다. 명실 공히 '시모노세키―(바닷길)―부산―서울―신의주'를 잇는 한반도 종단철도가 완성된 것인데 1926년에는 부산발 모스크바행 '구아歐亞 열차'가 운행을 개시했다. 이에 일제강점기 당시 경성역은 '경성'과 '京城', 'ケイジョウ', 'KEIZYO' 등 다국적 문자로 표기된 간판이 걸려 있는 '국제 철도역'

2007년 5월 17일 남쪽 열차(왼쪽)와 북쪽 열차(오른쪽)가 강원도 고성 제진역에서 만나고 있다. 한국전쟁으로 끊긴 경의선과 동해선이 연결됨으로써 남북 철도는 새로운 변화의 시대를 맞고 있다.

새 KTX 서울역과 옛 서울역.

으로서 그 존재가치가 높았다.[7]

그러나 이는 어디까지나 조선침략과 수탈, 나아가 대륙침략의 발판을 다지기 위한 것이었음을 부인하기 힘들다. 이를 테면 철도는 인천에서 서울로, 부산에서 서울로, 서울에서 신의주를 거쳐 만주로 차례차례 연결되었다. 그리고 그것을 타고 흐른 것은 '북'으로는 군대와 군수품, '남'으로는 조선에서 수탈한 곡식이었다. 철도와 역사 건설을 위해 여인원 1억 명의 조선인이 동원됐고, 그것이 들어설 자리에 있던 집과 토지는 몰수되기 일쑤였다. 모름지기 조선인에게 '근대의 상징' 철도는 식민지배의 출발점이자 종착점이었다.

한반도에 철도가 놓인 지 한 세기, 시대는 바뀌고 있다. 한국전쟁으로 끊겼던 경의선(2000년)과 동해선(2002년)이 다시 연결된 데 이어, 2007년 말에는 북한이 한반도 종단철도와 시베리아 횡단철도 연결을 위한 협상에 동의하고 나섰다. 이번에는 '침략과 수탈'의 철도가 아니라 '평화와 교류' 확대를 위한 철길이 되기를 바란다. '평화의 실크로드' 시대가 점차 현실로 다가오고 있다. 지난 80여 년 동안 이 땅의 사람들과 생사고락을 함께한 서울역. 지금은 은퇴한 서울역이지만, 우리 기억 속에서는 여전히 현역이다.

1 'box'로 쓰며, 서로 마주 앉는 자리를 뜻한다.
2 김윤식 엮음,《이상문학전집 2—소설》, 문학사상사, 2002년, 336~337쪽.
3 정운현,《서울시내 일제유산답사기》, 한울, 1996년, 121쪽.
4 신령이 그 자리에 임하라고 치르는 의식.
5 남대문역은 지금의 서울역과 염천교의 중간쯤 되는 곳에 있었다. 1900년 세워진 남대문역은 규모가 30여 제곱미터에 불과한 작은 2층 목조건물이었는데, 조선총독부가 정식으로 업무를 개시한 1910년 10월 1일 이름이 '경성역'으로 바뀌었다.
6 정운현, 위의 책, 131쪽.
7 이용선, 〈경성역 잡감〉,《교통안전》 35호, 교통안전진흥공단, 1985년, 48쪽.

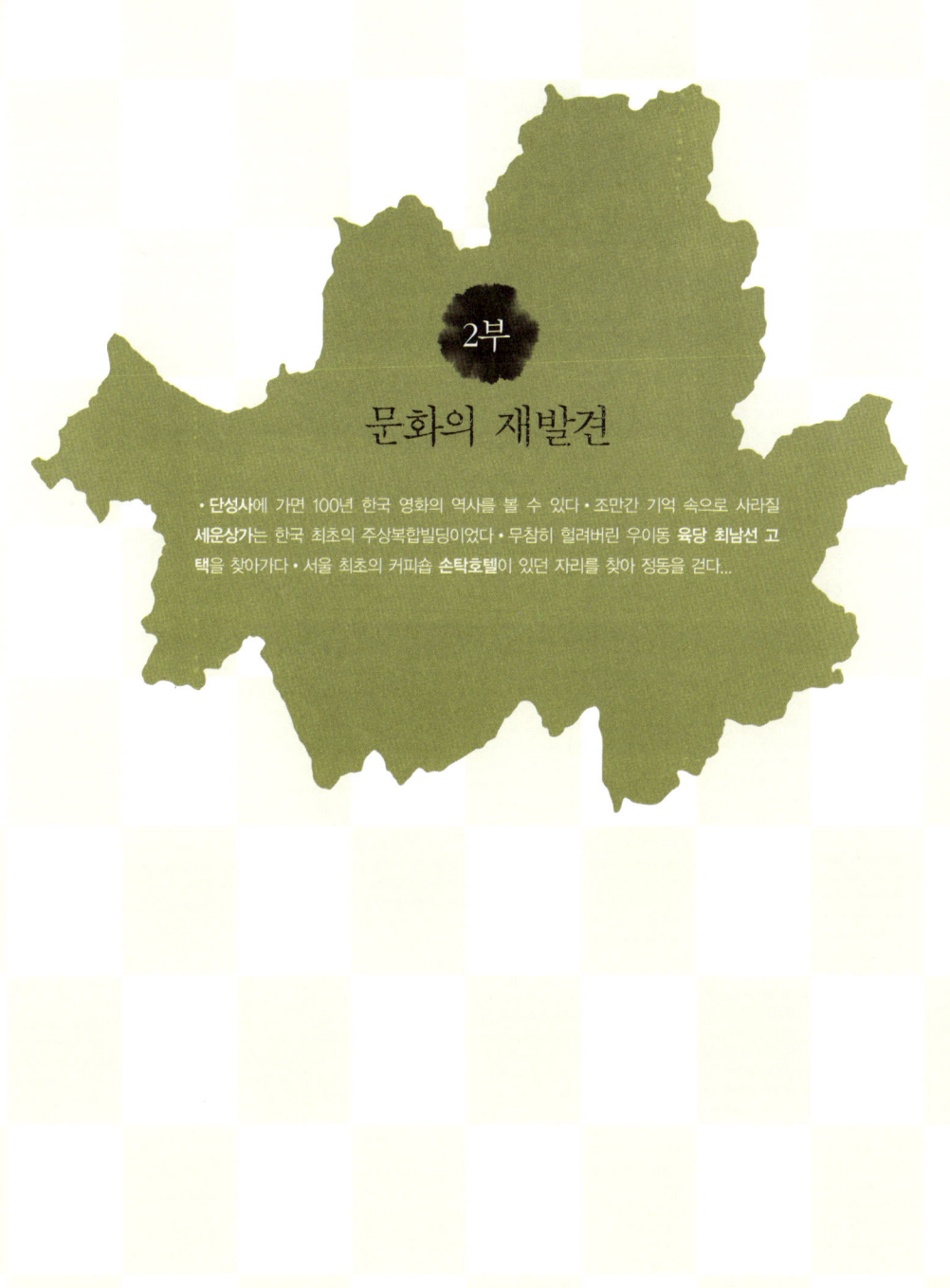

2부
문화의 재발견

• **단성사**에 가면 100년 한국 영화의 역사를 볼 수 있다 • 조만간 기억 속으로 사라질 **세운상가**는 한국 최초의 주상복합빌딩이었다 • 무참히 헐려버린 우이동 **육당 최남선 고택**을 찾아가다 • 서울 최초의 커피숍 **손탁호텔**이 있던 자리를 찾아 정동을 걷다…

100년 한국 영화와 함께한 산증인

종로 3가 '단성사'를 찾아

내 친구 M의 집은 성북구 동선동 5가에 있다. 정릉고개라고도 불리는 '아리랑고개' 못미처다. 신촌에서 1년 정도 산 적이 있는 M은 새 집을 맘에 들어 했다. 주택가라 조용한 것은 둘째치더라도 근처에 '아리랑'이라는 공통이름을 갖는 도서관과 영화관, 공원 등이 있기 때문이다. 그중에서도 유달리 눈에 띈 것은 집 앞 고갯길인 아리랑길 보도에 깔려 있는 영화 포스터들이라 했다.

2004년 '영화의 거리'로 다시 태어난 아리랑길[1] 보도에는 166개에 이르는 청동부조들이 깔려 있다. 1926년부터 2000년까지 나온 영화포스터를 청동부조로 재현한 것으로, 남쪽과 북쪽에 각각 한국 영화와 외국 영화 포스터가 깔려 있다. 특별히 1926년을 기준으로 삼은 이유는 그해에 개봉된 한 영화를 기념하기 위해서다. 그 영화는 '한국 현대영화의 효시'라 일컬어지는 춘사 나운규의 〈아리랑〉으로 나운규는 영화의 마지막 결정적인 장면을 이곳 아리랑고개에서 찍었다.

단성사의 탄생

식민지인들의 눈물보를 터뜨렸던 영화 〈아리랑〉이 가장 먼저 상영된 곳은 종로 3가에 있는 단성사團成社였다. 1926년 10월 1일의 일이다. 근 100년의 역사를 가진 단성사는 현재 서울에 남아 있는 극장 중 가장 오래됐다.² 1902년 왕실 주도로 고종 즉위 40주년을 기념해 세운 극장이었던 서울 정동 협률사協律社는 현재 사라지고 없으니 말이다. 단성사가 단순히 나이만 많다고 주목받는 것은 아니다. '한국영화의 메카'이자 '독점 개봉관'의 지위를 누린 단성사는 한국영화사를 설명할 때 절대 빼놓을 수 없는 존재다.

단성사가 2층 목조건물로 처음 설립된 것은 1907년 지명근과 박태일, 주수영 등에 의해서였다. 다만 그때는 영화 상영이 아니라 기생들의 승무나 가야금 공연 등을 위해서 지어진 것이었는데, 승무 춤꾼 박리화와 단가 명창 채희, 관객들을 곧잘 웃겼던 명화 등은 지금의 여느 인기스타 못지않은 인기를 누렸다고 한다.³

건물 모양도 독특했다. 겉모습은 서양식이었으나, 시대가 시대이니만큼 내부는 다다미가 깔린 일본식이었다고 한다. 또 공연을 보기 위해서는 신발을 벗고 들어가야 했는데, 남녀가 따로 앉았다. 단성사 2층에 '부인전용석'을 두고 남녀를 나눠 앉힌 것이다. "극장에 들어가 분뒷박을 내두르며 낚시눈을 떠가지고 서방질에 재미나서 집안일은 안 본다"⁴거나 "무대 위에서 질서 없는 행동과 입에 담지 못할 더러운 노래를 하니 그 더러운 노래를 듣고 여염집 부녀자는 놀라 퇴장을 하겠고 사나이도 얼굴을 붉히고 귀를 막겠다"⁵는 등 극장을 풍기문란한 곳으로 여기는 시선이 있었기 때문이다.

　　이강천 감독의 〈피아골〉 상영을 알리는 작은 간판이 흥미로워 보이는 1955년의 단성사로, 건물은 1934년 5차 완공 당시 그대로다. 〈피아골〉은 빨치산 남자대원들이 한 여대원을 둘러싸고 벌이는 갈등을 그린 반공 영화였으나, 빨치산을 낭만적으로 묘사했다는 이유로 사회적 물의를 빚기도 했다(위).

　　엘비스 프레슬리 주연의 〈플레이밍 스타 Flaming Star〉와 말론 브란도 주연의 〈애꾸눈 잭〉 간판 등이 내걸린 1962년 4월 30일의 단성사(아래).

'영화의 날'과 박승필

공연장으로 쓰이던 단성사가 명실 공히 근대적 상설영화관으로 탈바꿈하게 된 것은, 1910년대 중반 판소리와 탈춤 등 전통연희 공연장인 광무대光武臺를 운영하던 박승필에게 인수되면서부터다. 물론 그 당시 인기 있던 영화는 지금의 영화와는 다소 거리가 있었다. 무대에서 표현하기 힘든 것을 영상으로 만들어 삽입하는 연쇄극, 이른바 키노드라마 kino drama 형식이었는데 서로 추격에 추격을 거듭하던 자동차들이 결국 충돌해 자동차가 멈추는 장면에서 영화가 끝나면 자동차에 타고 있던 배우들이 화면 속에서와 똑같은 옷을 입고 나와 무대 위에서 실제로 격투를 벌이는 식이었다.

그중에서도 〈의리적구토義理的仇討〉[6]는 한국 영화사에 있어 중요한 의미를 지닌다. 이 작품은 극단 신극좌新劇座를 이끌던 김도산이 박승필의 도움을 받아 만든 키노드라마로, 조선인 자본으로 만든 최초의 영화였기 때문이다. 매년 10월 27일을 '영화의 날'로 기념하는 이유도 단성사에서 〈의리적구토〉가 개봉된 '1919년 10월 27일'을 기리기 위한 것이다.

〈의리적구토〉의 성공으로 연쇄극 제작은 꼬리에 꼬리를 물었다. 임성구가 이끌던 혁신단은 〈학생절의〉를, 이기세가 이끌던 문예단은 〈장한몽〉을 제작했다. 〈장한몽〉은 흔히들

키노 드라마 〈장한몽〉을 비롯해 〈콜레라의 전염을 막자〉 등의 영화와 〈극락조〉 등의 연극에 출연한 마호정.

알고 있는 이수일과 심순애의 사랑 이야기로, 19세기 말 영국 런던을 배경으로 한 영문소설을 각색한 일본 근대소설가 오자키 고요尾崎紅葉의 《곤지키야샤金色夜叉》를 윤색한 것이었다.

일제강점 상황에서 한국 영화 제작이 이처럼 활기를 띨 수 있었던 것은, 당시 일본인들이 주도하던 영화계에서 한국인 최초로 극장으로 축적한 자본을 영화제작에 재투자한 박승필이 있었기 때문이다. 예컨대 박승필은 단성사 내에 촬영팀을 두고 〈장화홍련전〉 등의 영화를 자체 제작하게 하는 한편, 이필우 등 청년들을 일본으로 보내 영화제작기술을 배우게 했고, 1927년 나운규가 설립한 '나운규프로덕션' 등에 대한 재정 지원도 마다하지 않았다. 단성사가 단순한 극장이 아니라, 한국 영화 발전사에서 떼려야 뗄 수 없는 존재인 이유가 바로 여기에 있다.[7]

박승필은 영화제작에 대한 안목 못지않게 극장 경영에도 남다른 재주가 있어 상영 영화를 매주 두 번씩 교체하고 표 한 장을 사면 다른 한 편은 무료로 볼 수 있게 하는 등 현대식 마케팅 전략을 도입해 라이벌인 우미관優美館을 압도했다. 그 결과 단성사는 1933년까지 매년 20만 명이 넘는 관객을 동원할 수 있었다.[8]

일제 강점하의 영화 산업

일제라는 시대적 상황은 창작의 자유를 보장하지는 못했다. 이때 등장한 것이 윤백남 감독의 〈월하月下의 맹서盟誓〉였다. 약혼녀 정순(이월화)이 주색잡기에 빠져 노름방에서 몰매를 맞은 약혼남 영득(권일청)을 정성껏 간호해 되살리고, 월하의 아버지는 모아둔 돈으로 영득의 빚을 갚아준다는 내용이다. 영상이

〈월하의 맹서〉에 출연한 '최초의 본격적인 여배우' 이월화.

연극의 보조적 역할에 머물러 있던 키노드라마 형식을 뛰어넘어 영상만으로 이루어진 본격적인 영화였다.

이 영화는 조선총독부 체신국이 1923년 저축을 장려하려고 만든 내선일체 홍보용 영화였다. 제목의 '맹서'라는 단어도 그렇거니와 전국을 돌며 '무료 상영' 했다는 점에서, 그 숨은 의도가 뻔히 보인다. 실제로 독일 나치스가 라디오를 이용해 정권을 선전할 때, 일제는 영화를 통해 식민통치를 이롭게 했다. 조선총독부 내에 '활동사진반'과 '이동영사반'을 두고 홍보영화 제작과 지방 순회상영을 적극적으로 추진한 것도 그때였다. 조선총독부의 영화정책을 연구해온 호남대 복환모 교수에 따르면, 이들 조직이 생긴 1920년부터 중일전쟁이 터진 1937년까지 17년 동안, 무려 679편의 영화가 만들어져 4,733차례 상영됐다고 한다. 영화는 한 번에 여러 명이 볼 수 있는데다 문맹자도 별다른 어려움 없이 내용을 소화할 수 있어, 체제선전에 그만큼 효과적인 수단이 없었을 것이다.[9]

물론 자본은 일제가 댄 것일지라도 조선인 배우와 스텝이 제작한 '최초의 무성영화'면서 동시에 여장 남자배우가 아닌 최초의 여배우가 출연했다는 점에서 의미가 있지만,[10] 그 안을 들여다보면 식민지 상황의 한계가 여실하게 드러난다.

나운규가 감독과 각본, 주연을 맡은 〈아리랑〉이 만들어진 것도 그때쯤이다. 1926년 일본 자본으로 만들어졌는데, 그 영향 때문인지 〈아리랑〉 역시 처음부터 '민족영화'는 아니었을 수도 있다. 애초 영화 속 대결구도는 '일본인' 대 '조선인'이 아니라 '지주' 대 '마름'이라는 조선인 사이의 갈등으로 그려져 있다. 물론 일제의 검열을 피하기 위해 '친일파 지주' 대 '가진 것 없는 마름'의 구조를 택했을 수도 있으나, 〈아리랑〉의 시나리오와

1926년 〈아리랑〉에 출연한 나운규와 신일선.

필름이 남아 있지 않은 상황에서 무어라 단정하기는 쉽지 않다.

다만 "아리랑이 단성사에서 상영될 때 관람객이 연달아 몰려들어 극장 문짝이 부서지고 기마경찰이 출동하여 질서를 잡아야 할 정도"였으며 "전국의 극장을 순회하며 상영했는데도 모자라 지방에서는 가설극장을 만들어 상영할 정도로 폭발적인 인기를 누렸다"[11]고 하는 점에서 〈아리랑〉이 상영될 때 내용이 살짝 '바꿔치기' 되었을 수도 있지 않았을까 싶다.

그 '바꿔치기'의 가능성을 가늠해볼 수 있는 증거가 바로 '변사'의 존재다. 〈아리랑〉은 소리가 나오지 않는 무성영화였기에 영사막 옆에서 영화를 읽어줄 변사가 필요했다. 영화 상영 도중 "저 사나이는 너무 열심히 공부하다 미친 청년"이라고 되어 있는 시나리오를, 변사가 "저 사나이는 일본놈들 고문 때문에 미친 청년"으로 바꿔 전달했을 수도 있지 않았을까. 당시 "은막의 우상은 배우

고, 극장의 스타는 변사"[12]라는 말까지 생겨날 정도로 관객을 웃기고 울리는 능력이 수준급이던 변사들이었으니, 대사를 조금씩 바꿔 읽는다 한들 이를 눈치 챌 사람이 있었을까 싶다.

한국 영화의 현재와 미래

〈겨울여자〉(1977년)가 58만, 〈장군의 아들〉(1990년)이 67만, 〈서편제〉(1993년)는 무려 103만 5,000여 명에 이르는 관객을 동원한 '한국 영화관 1번지' 단성사. 누구도 무시 못할 역사를 지닌 단성사를 2007년 겨울 다시 찾았다. 10년 전쯤 광진구 구의동에 11개의 상영관을 갖춘 'CGV강변'이 생긴 이래 이제 복합상영관은 거스를 수 없는 대세인지 단성사 역시 예의 2층 목조 건물이 아니라 1,800석 규모의 10개 상영관을 갖춘 현대식 복합상영관으로 거듭나 있었다. 영화관 9층에 있는 전시관과 계단에 설치된 '한국 영화인 명단' 만이 단성사와 한국영화의 변천을 담담하게 말해주고 있는 듯했다.

그리고 보면 단성사의 변화 못지않게 한국 영화 그 자체도 100년에 가까운 시간 동안 발전에 발전을 거듭해왔다. 만년 영화 수입국에서 이제는 한 해 7,600만 달러[13] 어치의 영화를 수출할 정도로 성장했고, 특히 애니메이션 제작 기술만큼은 이미 세계적인 수준으로 올라섰다. 해외 유명 영화제에 출품한 한국 영화에 호평이 쏟아지고 있다는 이야기도 심심찮게 들려온다. 바야흐로 100년 역사의 한국 영화가 절망과 체념, 고난의 아리랑고개를 넘어 제2, 제3의 전성기를 향해 나아가고 있다.

단성사는 1990년대까지만 해도 한국 최고 개봉관의 지위를 누렸다. 사진은 〈장군의 아들3〉과 〈서편제〉 개봉 당시 단성사 앞에 영화를 보고자 몰린 관객.

2005년 2월, 10개 상영관을 갖춘 복합상영관으로 거듭난 단성사.

1 '아리랑길'은 지하철4호선 성신여대입구역에서 아리랑고개를 지나 정릉길과 만나는 아리랑시장 앞까지 길이 1.5킬로미터의 길을 말한다.
2 우리나라에서 가장 오래된 근대식 극장은 을미개혁이 한창이던 1895년 인천시 중구 경동에 들어선 '협률사協律社'로, 지금은 '애관극장'이라는 이름으로 바뀌어 영업을 계속하고 있다. 〈총각엿장수〉라는 영화에서 인천 갑부로 등장한 정치국이 세운 극장으로, 인형극이나 창극, 줄타기, 승무 등의 공연이 펼쳐졌다고 한다.
3 박은경, 《신동아》 통권 500호, 동아일보, 2001년 5월호, 520~527쪽.
4 《동국대학원신문》, 1999년 9월 13일자.
5 《매일신보》, 1917년 10월 17일자.
6 1960년대에는 영화계 원로들에 의해 〈의리적구투〉라고 불리기도 했으나, 본래 명칭은 〈의리적구토〉가 맞다.
7 1932년 57세를 일기로 사망한 박승필의 장례식은 최초의 극장장劇場葬이랄 수 있는 '단성사장'으로 치러졌고, 나흘 후에 단성사는 그를 추모하기 위해 하루 휴관했다.
8 이용남, 〈해방 전 조선영화극장사 연구〉, 《한국영화사연구》, 한국영화사학회, 새미, 2003년, 115쪽.
9 영화가 체제 선전에 이용된 시절이 비단 일제강점기에만 국한되지는 않는다. 1979년생인 나 역시 초등학생 시절 학교에서 '무료로' 틀어주는 반공영화를 봤던 기억이 있다.
10 키노드라마 형태인 〈장한몽〉에 여배우 마호정이 등장한 적이 있다. 하지만 영상만으로 이루어진 영화에 있어서는 이월화가 최초의 여배우라 할 수 있다.
11 이이화, 《한국사 이야기 22—빼앗긴 들에 부는 근대화 바람》, 한길사, 2004년, 74쪽.
12 같은 책, 76쪽.
13 영화진흥위원회에 따르면 지난 2005년 7천 599만 4,580달러어치의 영화를 수출해, 최고 기록을 세웠다고 한다.

실패한 조국 근대화의 상징

한국 최초의 주상복합 '세운상가' 유람기

"한국판 '라데팡스'인 다층구조의 입체복합도시가 인천에 건설된다. … 도시 지하에는 고속도로(지하 3층)와 일반도로(지하 2층), 경전철(지하 1층)이 통과하고 이를 연결하는 일체형 환승 터미널과 네트워크 주차시스템이 들어선다. 지상에는 대규모 광장으로 이뤄진 보행공간과 공원이 조성된다."[1]

프랑스 파리를 여행한 사람이라면 한 번쯤 가보았을 '라데팡스La Défence'는 1998년 프랑스혁명 200주년을 기념해 지은 '신 개선문'으로 유명한 파리 외곽의 미래 도시다. 라데팡스가 미래 도시로 각광받는 것은, 지상에서 자동차를 찾아볼 수 없다는 것이 큰 이유 가운데 하나다. 고속도로는 물론 일반도로와 각종 케이블도 모두 지하에 있어, 지상은 보행자들만의 공간이다. 거주와 사무, 상업 공간이 유기적으로 결합한 새로운 개념의 미래 도시다.

이 신문기사는 우리나라에 들어설 '다층구조의 입체복합도시'를 설명하면서 왜 굳이 저 멀리 떨어진 프랑스의 라데팡스를 예로 들었을까? 한국에도 이미 1960년대 말 그와 비슷한 '다층구조의 입체복합도시'가 있었는데 말이다.

'공습 대비용 공터'가 '한국판 라데팡스'로

연중무휴 노인들로 붐비는 종묘 앞에 서면 맞은편에 유난히 거대한 건물이 하나 보인다. 충무로 대한극장 앞까지 그 길이가 1킬로미터에 육박하는 '세운상가'다. 지금은 회복이 불가능해 보일 정도로 쇠락했지만, 사실 세운상가는 지난 1967년 한국 최초의 도심재개발사업으로 탄생한 최첨단 주상복합빌딩이다. 세운상가처럼 넓디넓은 건물이 도심 한복판에 들어서기란 쉽지 않은 일이지만, 지금 그 자리에 들어설 수 있었던 것은 그곳이 애초부터 '공터'였기 때문이다.

일본군이 진주만을 공격하기 정확히 13일 전인 1941년 11월 25일. 일제는 미군의 공습에 대비하기 위한 방공용 공터를 크게 확충하기로 했다. 당시의 건물은 대부분 목조였기에 화재를 목적으로 하는 소이탄에 적극 대비할 필요가 있었기 때문이다. 특히 1945년에 들어서는 소이탄 폭격으로 불이 나더라도 다른 지역으로 옮겨 붙지 않도록 공습 대비용 공터를 더 늘릴 필요성이 대두됐다. 그해 3월 미군의 대공습으로 도쿄의 절반이 한순간에 불타버렸기 때문이다. 결국 일제는 잘 서 있는 건물까지 헐어가며 방공용 공터를 만들었는데, 그렇게 해서 소개疏開된 서울의 주요 지역은 다음과 같다.

① 서울역~신세계백화점 앞 퇴계로 일부: 너비 40미터, 길이 1,080미터
② 필동~신당동: 너비 40미터, 길이 1,680미터

일제가 미군의 공습에 대비한 방공용 공터는 한국전쟁 후 빈민들 차지가 됐다. 사진은 종묘 맞은편 공터를 메운 판잣집으로, 이것을 없애고 지은 것이 '한국판 라데팡스' 세운상가다.

③ 서울서부역~갈월동: 너비 30미터, 길이 800미터

④ 서울역~충정로: 너비 30미터, 길이 약 600미터

⑤ 종묘 앞~대한극장 앞: 너비 50미터, 길이 1,180미터[2]

하지만 1차 소개를 끝낸 지 채 두 달도 안 되어 일본이 패망하면서, 소개됐던 공터는 한국전쟁이 끝날 때까지 그대로 방치됐다. 그중 ①~④는 각각 '퇴계로'와 '청파로', '의주로' 등으로 바뀌었으나, ⑤는 그냥 방치되던 실정이었다. 그 자리를 차지한 것은 전쟁 중에 양산된 빈민들이었다. 변변한 주거지가 없던 빈민들은 그 터에 판잣집이나 천막을 짓고 생활했는데, 그 수가 2,200여 동에

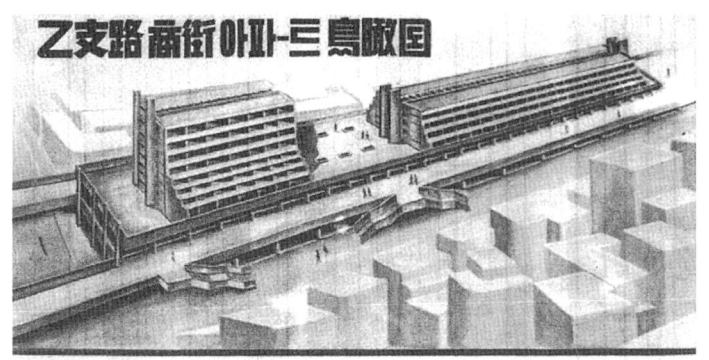

세운상가는 보행자전용로와 인공정원 등을 갖춘 한국 최초의 주상복합빌딩으로 기획됐다. 사진은 세운상가 아파트 조감도.

이를 정도였다고 한다. 게다가 이른바 '종삼鐘三'이라 불리던 집창촌이 이 일대를 중심으로 형성돼, 서울에서는 가장 큰 규모를 자랑했다. 따라서 관계 당국이 재개발의 필요성을 절실하게 느끼지 않을 수 없었다.

1966년 드디어 재개발 계획이 확정됐다. 연면적 20만 제곱미터에 달하는 세운상가 건설이 그것이다. 애초 이 계획에 반대하는 이들도 적지 않았으나 박정희 대통령의 지지를 업고 김현옥 서울시장은 또 하나의 거대 건축물을 만들 수 있었다. 그 구상을 현실화한 이는 서른다섯 살의 젊은 건축가 김수근이었다. 잠실 올림픽 주경기장을 설계하기도 한 김수근은 당시로서는 상당히 획기적인 설계안을 짰다.

• 남북 길이 1킬로미터의 세운상가 3층에는 보행자전용로를 두고 이를 따라 상가

1967년 "세계의 기운이 이곳으로 모이라"는 뜻으로 지은 세운상가는 완공 후 10여 년 만에 슬럼화됐다.

- 를 배치해 몰 mall을 만든다.
- 1층에는 자동차전용도로를 두어 차량과 보행자전용로를 분리한다.
- 1~4층은 상가로 하고 5층부터 8~17층까지는 아파트로 만들어 주상복합빌딩을 지향한다.
- 5층에는 하늘로 열린 공간을 내 인공정원을 조성하며 어린이놀이터와 시장 등을 배치한다.
- 자체적인 생활이 가능하도록 건물 안에는 학교와 동사무소, 파출소, 병원, 우체국, 은행 등을 설치한다는, '꿈' 같은 계획이었다.[3]

한국 최초의 주상복합빌딩

얼핏 보면 하나의 건물 같지만 김현옥 시장 당시 완공된 세운상가는 실제 4개의 건물, 모두 8개의 상가로 이루어져 있다. 종로와 청계천로 사이에 '현대상가(종로세운상가)'와 '세운상가 가동'이 한건물에, 청계천로와 을지로 사이에는 '대림청계상가'와 '대림상가'가, 을지로와 마른내길 사이에는 '삼풍상가'와 '풍전호텔'이, 다시 마른내길과 충무로 사이에는 '신성상가'와 '진양상가'가 한 줄로 연이어 있는 구조다.

일반인들이 8개 상가를 일일이 구분해 부르는 경우는 드물었다. 김현옥 시장이 세운상가 가동 기공식에서 "세계世의 기운運이 이곳으로 모이라"는 뜻에서 '세운상가世運商街'라는 휘호를 쓴 이후, 이들 상가는 세운상가로 통칭되기 시작했다. 그도 그럴 것이 종로에서 보든 남산 위에서 내려다보든 거대한 한 줄기의 건물군으로밖에 보이지 않기 때문이다.

박정희 정권에 있어 세운상가는 조국 근대화의 상징이었다. 1967년 11월 17일 세운상가 아파트 준공식에 참석한 박정희 대통령.

종로 3~4가 쪽에서 현대상가를 바라보면 이름은 상가지만, 5층부터는 주거용 아파트가 보인다. 처음부터 세운상가는 주거와 상업 그리고 사무공간을 모두 포함하는 한국 최초의 주상복합빌딩이었다. 세운상가의 다른 상가들 역시 크게 다르지 않다. 세운상가는 5층까지만 걸어 올라가면 아파트로 올라가는 엘리베이터를 탈 수 있었다. 세운상가가 완공된 때가 1960년대 말이니, 당시 엘리베이터는 상당한 수준의 시설이었다. 게다가 자가용 승용차도 별로 없고 대중교통도 그다지 발전하지 않은 시절이었기에, 도심에 있는 직장까지 걸어서 출퇴근할 수 있는 세운상가 아파트의 인기는 단연 으뜸이었다. 주민 대부분이 중산층 이상이었던 것은 물론이다.

관리비 안 내면 단전 조치합니다

그로부터 40년 남짓 흐른 2007년 겨울. 지금 세운상가 아파트를 채우고 있는 것은 대부분 창고나 허름한 사무실이다. 1970년대 들어 한강변을 개발한 자리에 고급 아파트가 생겨나면서부터 나타난 현상이다. 세운상가 아파트의 인기는 시들해졌고, 그 자리를 영세한 전기전자 업체들이 메웠다. 한때는 내로라하는 유명 인사들이 많이 살았다지만, 지금은 이런 슬럼이 다 있나 싶을 정도로 퇴색해버렸다.

상가도 마찬가지다. 세운상가 가운데 그 어떤 상가보다 전자제품으로 특화됐던 대림청계상가도 일반 쇼핑객이 찾지 않는 곳이 된 지 오래다. 요즈음 대림청계상가에서는 오락실용 게임기나 댄스 기계, 노래방 기기와 스티커 사진기 따위가 간혹 거래될 뿐이다.

이제는 그마저도 신통치 않은 모양이다. 대림상가 안으로 들어가 보니 상당수 점포가 비어 있다. 누군가가 복도에 쌓아둔 낡은 오락기 위에는 "이 물건을 7월 4일까지 처리하지 않을 시 관리실에서 임의 처리 정돈하겠다"는 '2차 경고문'까지 붙어 있었다. 그 옆 벽면에 붙어 있던 게시물도 세운상가의 우울한 오늘을 말해주었다.

"입점자 여러분께 알려드립니다. 관리비가 2개월 이상 미납 시에는 전액납부 시까지 단전조치되오니 양해하시기 바랍니다."

한때 기술력 있는 업체가 워낙 많아 '잠수함도 만들고 탱크도 만들 수 있다'

는 우스갯소리까지 돌던 세운상가. '한글' 프로그램을 개발한 '한글과 컴퓨터'의 모태가 됐을 정도로 수많은 첨단업체를 키워낸 세운상가. 그러나 지금 세운상가 입주 업체들의 고민은 일류 기술을 개발하는 게 아니라 생존 그 자체인 듯했다.

실패한 근대화, 다시 자연으로

'조국 근대화의 상징'이던 세운상가가 왜 이렇게 되었을까? 세운상가 3층에는 종묘 앞에서부터 대한극장 앞까지 남북 약 1킬로미터를 잇는 '보행자전용로'가 설치되어 있다. 세운상가를 이루는 4개의 거대한 건물 사이에 청계천로나 을지로 등 넓쩍한 도로가 3개나 지나지만, 그 사이에 구름다리를 놓아 굳이 1층으로 내려가지 않아도 계속해서 걸어갈 수 있게 했다.

하지만 사람들 심리상 아무리 보행자전용이라고 해도 3층까지 가파른 계단을 올라가야 하는 보도를, 자동차도 얼마 없던 시절 굳이 이용할 까닭이 없었다. 결국 햇빛도 잘 들지 않아 어둠침침한 1층 자동차전용로는 자동차와 보행자, 그리고 쌓아둔 물건이 뒤엉켜 시장바닥보다 어지러워졌다. 3층 점포의 임대료가 1층이나 2층보다 싸다는 것과 신성상가와 진양상가의 경우 아예 주차공간으로 쓰이고 있다는 사실은 3층 보행자전용로가 실패한 '꿈'이라는 단적인 증거다.

만약 사람들이 불편을 감수하고서라도 보행자전용로를 이용했다면 사정이 달랐을까? 현대상가와 대림상가 사이와는 달리 대림상가와 삼풍상가 사이에는 서쪽에만 한 개의 구름다리가 놓여 있을 뿐이다. 심지어 풍전호텔과 신성상가 사이에는 공사비를 줄이느라 아예 구름다리를 설치하지 않아 마치 섬처럼 단절

대림상가 간판의 '대림' 부분에서 사진 앞 쪽으로 구름다리가 연결되도록 설계했지만 그저 설계에만 그쳤다. 설계 따로 시공 따로는 그때나 지금이나 별반 다르지 않다(위).

당시로서는 획기적인 아이디어였던 보행자전용로는 '야적장'으로 전락한 상태다(아래).

되어 있다. 보행자전용로를 통해 4개의 개별 건물을 하나로 연결하겠다는 계획은 처음부터 틀어졌던 것이다. 그래서인지 지금 보행자전용로는 업체들의 '야적장'으로 쓰이고 있다. 더욱이 5층에 만들려고 했던 인공정원은 결과적으로 공수표가 되었고, 학교나 동사무소, 파출소 등도 배치되지 않았다.

실패한 조국 근대화의 상징 119

김수근이 세운상가를 설계할 때 생각은 일단 도시를 멋지게 만들면 사람들이 거기에 적응해 합리적으로 살아가리란 것이었다. 그러나 우리 눈앞에 서 있는 세운상가는 일반사람들의 생리와 현실을 전혀 고려하지 않은 일방적 설계와 불철저한 계획과 의지, 그리고 '돈'이라는 거부하기 힘든 욕망 앞에서 '실패한 근대화'의 상징으로밖에 보이지 않는다.

조만간 세운상가는 영영 사라질 것이다. 2008년까지 종로에서 청계천까지 90미터, 2012년까지 청계천에서 을지로까지 290미터, 마지막으로 2015년까지 을지로에서 퇴계로까지 500미터가 철거될 예정이다. 폭 70~90미터의 대규모 녹지대를 만들어, 북한산—북악산—창경궁·창덕궁—종묘—남산—관악산을 잇는 서울의 남북 자연축을 회복시키기 위해서다.

한국의 '아키하바라'를 꿈꾸며 탄생했으나 대표적인 흉물로 전락한 세운상가. 박정희 대통령과 영부인이 참석해 준공 테이프를 끊었을 정도로 큰 국가적 관심사였으나 지금은 누구 하나 거들떠보지 않는 세운상가. 사람들이 인천에 들어설 새로운 개념의 도시의 예를 굳이 '라데팡스'에서 찾은 이유도 다른 데 있지 않다. 지역적 특성이나 시장 규모에 대한 사전조사도 없이 무턱대고 우람한 것만 지으면 좋다는 전근대적 사고방식. 100년은커녕 채 10년 앞도 내다보지 못하는 근시안적 재개발 행태. 동서 횡단축을 기본으로 형성되어 온 서울에서 난데없이 남북 종단축을 들이미는 몰역사적 무식함. 일사불란한 군사작전처럼 추진된 조국 근대화의 결과를 '세운상가 1킬로미터'에서 확인할 수 있다.

---

1 《한겨레신문》, 2005년 9월 16일자.
2 손정목, 《서울 도시계획 이야기 1》, 한울, 2003년, 246쪽.
3 같은 책, 270~271쪽.

지금 이 순간에도 무참히 헐리고 있다

우이동 '육당 최남선 고택'을 찾아

　춘곡 고희동은 한국 최초의 서양화가로 광복 후 대한민국미술전람회(국전) 심사위원장과 대한미술협회장, 대한민국예술원장 등을 역임한 대표적 미술가다. 하지만 당시 대부분의 미술가들이 그랬듯 그의 이름 석 자에도 '친일화가'라는 그림자가 짙게 드리워 있다. 그런 까닭인지 1956년 '화필畵筆 50년 기념전' 이후 별다른 회고전 한 번 열리지 않았다. 그러던 차에 2005년 여름 서울대박물관에서 '춘곡 고희동 40주기 기념 특별전'이 열렸다. 화필 50년 기념전 이후 근 반세기 만이자 사후 40년 만에 열린 전시회였다.

　고희동 화백이 사람들의 관심을 끌기 시작한 것은 2002년쯤부터인 듯하다. 그가 살았던 창경궁 옆 원서동 16번지의 한옥이 디자인센터를 지으려는 한 가구업체에 팔려 곧 헐릴 위기에 처했을 때였다. 그 집은 일본에서 귀국한 고 화백이 교사로 나가던 보성·중동·휘문 등의 고등보통학교 미술부 학생들을 데려다 석고데생 등을 지도했던 곳으로[1] 역사적 인물이 살았던 곳이자 근대 미술교육이 행해진 시대성을 함께 갖고 있다. 뿐만 아니라 이 한옥은 겉모습과는 달리 내부는 일본식을 택하고 있어, 일제강점기 도시주거의 시대적 변화 양태를 잘 보여준다.

이런 역사성을 갖는 건물이 헐릴 위기에 처했다는 소식이 알려지자 시민단체와 학계 등이 나서서 보존 필요성을 역설했고, 다행하게도 서울시가 2004년 시등록 문화재로 예고했다. 그보다 친일반민족행위 정도가 심했기 때문일까? 고희동 가옥에 대한 철거 논란이 한창이던 시기, 육당 최남선이 살던 고택은 사람들에게 알려질 새도 없이 무참히 헐려버렸다.

2003년 1월 19일 찾아간 우이동 최남선 고택은 지붕에 물이 새고 기둥에는 곰팡이가 스는 등 철저하게 방치되어 있었다. 고택은 답사 이후 며칠 지나지 않아 헐려버렸다.

건물 때문에 친일 상처가 덧나

지난 2003년 서울 우이동 북한산 초입에 있는 소원素園을 찾았다. '하얀 정원'이라는 뜻의 소원은 최남선이 일제 말기인 1941년부터 해방 후 1949년 2월 7일 반민특위에 검거될 때까지 머물렀던 185평방미터 정도의 단층 한옥이다. 겉에서 보기엔 조용한 여느 한옥과 다를 바 없었지만, 가까이 다가가 살펴보니 집터를 둘러싸고 있던 돌담은 이미 부분적으로 허물어진 상태였고, 내부 곳곳에는 곰팡이가 피어 퀴퀴한 냄새가 진동했다. 안채 마룻대에는 이 집이 쇼와昭和 14년인 1939년 5월 29일 지어졌다고 씌어 있었다. 애초 1928년에 세워진 것으

고택이 헐린 자리에는 고급 빌라가 들어섰다.

로 알려져 있으나, 39년에 헐고 새로 지은 것으로 보인다. 30여 년 동안 줄곧 이 집을 관리한 유 씨에 따르면 "새로 지은 후 여태껏 보수를 하지 않다가 근래 들어 빗물받침을 새로 설치했을 뿐 별다른 변화가 없었다"고 했다.

한편 유 씨는 "이 자리에 70평형대 고급 빌라가 들어설 예정"이라며 "올 설만 지나면 집을 비워줘야 한다"고 말했다. 완전히 헐리려면 열흘 정도 남았다는 얘기였다. 사실 관할 지자체인 강북구는 이미 1995년부터 수차례 이 집을 문화재로 지정해달라고 서울시에 건의해왔다.

결과적으로는 모두 허사였다. 최남선의 후손들이 "건물 때문에 친일이라는 아버지의 상처가 자꾸 덧나는 것 같다"며 D건설사에 매각해버렸는데, 서울시 문화재위원회 역시 몇 차례의 토론 끝에 '등록문화재로 지정할 만한 가치가 없다'는 결론을 내렸다. 이유는 최남선이 소원에 머무르기 시작한 1941년은 그가 신문 기고나 강연 등을 통해 조선 청년들에게 일제의 침략전쟁에 참여하도록 독려하는 등 적극적인 친일을 시작한 시기이고, 1939년에 지어진 개량 한옥으로서 이미 원형이 크게 훼손된데다 근대건축물도 아니니 보존할 만한 건축사적 가치가 없다는 것이었다.

'조선 3대 천재'가 '만 번 죽여도 죄가 남을' 인물로

최남선이 누구던가? 춘원 이광수, 벽초 홍명희 등과 함께 '조선 3대 천재'[2] 중 하나로 일컬어진 인물로, 1919년 3·1운동 당시 '독립선언서'를 기초한 이로 알려져 있다. 그렇다면 그도 대한민국 정부 수립 후 민족해방운동가들에게 수여된 건국훈장을 받았을까? 대답은 '아니올시다'다. 오히려 해방 직후 반민족행위특별조사위원회(반민특위)에 의해 친일부역 혐의로 검거되어 마포 형무소에 수감됐다. 그의 나이 서른이던 1919년, 독립선언문을 기초한 이유로 옥고를 치르다 가출옥한 후부터 적극적 친일로 '전향' 했기 때문이다. 물론 초기에는 일제에 저항하다가 강점기 말에 이르러서는 친일로 전향한 이들이 적지 않지만, 최남선의 경우에는 일찍이 '짧았던 애국'을 끝내고 '기나긴 매국'을 시작할 기미를 보였다.

    2년 6개월여의 옥고를 치르다 가출옥한 최남선은 '동명사' 라는 출판사를 세워 잡지 《동명東明》을 발간했는데, 거기에 〈조선민시론朝鮮民是論〉(1923)과 〈불함문화론不咸文化論〉(1925) 등을 발표했다. 주요 내용은 한민족과 일본민족이 혈통은 다를지라도 문화적으로는 같은 뿌리에서 나왔다는 것으로, 결국 일제가 주장하던 내선일체內鮮一體나 동조동근同祖同根으로 귀결된다. 최남선은 동명사를 만들 때 이미 조선총독부 기관지인 《경성일보》 사장이자 사이토 마코토 조선총독의 정치참모였던 아베 미츠이에阿部充家 등의 도움을 받았다고 한다. "금후의 처분은 모든 것을 하나로 하여 선생님의 가르침에 어긋나는 일이 없도록 신경을 쓰고 있습니다"³라며 아베에게 보낸 편지가 그 증거다. 불과 3년 전인 3·1운동 당시의 그와는 너무나도 다른 모습이다.

    1928년 최남선은 일제가 조선사를 비롯한 한민족사 왜곡과 식민사관 주입을 위해 만든 조선사편수회 편수위원직을 맡음으로써 본격적인 친일 행위를 시작했다. 이어 전쟁동원을 독려하는 강연을 다니는가 하면, 1937년에는 조선총독부 중추원 참의까지 지냈다. 급기야 1938년에는 만주의 친일신문 《만몽滿蒙일보》 고문직을 맡더니, 그 이듬해에는 만주국 건국대학 교수로 부임해 일제의 지배논리를 전파했다. 심지어 일본 관동군 선무작업과 독립군 귀순공작을 하고 다

녔던 최남선이다. 그랬던 그가 사람들에게서 실로 엄청난 공분을 자아내게 된 것은 4년 7개월여의 만주 생활을 마치고 국내로 들어온 후에 각종 강연과 기고를 통해 학병지원을 권유하면서부터였다.

"제군! 대동아의 성전聖戰은…세계 역사의 개조이다. 바라건대 일본 국민으로서의 충성과 조선 남아의 의기를 발휘하여…한 사람도 빠짐없이 출진하기를 바라는 바이다." [4]

그의 학병 권유는 해방 직전까지도 계속됐다. 일제 패망 5개월 전에도 최남선은 조선총독부 기관지 《매일신보》에 이런 글을 기고했다.

"나는 일본의 국력이 얼마나 된다는 것을 수적으로는 물론 알 길이 없다. 그러나 나는 믿는다. 이 전쟁이 이기리라는 것을 굳게 믿는다. 그것은 일본 국민의 영혼의 힘이 세계에 절대하기 때문이다. 미·영의 물량이 아무리 크다 할지라도 그것에는 한도가 있다. 그러나 영혼의 힘에는 한계가 없다. 만일 이 전쟁에서 우리들의 운명이 참패를 당한다고 하면…그것은 인류의 영원한 비극이요, 벗어날 수 없는 암흑의 운명을 뜻하는 것에 지나지 않을 것이다. 우리는 이겨야 한다." [5]

물론 최남선이라고 해서 '변절의 이유'가 없었던 것은 아니다. 해방 후 반민특위에 의해 마포 형무소에 한 달여 수감되었을 때 자신의 무고함을 주장하기 위해 쓴 〈자열서自列書〉에서 "임박해오는 신운명에 대비하자 함에 있었다"[6]며 학병 권유의 정당성을 웅변한 바 있다. 그러나 그렇게 깊은 뜻이 있었다면 왜 자신의 친아들은 학병에 보내지 않았던 것일까? 교토상고를 졸업한 최남선의 셋째 아들은 도쿄 제국대학 법학부에 다니며 학병에 나가지 않고 버티다가 해방을 맞았다.[7]

최남선은 열여덟 살 때인 1907년 '신문관新文館'을 설립해 계몽도서를 출판하고, 이듬해에는 잡지 《소년少年》을 만들어 창간호에 최초의 신체시 〈해에게서 소년에게〉를 발표한 근대한국의 대표적 문필가다. 1910년에는 '광문회'를 세워 한국고전을 간행하는 한편 《역사지리연구》 등을 펴내 민족문화와 사상의 기원을 연구 보급하는 데 힘썼고, 1914년에는 잡지 《청춘靑春》을 발간해 문화 사업을 벌인 지식인. 그러나 최남선은 이렇게 뛰어난 능력을 조선 젊은이들을 사지로 내모는 등 일제부역을 위해 씀으로써, 심산 김창숙이 "비록 만 번 죽여도 오히려 죄가 남는다"[8]고 혹평했을 정도로 친일반민족행위에 앞장섰다. 반성적 지성인이 되기보다는 기능적 지식인을 자처했다.

봉천동에 나타난 스미스소니언박물관 직원들

관에서는 우이동 고택이나 자유시 〈해에게서 소년에게〉를 썼던 을지로 2가 생가 터, 혹은 3·1 독립선언서를 기초한 삼각동 집터에 표지석을 세워 후대에 알리는 방안도 고려했던 것으로 보인다. 그러나 이런 바람은 정말 바람처럼 날아가버렸다.

눈이 녹아 질척한 마당에는 춘원 이광수와 나눴던 편지 등 각종 우편물과 포장을 뜯지도 않은 프랑스와 러시아 신문 등이 겨울바람에 흩날리고 있었다. 어떤 것들은 그냥 박스 안에 쌓여진 채 겨울비를 맞고 있었다. 버려진 것들 중에는 1930년 《국민신문》이 새해를 맞아 부록으로 만들어 배포한 일본 황족의 가

: 철거 직전 집 주변에는 일본 황실 사진첩(위)이나 최남선이 다른 사람들과 주고받은 편지 등 흥미로운 자료들이 나뒹굴고 있었다(아래).

계도인 '황실급황족어략계도皇室及皇族御略系圖'와 각종 원고청탁서 등 흥미로운 것들도 눈에 띄었다.

친일문인 최남선이 갖는 역사적 맥락뿐만 아니라 생활문화사적으로도 소원이 철거된 것은 아쉬운 일이다. 서울시 문화재위원회의 평가대로 "1939년에 지어진 개량 한옥으로서 이미 원형이 크게 훼손된데다 근대건축물도 아니니 보존할 만한 건축사적 가치가 없다"는 말을 그대로 인정한다 하더라도, 건물 안팎의 '생활문화사적 유품'까지 무시하지는 말았어야 했다.

최남선의 유품은 1957년 그가 세상을 뜨자 유족들에 의해 고려대박물관에 기증됐다. 그러나 그것들 대부분은 국보 제291호《용감수경龍龕手鏡》등 '최남선 개인과 큰 관련이 없는' 고서古書에 국한된다. 지금까지 역사 자료라고 하면 국보나 보물을 떠올리고 값어치를 기준으로 생각해왔던 시각에 따르면 이상한 일도 아니다.

그동안 우리에게 생활문화사적인 측면에서 사료를 보려는 자세가 부족했던 것은 사실이다. 이를 테면 조선후기나 대한제국기의 유물을 보려면 외국인이 찍은 사진이나 민속촌에나 가야 어렴풋이 볼 수 있는 것은 물론, 1950~60년대 일반 시민들의 생활문화를 살펴보려고 해도 남아 있는 유물이 별로 없다. 국립민속박물관이 생긴 것도 최근의 일이다. 심지어 새마을운동이 한창이던 지난 1970~80년대, 미국 스미스소니언박물관 직원들이 철거 중이던 봉천동 판자촌 등을 찾아가 쓰레기나 진배없던 생활유물을 수집해 근현대 한국생활문화사 복원작업을 시도하지 않았던가.

이런 맥락에서라도 소원에서 목격한 광경은 쉽게 지나치기 힘들었다. 그중에서 최남선의 권유로 입대했는지 학도병으로 보이는 청년이 만주국에서 보내

한 청년이 최남선에게 보낸 편지로 "선생님의 거룩하신 애족, 애국 정신으로 지도해달라"며 부탁하고 있다. 역사는 그렇게 윤색되어 있었다.

온 편지가 눈에 띄었다. 심지어 강원도에 사는 윤수병이라는 청년이 "선생의 거룩한 애족, 애국 정신으로 지도해달라"며 "지도만 해주신다면 저는 목숨을 걸고 지도에 응하겠다"고 보낸 편지도 있었다. 편지를 보낸 연도가 1955년이었는데, 한국전쟁 후에도 최남선이 민족지도자로 인식된 것을 보면 아연실색할 수밖에 없다. 이런 것이 바로 당시 일반인들이 가진 최남선에 대한, 나아가 친일부역자들에 대한 평가가 얼마나 윤색되어 있었는지를 생생히 보여주는 '생활문화사적 자료'가 아닐까?

우리는 너무 무심하다

비단 적극적 친일반민족행위자의 집만 그런 것도 아니다. '청록파 시인' 박목월의 원효로 4가 고택도, 〈B사감과 러브레터〉를 쓴 현진건이 살았던 부암동 고택도 모두 헐렸다. 심지어 '서울시등록문화재'로 선정된 우리나라 최초의 증권거래소였던 명동 대한증권거래소 건물과 '근대 영화의 총아' 스카라극장도 모두 사라졌다. 훼손이 반복되는 이유는 건물을 헌 뒤 얻게 될 경제적 이득이 크기 때문이다. 그런데 이를 막기 위한 방법은 사실상 건물 주인의 감정에 호소하는 길밖에 없다. 답답한 일이다.

사학자이자 문필가, 그리고 출판가로서 한국의 근대문학사에서 결코 무시할 수 없는 존재인 육당 최남선. 자신의 전향이 '변절'이 아닌 '방향전환'이었다고 변명하는 최남선의 빈곤한 역사의식을 탓하는 사람이든 그의 문화사적 업적을 따로 떼어내 기리는 이들이든, 그 모두에게 사라진 '소원'이나 바람에 흩날리던 '하찮은 유품'의 이야기는 한번쯤 들어볼 만한 가치가 있다. 우리는 시간의 흔적에 너무 무관심하다. 역사니 전통이니 하는 말을 쉽게 입에 올리지만 피상적으로만 느껴진다. 역사는 기록되고 보존될 때 영속성을 보장받는다지만, 우리는 너무 무심하다. 첫 방문 이후 4년 만인 2007년 말 다시 우이동 5-1번지를 찾았을 때 그곳에 '최남선'은 없었다. 고급 빌라가 들어섰을 뿐, 역사적으로는 죽은 공간으로 변해 있었다.

1 고희동, 〈나와 조선 서화협회 시대〉, 《신천지》, 1954년 2월호.
2 이 가운데 《임꺽정》을 쓴 벽초 홍명희만은 끝까지 친일부역행위를 하지 않았다.
3 정운현, 《나는 황국신민이로소이다》, 개마고원, 1999년, 167쪽.
4 《매일신보》, 1943년 11월 20일자, 〈나가자 청년학도야〉 중 일부.
5 《매일신보》, 1945년 3월 7일자, 〈승리엔 젊은이의 힘〉 중 일부.
6 오익환, 《해방전후사의 인식 1》, 한길사, 2004년, 205쪽.
7 정운현, 위의 책, 1999년, 170쪽.
8 김경재 외, 《세상은 그를 잊으라 했다》, 삼인, 1998년, 32쪽.

외세를 이용해 외세를 막으려 하다

정동 '손탁호텔' 터를 찾아

사람들이 물 다음으로 많이 마신다는 커피. 한국인들이 커피에 맛을 들이기 시작한 것은 한국전쟁을 거치면서부터다. 미군부대에서 흘러나온 커피를 시작으로 1968년 대상음료의 전신인 미주산업이 최초로 국산 인스턴트커피를 출시하면서 급격한 대중화의 길을 걸었다. 설탕과 크림은 물론 계란 노른자까지 얹은 '모닝커피'를 중심으로 형성된 한국의 커피문화는 반세기 가까운 세월을 거치며 진화에 진화를 거듭했다.

최근 들어 커피전문점이 우후죽순 생겨나다 보니 학계의 연구도 활발한데, 한국의 커피문화를 연구하는 사람들은 1920년대 명동과 충무로에 문을 연 '아오키도靑木堂'나 '후다미二見', '금강산' 등을 한국 커피숍의 시발로 꼽기도 한다. 그러나 사실 한국의 커피숍은 그보다 20여 년 앞서 출현했다.

러시아, 조선에 진출하다

'고요한 아침의 나라'라는 애칭에 걸맞지 않게 19세기 후반의 조선은 열강의 각축으로 조용한 날이 없었다. 당시 조선은 미국과 조미통상조약을 체결한 데 이어, 영국이나 독일과도 통상조약을 맺은 상태였다. 그러나 유독 러시아와는 어떠한 협정도 맺지 않았는데, 러시아의 팽창을 저지하려는 일본이나 청국 등 주변국의 견제 때문이었다. 러시아는 어떻게든 대한제국에 선을 대고자 청국 텐진주재 영사 웨베르韋貝, Karl Ivanovich Veber로 하여금 직접 조선으로 가도록 했다. 이에 웨베르는 고종의 외교 고문이던 독일인 묄렌도르프穆麟德, Paul George von Möllendorff를 끌어들여 1885년 통상조약을 맺는데 성공, 그해 10월 러시아 대리공사 자격으로 조선 땅을 밟았다.

당시 웨베르와 함께 온 일행 가운데 한 명인 서른두 살의 앙투아네트 손탁孫鐸, Antoinette Sontag은 알자스로렌 출신 독일계 프랑스인으로, 웨베르의 처남의 처제이기도 했다. 그녀는 웨베르의 추천으로 궁에서 서양음식을 마련하는 등 외국인을 접대하는 업무

손탁은 4개 국어에 능통할 뿐만 아니라 배포가 커 주한 외국인들의 대모 역할을 했다. 조선왕실은 일본을 견제하고자 그런 그녀를 필요로 했다. 사진은 손탁과 그녀를 방문한 외국인들의 모습.

외세를 이용해 외세를 막으려 하다

를 맡았는데, 당시 고종에게 커피¹를 소개하거나 명성황후에게 프랑스산 화장품을 제공해 왕실의 환심을 샀다고 한다.

환심도 환심이지만, 정녕 중요한 것은 조선왕실도 러시아를 꼭 필요한 존재로 보고 있었다는 점이다. 스스로 힘이 없다 보니 서구 열강을 이용해 일본을 견제해야 했기에 러시아와 손탁에 대한 왕실의 믿음은 각별했다. 조선왕실이 청일전쟁에서 승리한 일본을 견제하기 위해 러시아를 끌어들일 때 한몫한 것도 손탁이었고, 을미사변² 후에 독살 위협을 느낀 고종의 음식 마련을 전담한 것도 손탁이었다.

특히 손탁은 고종이 러시아공사관으로 파천播遷³했을 때 가까이에서 그를 보필함으로써 더욱 탄탄한 신뢰를 쌓을 수 있었다. 고종은 러시아공사관에 머무르면서 손탁과 웨베르 등이 주선한 연회에 참석한 각국 외교관들을 통해 국제정세를 읽을 수 있었다. 4개 국어에 능통했을 뿐만 아니라 자신의 집을 유럽인들에게 숙식소로 제공할 정도로 주한 외국인들의 대모代母 역할을 자처한 손탁이었기에 가능했던 일이다.

오른쪽에 보이는 건물이 손탁호텔로, 박공(지붕 아래 삼각형 부분)에 '손타그 호텔'이라고 일본어로 씌어 있다.

서울 최초의 호텔과 커피숍

이런 긴밀한 관계 때문이었는지 고종은 1902년 10월 덕수궁 옆에 25개의 객실을 갖춘 2층짜리 호텔을 지어 손탁에게 운영을 맡겼다. 당시 외교문서에 '한성빈관漢城賓館'으로 표기된 것이 보이는데, 이것이 바로 러시아인 사바친 Scredin Sabatin이 설계한 '서울 최초의 호텔'[4] 손탁호텔이다.

고종이 손탁에게 호텔 운영을 맡긴 것은 자신을 정성껏 시봉한 데 대한 고마움을 표시하기 위한 것만이 아니었다. 당시 조선을 찾는 외교관과 외국 관료의 수가 늘어나면서 영빈관을 지을 필요성이 대두됐는데, 적임자로 마땅한 인물은 당연 손탁이었다. 이미 스스로의 힘으로 난국을 극복할 수 없어 열강 사이에서 줄타기 외교를 해야 했던, 특히 일본으로부터 벗어나려 애쓰던 조선왕실의 입장에서는 일본 반대편에 서 있는 인물이 필요했고, 이것이 고종이 손탁에게 호텔 경영을 맡겼던 이유다.

손탁의 능력은 탁월했다. 특유의 사교성을 바탕으로 손탁호텔을 짓기 훨씬 전부터 그녀의 사저에서는 각종 사교모임이 활발하게 이루어지고 있었다. 민영환이나 윤치호, 이완용, 이상재 등 조선 고위 관리들과 두루 친했을 뿐만 아니라, 미국공사 실John B. Sill이나 프랑스 영사 플랑시Victor Collin de Plancy, 선교사 아펜젤러Henry Appenzeller나 언더우드Grant Underwood, 조선정부의 외국인 고문 등이 모여 만든 '정동구락부'를 통해 끊임없이 정보를 나눴다. 각종 '조직화되지 않은' 사교모임도 빈번하게 열려 조선 말기 '살롱정치'의 중심지라 할 만했다.

손탁호텔이 지어지면서 이와 같은 모임은 호텔로 옮겨져 더욱 활성화됐다. 단순히 객실만 있었던 것이 아니라 호텔 1층에 '서울 최초의 커피숍'이 있었기 때문이다. 공적인 만남의 장소가 없던 서울이었기에 손탁호텔 커피숍은 이내 명망가들의 아지트가 되었다. 손탁의 후원세력이기도 했던 러시아 관리들을 비롯해 미국 외교관이나 선교사, 이들과 교류하던 조선 관리들이 수시로 드나들었다. 호텔과 유럽식 커피숍이 함께 있다는 희소성 때문인지 잠시 한국을 방문한 외국인들도 들러가는 서울의 명물이 됐다. 러일전쟁 당시 종군기자로 조선에 온 《톰 소여의 모험》의 작가 마크 트웨인Mark Twain이나 나중에 영국수상이 된 윈스턴 처칠Winston Churchill 등이 손탁호텔을 거쳐 간 이들이다.

외세를 이용하려 지은 손탁호텔, 그러나

역설적이게도 손탁호텔은 고종의 뜻과는 정반대로 기능했다. 애초 일본의 대항마를 지원함으로써 독립을 유지하고자 지은 것이었으나 도리어 조선의 멸망을 재촉했으니 말이다. 예컨대 을사늑약[5] 체결을 강요하러 조선을 찾은 이토 히로부미가 머물렀던 곳이 바로 손탁호텔이었다. 그는 1904년 3월과 이듬해 11

월 손탁호텔에 머물면서 지금의 국무총리 격인 참정대신 한규설 등 조선정부 고위관리들을 불러댔다. 고종이 머물던 덕수궁과 각종 정부 기관이 지척인 손탁호텔에 방 하나를 빌려 잡고는, 그 은밀한 곳에서 각종 협박과 회유를 통해 을사늑약 체결을 강요했던 것이다.

손탁과 그의 후견세력 러시아라 하여 예외는 아니다. 손탁이 일본에 대항하려는 조선왕실에 일정 정도 도움을 준 것은 사실이나, 그 역시 자신의 이익 추구가 우선이었다. 러시아가 부산 영도와 신의주 용암포에 대한 조차租借를 요구하

덕수궁 중명전 마당에서 환담하는 더럼 스티븐스와 이토 히로부미. 두 사람 모두 한국인에게 처단당했다.

거나 경남 마산 밤구미에 해군기지를 만들려고 했을 때 그녀의 입김이 주효했다. 고종이 일본으로부터 벗어나기 위해 택한 러시아나 손탁 역시 다른 세력과 마찬가지로 자신들을 위해, 즉 조선정부 내에서 친러징책을 관철시키기 위해 노력한 것이다.

일본과 러시아만이 아니다. 나중에 캘리포니아 오클랜드 페리선착장에서 전명운과 장인환에 의해 저격당한 을사늑약 체결의 '숨은 공로자'이자 대한제국 외교 고문이던 미국인 더럼 스티븐스Durham Stevens, 그를 비롯한 다른 미국 외

외세를 이용해 외세를 막으려 하다 137

교관이나 독일 광산업자, 영국 무역업자 역시 손탁호텔 커피숍을 수시로 드나들며 자신들의 이익을 극대화하는 데 골몰했으리라.

하기야 조선이 망한 것이 어디 손탁호텔 잘못이겠는가. 영국제 '화물선'에 대포 몇 문 얹은 고물을 군함이랍시고 정부 외환수입의 3분의 1이 넘는 50만 엔에 사들이는 것이[6] 당시 조선정부의 현실이었다. '한국해군 최초의 군함(양무호 揚武號)'이라고 하기에는 그 탄생 스토리가 너무도 씁쓸하지만, 국제정세에 눈 감은 왕실과 뇌물을 먹고 자기이익 챙기기에만 급급했던 관리들을 봤을 땐 오히려 당연한 결과가 아닌가 싶다.

정동은 여전히

구한말 비운의 역사를 묵묵히 목격한 '서울 최초의 호텔' 손탁호텔. 이 호텔이 있던 서울 중구 정동 30번지를 찾아가 봤다. 붉은 벽돌이 인상적이었다는 손탁호텔은, 없었다. 일본이 러일전쟁에서 승리하면서 손탁호텔도 더 이상 운영되기 힘들었기 때문이다. 1909년 손탁이 프랑스로 떠나면서[7] 한 외국인에게 매각해 얼마간 호텔의 명맥이 유지되기도 했으나, 곧 이화학당에 팔려 기숙사와 교실 등으로 이용되다가 결국 1923년 헐리고 말았다. 지금 그 자리에는 2005년 완공된 이화여고 100주년기념관이 서 있다.

손탁호텔 터를 등지고 주변을 둘러봤다. 골목 사이로 고종이 몸을 의탁했던 새하얀 러시아공사관 첨탑이 보인다. 직선거리로 채 200미터도 안 되는 곳에는 육중한 러시아대사관이 우뚝 솟았다. 또 그 사이에는 미국 선교사들이 세운 정동제일교회가 자리를 잡았고, 맞은편에는 미국대사관저가 애초 덕수궁의 일

∴ 손탁호텔이 있던 자리에는 이화여고가 들어섰다. 손탁호텔은 사라졌지만 정동에서는 여전히 열강의 각축이 느껴진다.

부였던 곳을 비집고 들어서 있다. 그 너머에 있는 것은 영국대사관과 영국성공회당이다. 일본 관련 시설은 없어진 듯하지만, 이 땅은 한때 일본 것이 아니었나. 손탁호텔은 사라진 지 오래지만, 정동은 여전히 가빠 보였다.

---

1 당시 커피는 각설탕 속에 커피를 넣은 형태였다. 각설탕 덩어리를 뜨거운 물에 넣으면 그것이 녹으면서 커피가 되는 인스턴트 방식이다. 커피는 '가배珈琲'로 음역해 불렀다.
2 1895년 10월 8일 새벽, 명성황후가 일본 군인과 낭인들에 의해 살해된 사건.
3 임금이 궁에서 다른 곳으로 피란하는 것으로, 여기서는 1896년 2월 11일의 '아관파천'을 의미한다.
4 손탁호텔이 세워지기 전 이미 인천에는 1888년 완공된 대불호텔과 스튜어드호텔 등이 있었다. 개항장으로서 외국인들의 왕래가 잦다 보니 숙소가 필요했던 것이다.
5 한국에서 을사늑약은 그동안 을사조약이나 을사보호조약, 을사5조약, 한일협상조약 등 여러 이름으로 불려왔다. 반면 일본에서는 한일신협약이나 2차 한일협약 등으로 불린다. 일본이 그렇게 부르는 이유는 협약agreement은 정식 조약treaty과 협정convention에 이어 세 번째 등급인데, 국가 원수가 아니라 양국의 주무 관리가 서명하면 효력이 생기기 때문이다. 반면 한국에서는 그동안 을사조약이라는 말로 통용되다가, 최근 들어 '강제로 맺은' 조약이라는 뜻에서 '을사늑약'으로 부르기 시작했다. 그러나 한편에서는 조약이 체결된 것처럼 꾸며졌을 뿐 실제로는 조인되지 않았기에 아예 '조약'이 아니라 '을사늑약안案' 정도가 합당하다는 의견도 있다.
6 김재승, 《한국 근대해군 창설사》, 혜안, 2000년, 151쪽.
7 1909년 9월에 한국을 떠난 손탁은 프랑스 남부 리비에라 해변에서 풍족한 여생을 보냈다고 알려져 있다.

서울시립미술관에서 장경근을 떠올리다

정동 '옛 대법원'을 찾아

"이제 모두 세월 따라 흔적도 없이 변해갔지만 덕수궁 돌담길엔 아직 남아 있어요, 다정히 걸어가는 연인들"로 시작하는 가수 이수영의 〈광화문연가〉. 이문세의 동명 노래를 리메이크해 부른 이수영은 "언젠가는 우리 모두 세월을 따라 떠나가지만 언덕 밑 정동길엔 아직 남아 있어요, 눈 덮인 조그만 교회당"이라며 덕수궁 돌담길을 애틋했던 추억의 공간으로 노래하고 있다.

하지만 얼마 전까지만 해도 덕수궁 돌담길은 '이어지는' 연인들이 아닌 '헤어지는' 연인들의 거리였다. 진송남은 "밤도 깊은 덕수궁 돌담장 길을 비를 맞고 말 없이 거니는 사람, 옛날에는 두 사람 거닐던 길, 지금은 어이해서 혼자서 거닐까, 밤비가 하염없이 내리는 밤에"(〈덕수궁 돌담길〉)라고 노래했고, 혜은이도 "아아 지금은 사라진 정다웠던 그 사람이여, 덕수궁의 돌담길 옛날의 돌담길, 나 혼자서 걸어가는 옛사랑의 돌담길"(〈옛사랑의 돌담길〉)이라고 속삭였다. '연인끼리 걸으면 반드시 깨진다'는 속설이 괜히 생겨난 것 같지 않다.

그도 그럴 것이 1990년대 초반까지만 해도 덕수궁 옆 서울시청 서소문 별관 자리에는 가정법원이 있었다. 가정법원을 찾는 사람들은, 한때 아무리 금슬이 좋았더라도 이곳을 찾아 이혼 도장을 찍은 후에는 서로 제 갈 길을 갔을 것이다. 그러니 '곧 깨질 부부가 걸어간 길'이 정확한 표현이겠다.

가정법원이 이전됐기 때문일까? 덕수궁 대한문에서 정동극장을 거쳐 강북삼성병원 쪽으로 이어지는 지금의 정동길은 어느새 연인들의 차지가 되어버렸다. 특히 화사한 봄날이면 궁궐 나들이를 나온 사람들이나 산책 나온 이들로 흔치 않은 도심 속 호젓한 거리는 때 아닌 특수를 맞는다. 널찍한 인도를 차도와 확실히 구분한데다 구불구불 돌담길 정경을 살려, 서울 하늘 아래 이곳만큼 정겨운 산책로가 또 있을까 싶다. 사람들을 불러 모으는 데는 2002년 문을 연 서울시립미술관의 영향도 만만치 않다. 정동제일교회 로터리 새빨간 공중전화 부스 뒤쪽에 소담하게 자리한 서울시립미술관은 전시된 미술품도 그렇거니와 널찍한 앞마당과 보기만 해도 시원한 숲이 있어 잠시 들러 쉬었다 가기에 제격이다.

일제 법원 건물을 안고 들어선 서울시립미술관

1990년대 초 법조단지가 서초동으로 옮겨가기 전까지 일제강점기 때부터 맡은 바 소임을 다했던 '원조' 법조단지 정동. 서울시청 서소문 별관 자리에는 가정법원과 검찰청이 있었고, 서울시립미술관 자리에는 대법원이 있었다. 특히 1928년 완공된 서울시립미술관 건물에는 지금의 대법원 격인 조선고등법원과 경성복심법원, 경성지방법원 등 세 법원이 모두 입주해 있었다. 1905년 조선을 '보호국'으로 만든 일제가 1909년 사법과 감옥에 관한 업무를 모두 관장하게

일제강점기 때 대법원(위)과 지금의 서울시립미술관(아래). 진입로 위치나 휘어진 정도 등이 그때나 지금이나 비슷하다.

된 이후의 일이다.

　국가보안법처럼 '머릿속 생각'까지도 처벌할 수 있도록 한 치안유지법을 통해 수많은 조선인을 재판했던 곳. 그래도 지금의 시립미술관은 늘 정겹다. 해가 뉘엿뉘엿 넘어갈 때쯤이면 더 황홀하다. 유리로 마감된 지붕을 통해 건물 안까지 들어오는 은은한 노을과 그것을 반사해 누런빛으로 물들어가는 흰색 벽을 보고 있노라면, 마음이 진정됨을 느낀다. 뿐만 아니라 서울시립미술관은 원래 있던 건물을 부순 다음 새로 짓는 종래의 방식에서 벗어나, 석조로 지은 대법원 건물의 앞면을 그대로 활용하고 있다. 이를 테면 종래의 방식처럼 무조건 옛것을 '배척'하는 것이 아니라 담대하게 '포용'함으로써 '조화'를 이뤄냈다. 그래서인지는 몰라도 시립미술관에만 가면 정동의 역사성과 현대적 세련미가 잘 조화됐다는 느낌을 받는다.

　다만 그 포용이 건물에만 그친 게 아니라는 것이 문제다. 일제강점기 시절 수많은 조선인을 '합법적'으로 탄압했던 판검사들, 특히 해방 뒤에도 오히려 자신의 기득권을 지키기 위해 민중의 열망을 꺾어버렸던 이들에게까지 무조건적인 포용이 이루어졌다. 대표적인 예가 '바이마르 헌법의 권위자'로 불렸던 장경근에 대한 '포용'이다.

　일본 도쿄 제국대학 법학부에 재학 중이던 1935년 고등문관시험에 합격한 장경근은 이듬해 대학을 졸업하자마자 서울시립미술관 자리에 있던 경성지방법원과 검찰국의 사법관시보로 법조 인생을 시작했다. 이어 경성지방법원 판사(1937년)와 지금의 서울고등법원 격인 경성복심법원 판사(1941년) 등을 역임하며 출세가도를 달렸다. 해방 후에도 마찬가지였다. 일제에 부역한 자들을 'pro-JAP(일제부역자)'이 아니라 전문직업인이란 뜻의 'pro-JOB'이라고 옹호했던

1954년 5월 15일 미국 '군인의 날' 기념식을 마친 미군이 세종로에서 시가행진을 하고 있다. 자신들의 기념행사를 세종로에서 할 정도로 우리에게 미국의 존재는 막강했다.

미군정청에 의해 경성지방법원장으로 임명됐다. 지금의 서울중앙지방법원장 격이다.

  단순히 일제강점기와 미군정 시기, 이어 독재정권에서 고위직을 지냈다는 것만으로 비판할 수는 없다. 미군정청과 독재정권의 말마따나 그의 법률적 기능이 월등했다면 어느 정부로부터도 사랑받았을 테니 말이다. 그러나 장경근은 단순한 차원의 기능인이 아니었다.

적반하장

  1949년 6월 한 무리의 경찰이 명동에 있던 반민특위 사무실을 습격해 조사관과 특경대원을 연행하고 자료를 압수한 일이 있다. 이 일로 당시 국회가 입주해 있던 지금의 태평로 서울시의회 건물은 시끌벅적해졌다. 여야의원 간에 경찰의 반민특위 습격사건에 대한 불법 여부를 따지는 뜨거운 설전이 벌어진 것이다. 내각 총사퇴 결의안이 가결됐고, 이승만 대통령의 하야까지 거론됐다.

이날 아침 국회의원의 출석 요구를 받고 답변대에 선 인물이 내무차관으로 있던 장경근이었다. 경찰의 반민특위 습격 지휘책임자로서 국회 답변대에 선 장경근은 이렇게 말했다.

"원래 반민특위에 속하는 소위 특경대라는 것은 내무부에서 임명한 국가 경찰관리가 아님에도 불구하고 반민특위에서 하등 법적 근거가 없이 임의로 채용해서 경찰관리의 임무를 불법 행사케 해왔던 것입니다. 정부는 법치국가 하에서 이러한 유사 경찰단체의 경찰권 불법 행사를 이제 더 이상 용인할 수 없으므로 오늘 아침 이 조치에 부득이 이른 것입니다."[1]

국회의원들은 "법률가인 내무차관이 부당한 해석으로 법의 근본을 깨뜨리고 이제는 실력을 가지고 모든 기관을 부인하려고 한다"며 비판했지만 정작 장경근은 당당했다. 그는 오히려 '반민특위가 빨갱이를 때려잡는 사람들을 잡아들이고 있다'며 '앞으로 누구라도 경찰 유사단체를 만들면 용인하지 않을 것'이라고 대꾸했다.[2]

'상명하복'과 '기강확립'

장경근은 해방 전이나 후에도 항상 권력 주변에 있었다. 정부 수립 직후 제정된 반민족행위처벌법과 친일인사에 대한 비판 여론 때문에 법원장직을 그만

둔 적은 있지만, 사임 1년 만에 내무부 차관보로 재기해 바로 내무차관이 됐으니 말이다. 반민특위 습격사건으로 인한 논란 와중에도 별 타격을 입지 않아, 국방부 차관에 이어 1954년과 1958년 연이어 국회의원이 됐고, 그 사이에는 정부대표로 한일회담에도 참가했다.

하긴 일제에 부역한 법조인으로서 해방 후에도 건재했던 이가 어디 장경근 하나뿐인가. 1995년 반민족문제연구소(현 민족문제연구소)가 해방 이후부터 80년대 초까지 각부 장관과 시도지사, 대법원장, 3군 참모총장 등 이른바 사회지도급 인사 중 일제경력자를 조사한 적이 있다. 이때 일제에 협력한 혐의가 있다고 분류된 자는 모두 248명, 그중 27.8퍼센트인 69명이 법조계 출신이다. 90명을 기록한 일본군 출신자 다음을 잇는 수치다. 또 해방 직후부터 최규하 정권 때까지 대한민국 법무장관은 모두 27명이었는데, 그중 절반이 넘는 16명이 일제에 부역한 인물이었다. 심지어 김병로 초대 대법원장을 제외하면 1978년까지 사법부 수장은 모두 친일부역자들 차지였다.

문제는 이들이 최근까지도 요직에 눌러 앉아 법조계를 좌지우지했다는 사실이다. 경성지법 판사로 있다가 해방 후 검찰총장과 법무부장관은 물론 대법원장까지 지낸 민복기의 경우가 대표적이다. '사법살인'으로 불리는 1964년 제1차 인혁당사건 당시 일선 검사들이 "증거도 없고 혐의도 없어 양심상 기소할 수 없다"고 들고 일어서자 '상명하복'과 '기강확립'을 내세우며 한마디로 묵살해버린 일화는 두고두고 회자된다. 이런 인물은 독재정권으로서는 아주 고마운 존재였다. 민복기는 대법원장 재직 시절이던 1978년 '질서 확립에 공헌했다'는 이유로 국민훈장 무궁화장을 받았다. 이처럼 일제에 부역한 법률가들이 해방 후에는 독재정권의 번견番犬역할을 자처하는 웃지 못할 일이 아주 자연스럽게 벌어졌다.

김병로 초대 대법원장을 제외하면 1978년까지 사법부 수장은 모두 친일부역자들 차지였다. 사진은 법원 인사를 둘러싼 이승만 대통령과의 갈등으로 옷을 벗은 뒤 이 대통령을 찾은 김병로 대법원장.

출세주의와 전문가주의

두 가지 환영을 본다. 먼저 출세주의다. 일제와 독재정권에 두루 충성한 민복기의 경우 지난 2000년 서울법대 동창회로부터 '자랑스러운 서울법대인'으로 선정됐다. '내용'보다는 오로지 '직위'와 '계급'을 기준으로 사람을 판단하는 유별난 한국적 특수성의 결과다. 친일반민족행위자들의 집합소 같은 조선임전보국단 이사를 맡아 일제에 협력했던 신태악 같은 이는 이승만 정권 시절 자유당 창립준비위원을 거쳐 1960년대에는 민정당 전당대회 의장을 지내는 등 출세가도를 달렸다. 이러한 경력은 '기본적 인권을 옹호하고 사회정의 실현을 사명으로 한다'는 대한변호사협회 회장직을 맡는 데 밑바탕이 됐다.

　전문가주의도 사람들의 눈을 어둡게 한다. 일제에 부역한 경찰이나 예술가들의 친일행적에 대한 연구 자료에 비해 법조 분야의 그것은 허술하기 짝이 없다. 예나 지금이나 판검사나 변호사의 사회적 권력이 막강하다 보니 누가 섣불리 나서기 힘들기 때문인지, '법에 대해 네가 뭘 아냐?'는 전문가주의에 의한 독점 카르텔이 워낙 공고하기 때문인지, 아니면 '사법고시'라는 동일한 등용문을 거쳤다는 동문 의식이 워낙 강해 누가 나서서 '다른 이야기'를 하기 힘든 구조이기 때문인지는 모르겠다. 다만 "법률가라면 선량한 지식을 제공해야 하는데도 불구하고 오히려 그릇된 해석으로 독소를 제공하여, 그 독소는 대한민국 법률의 전 영역에 미쳐 그야말로 '법 있는' 무법천지를 만들고야 말 것"[3]이라는, 반민특위 습격사건 당시 한 국회의원의 한탄이 가벼이 들리지 않는다.

　'분단의 벽을 넘어'라는 전시회를 보기 위해 다시 찾은 서울시립미술관. 분단의 아픈 기억을 주제로 열린 전시회였기에 분단을 잉태한 일제강점, 그 통치기구가 입주해 있던 건물을 전시 공간으로 택했다고 생각했다. 그러나 전시회 어디에도 그런 설명은 없었다. 대법원 건물의 벽면 일부를 남겨둔 것을 두고 옛 것을 '배척'하지 않고 '포용'했다며 감동했던 것은 순진함에서 비롯된 오판이었는지도 모른다. 그것은 그저 고풍스러운 느낌을 가미하기 위한 단순한 외장재에 지나지 않았을 수도 있으니까.

---

1 《국회속기록》, 제3회, 제13호, 274쪽.
2 같은 책, 279쪽.
3 같은 책, 279쪽.

'만들어진 전통' 제야의 종

종로 '보신각'을 찾아

〈브레이브하트Braveheart〉를 본 사람이라면 이 영화의 배경이 스코틀랜드라는 것쯤은 단박에 알아차릴 것이다. 윌리엄 월레스(멜 깁슨)와 그의 전사들이 입고 나온 체크무늬 치마 '킬트kilt'가 스코틀랜드 의상이라는 것을 모를 리 없기 때문이다. 실제로 백파이프 연주단의 공연복이나 스코틀랜드 군인의 군복이 하나같이 킬트라는 사실은 텔레비전 등을 통해 수없이 봐왔다. 스코틀랜드는 곧 킬트이고, 킬트는 곧 스코틀랜드인 것 같다.

그런데 이것이 거짓이라면? 킬트가 스코틀랜드의 '전통' 의상이 아니라면? 휴 트레버 로퍼는 에릭 홉스봄 등과 함께 쓴 《만들어진 전통》에서, 스코틀랜드인들이 자신들의 유구한 역사와 문화의 상징이라고 생각하는 킬트가 사실은 만들어진 '발명품'에 불과하다고 고발한다. 1707년 (스코틀랜드가 아니라) 잉글랜드 랭카셔 출신 토머스 로린슨이 스코틀랜드 고지대 벌목 노동자들에게 일하기 편하라고 만들어 입힌 작업복이 킬트라는 것이다. 그랬던 것이 19세기 말 유럽각 나라들이 '민족국가'로 통합되는 과정에서 난데없이 '민족의상'으로 둔갑해 그 구심점 역할을 했다고 한다.

비슷한 예가 우리나라에도 있다. 300여 년 전에 발명된 킬트에 비해 6분의 1밖에 안 되는 역사지만, 사실 한국인 어느 누구도 의심하지 않는 '만들어진 전통'. 매년 1월 1일 0시를 기해 시작하는 '제야의 종' 타종식이 바로 '한국판 킬트'다.

'한국판 킬트' 제야의 종

아득한 선조들로부터 면면히 이어져온 전통이라고 알고 있는 제야의 종 타종식. 섣달 그믐날 밤인 제야除夜에 백팔번뇌를 없앤다는 뜻으로 치는 108번의 '제야의 종'은 사찰에서나 행해지던 불교적 풍습에 불과했다. 민족적·국가적 전통과는 전혀 상관이 없었다.

"1928년 1월 1일, JODK로서는 처음 맞는 정초라 색다른 기획을 하고 싶었다. 마침 꾀꼬리를 키우는 사람이 있어서 이날 낮 12시를 기하여 꾀꼬리 울음소리를 들려주기로 했다. 아침 7시에 자동차로 꾀꼬리 사육장에 도착하여 3마리를 담요에 정중히 싼 후 방송국으로 가져왔다. 기획자들의 심산으로는 담요로 빛을 가리고 있다가 갑자기 담요를 치우면 꾀꼬리들이 아침인 줄 알고 울어줄 것이라는 것이었다. … 낮 11시 30분 담요에 싸여 있는 꾀꼬리를 스튜디오에 안고 들어와서 "지금부터 꾀꼬리의 올해 첫 울음소리를 방송해 드리겠습니다" 하고 아나운스 멘트를 넣자마자 마이크 앞에서 담요를 제쳐 꾀꼬리를 밝은 세상에 내놓았다. 아뿔싸! 꾀꼬리는 묵묵부답, 입도 뻥끗하지 않는다. 낭패를 당한 직원들은 서둘러 휘파람도 불어보고 바이올린으로 홀려 보아도 끝내 예고시간인 30분을 넘기고 말았다. 아나운서는 37분 경과 후 하는 수 없이 사과방송을 내고 꾀꼬리의 울음소리는 단념하고 말았다." [1]

한국방송협회가 발간한 《한국방송 70년사》에 나온 일화인데, 꾀꼬리 울음소리로 새해를 맞이한다는 발상이 재미있다. 서울 정동 덕수초등학교 자리에 있던 경성방송국(호출부호 JODK[2]) 직원들이 1928년 새해를 맞는 아이디어로 기획했다는 것이다. 0시 정각에 꾀꼬리를 울리는 데 실패한 직원들은 그러나 포기하지 않았다. 이듬해에는 지금의 남산 북서쪽 기슭에 있던 일본 사찰 본원사에서 아예 범종[3]을 빌려왔다. 1929년 1월 1일 이번에는 대성공, 제야의 종이 처음으로 전파를 탄 순간이었다.

'제야의 종' 타종에 본원사 종만 쓰인 것은 아니었다. 1930년 새해에는 일본 도쿄의 칸논도觀音堂에서 직접 종소리를 중계했는가 하면, 경주 봉덕사에 있던 성덕대왕신종(에밀레종)이나 개성 남대문에 걸려 있던 연복사종도 동원됐다.[4] 새해 벽두만 되면 대한해협을 사이에 두고 한일 간에 종소리 '이원 생중계'가 이어진 것이다. 일제가 '대동아공영권'을 주창하던 시기, 조선총독부 기관지 《매일신보》는 이를 가리켜 "흥아興亞의 소리"[5]라고까지 적고 있다. 애석하게도 제야의 종 타종식은 일제의 나팔수 구실을 하던 경성방송국에 의해 시작됐다.

만들어진 전통이 어디 제야의 종뿐일까. '제야의 종'의 기원 못지않게 종을 치는 횟수에 대한 사실도 왜곡되어 있다. 지난 1954년부터 시작해 매년 계속된 보신각 '제야의 종' 타종식은 매회 33번씩 종을 치는데, 3·1운동 당시 민족대표가 33인이었기 때문에 그것을 기려 33번을 치는 것이 아닌가 하고 생각하는 사람들이 적지 않다. 하지만 이것 역시 후대인들이 '갖다 붙인 전통'에 불과하다.

개인들이 시계를 갖고 다니지 않던 시절, 사람들에게 시간을 알리는 것이 보신각의 역할이었다. 하루 일과가 시작되는 새벽 4시에 33번 타종해 사대문을 열고, 일과가 끝나는 밤 10시에 28번 타종해 성문을 닫았다. 여기서 '33'과 '28'이라는 숫자는 불교의 우주관인 '33천天 28수宿'에서 유래했는데, 각각 '모든 백성'과 동양에서 생각하는 하늘의 별자리 28개를 상징했을 뿐이다.

한국판 킬트가 또 있다. '우리민족'의 고유사상이 담겨 있다

'제야의 종' 행사를 기획한 경성방송국은 정동 덕수초등학교 터에 있었다. 사진은 1927년 2월 16일 첫 방송이 시작되었음을 알리는 기념비다.

고 믿는 태극기도 엄밀하게 말하면 중국 고전 《주역》의 기본원리를 차용한 것이고, 그것을 처음 도안한 사람도 청나라 사신 마건충馬建忠이다. 박영효는 일본으로 가는 배 안에서 영국인 선장 제임스가 "8괘는 너무 복잡하다"고 한 말에 따라 태진손간兌震巽艮 4궤를 지음으로써 태극기의 틀을 잡았다.

안익태가 작곡한 애국가도 오십보백보다. 그가 앞서 작곡한 만주국 창립10

주년 축하곡 〈큰 관현악과 혼성 합창을 위한 교향적 환상곡 '만주'〉, 이른바 〈만주 환상곡〉에 나오는 선율 두 개가 애국가의 모곡인 〈한국 환상곡〉에 그대로 나타날 뿐만 아니라, 불가리아 민요를 표절했다는 시비까지 일고 있는 상황이다. 작사자가 누구인가 하는 문제도 그렇다. 지금 유력한 작사가로 추정되는 이는 '친일파의 대부'로 일컬어지는 윤치호다. 비록 태생은 탐탁치 않을지라도 '상징'이라는 것이 사회적 합의를 통해 만들어지는 것인 만큼, 근현대를 거치며 고난의 시간을 함께 해온 태극기와 애국가의 존재를 부정할 수는 없다. 다만 박영효와 윤치호의 친일을 숨기려다 보니 뒤틀리고 만 역사적 사실들이 애처롭게 느껴질 뿐이다.

파란만장한 보신각

스코틀랜드의 킬트처럼 느닷없이 '전통'이 되어버린 보신각 '제야의 종' 타종식. 그런데 알고 보면 그만큼 정신없는 일생을 보낸 건물도 드물다. 서울에

보신각은 원래 지금의 자리가 아니라 종로 탑골공원 옆에 있었다.

보신각이 처음 세워진 것은 지금으로부터 600여 년 전인 1398년까지 거슬러 올라가는데, 당시에는 그냥 종각 혹은 종루라고 불렸다. 당시 종각은 지금 자리가 아니라 종로 탑골공원과 인사동 입구 사이에 있던 옛 청운교 근처에 있었다. 거기 그대로 15년 정도 별 탈 없이 서 있던 종각은 1413년 들어 지금의 보신각 남쪽 광교 네거리로 옮겨졌다.

  종각도 임진왜란을 비켜갈 수는 없었다. 멀리 북쪽 국경까지 피난 갔던 왕실이 다시 서울로 돌아와 보니 종이 5분의 2 이상 녹아 있었다. 종각이 다시 세워진 것은 그것이 불타 사라진 지 20년 가까이 지난 1619년이었으나, 몇 차례 화재로 종각은 소실과 중건되기를 반복했다. 그러면서 종각은 도로 확장 등의 이유로 조금씩 뒤로 물러났는데, 1980년 또 다시 뒤로 한 발짝 물러나면서 2층짜리 누각으로 확장되어 지금에 이르고 있다. 다만 최근 복원을 위해 헐린 경복궁 광화문처럼 '철근 콘크리트'로 지어져 있어 논란이 끊이지 않는다.

  종각이 '보신각'으로 불리기 시작한 것은 1895년 고종이 친히 '普信閣'이라는 현판을 내리면서부터다. 유교에서 사람이 항상 지켜야 할 다섯 가지 도리라고 강조되는 '인의예지신仁義禮智信'의 '신'에서 보신각의 이름을 따왔다고 굳이 강조할 필요가 있을까. 도성의 사대문은 동서남북 순으로 돌아가며 흥인문興仁門과 돈의문敦義門, 숭례문崇禮門이라 이름 붙였고, 북대문에는 '슬기 지智' 자가 들어가야 했으나 그 대신 '꾀 정靖' 자를 넣는 센스를 발휘해 숙정문肅靖門이라 불렀다. 남은 것은 '믿을 신'자. 도성 한가운데 위치한 종각의 이름에 두루 믿는 마음을 갖게 하자는 의미에서 '신' 자를 넣어 부르게 된 것이다.

  보신각 안에 걸린 동종銅鐘 역시 부침이 많았다. 원래 종각이 처음 만들어질 때 내걸린 종은 1468년 태조의 계비인 신덕왕후의 능(정릉)을 지키는 정릉사

2층으로 중건된 현재의 보신각. 지금 걸려 있는 현판은 이승만 대통령이 썼다.

에 있었으나, 그 절이 없어지면서 원각사를 거쳐 결국 종각으로 오게 되었다. 보물 제2호로 지정된 이 종은 500년 넘게 종각과 함께하다가 지난 1979년 균열이 발견되어 국립중앙박물관으로 옮겨졌다. 높이 3.18미터에 아래지름 2.28미터, 무게 19.66톤의 보신각종은 모양이나 장식 등에서 특별한 맛이 느껴지지는 않지만, 종의 몸체에 '성화4년成化四年'(1468년)이라는 명문銘文이 있어 주조 연대가 확실한 종 가운데 하나다. '성화'는 명나라 성화제(재위 1464~1487년)의 연호인데, 사대주의에 빠져 있던 조선의 현실이 묻어나는 듯하다.

　국립중앙박물관으로 떠난 정릉사 동종의 빈자리를 차지한 것은 지난 1985년 8월 15일 해방 40주년을 기념해 만든 새 종으로, 성덕대왕신종을 본떴다고는 하지만 비천상 대신 태극과 무궁화 문양으로 장식해 새로운 느낌이다. 크기는 높이 3.82미터에 아래지름 2.22미터, 무게 19.89톤으로 원래 종과 비슷하다.

올해도 어김없이 보신각에서는

　2004년 한국 논버벌 공연팀을 이끌고 영국 스코틀랜드를 찾았다. 에든버러 프린지Edinburgh Festival Fringe에 참가하기 위해서였는데, 누가 스코틀랜드 아니랄까봐 거리 곳곳이 알록달록 격자무늬 킬트를 입은 남자들로 북적이고 있었다. 마침 세계 최대의 군악축제인 밀리터리 타투Military Tatoo까지 겹쳐 스코틀랜드 주도 에든버러는 그야말로 킬트 천지였다. 비슷한 시기 출판된 《만들어진 전통》을 읽은 터였지만, 그래도 그네들의 킬트 사랑에 악의가 적다는 면에서는 웃으며 보아줄 수 있었다. 잉글랜드 사람들처럼 좋은 양복을 입을 형편이 안 돼 값싼 킬트를 입었고 저항적 민족주의 차원에서 인기를 더해간 것이니, 그들이 킬트의 유래를 안다고 한들 킬트 사랑에 변함이 있을까.

　그로부터 3년 뒤인 2007년 12월 31일 서울의 밤. 오늘도 사람들은 제야의 종 타종식을 즐기러 보신각으로 나간다. 그 행사라는 것이 킬트의 경우와는 달리 대동아공영을 꿈꾸는 일제의 '의도'가 투영된 행사라는 것을 아는지 모르는지, 오늘도 보신각 주변은 '흥아의 소리'를 들으러 나온 인파로 가득하다. 정작 복원되어야 할 '철근 콘크리트' 보신각은 그대로인데, 일제강점기 시절 만들어

2008년 1월 1일 '제야의 종' 타종식이 열린 서울 보신각. 그 기원을 아는지 모르는지 올해도 어김없이 10만 명이 넘는 시민이 몰렸다.

진 전통만이 재현되었을 뿐이다. 역사적 사실에 대한 무지와 망각 속에 '집단적 기억'은 그렇게 조작되고 있었다.

1 한국방송 70년사 편찬위원회, 《한국방송 70년사》, 한국방송협회, 1997년, 102쪽.
2 경성방송국의 호출부호가 'JODK'가 된 이유는 경성방송국이 도쿄JOAK, 오사카JOBK, 나고야JOCK에 이어 네 번째로 개국했기 때문이다. 요즈음에는 '방송사社'라는 말이 일반적이지만, 당시에는 정부 기구의 일종이었기에 '방송국局'이라는 말이 일반적이었다. 한국의 경우 '어용방송'이 많던 시절 굳어진 이미지 때문인지 사람들 중에는 지금도 방송사를 방송국이라 부르는 이들이 많다.
3 이 범종은 현재 서울 견지동 조계사에 보존되어 있다.
4 이순우, 《테라우치 총독, 조선의 꽃이 되다》, 하늘재, 2004년, 30~31쪽.
5 《매일신보》, 1939년 12월 9일자.

3부
의미의 재발견

• 해방 이후 **서대문 형무소**의 역사는 어디서 찾을 수 있을까? • '사대의 상징'을 헐고 '일제로의 종속'을 기념해 **독립문**을 세우다 • '친일과 항일' '남과 북'이 불편한 동거 중인 **국립현충원**은 너무 시끄럽다 • '기록'이 아닌 '기억'에 의지해야 하는 현실, 충무로 2가 100번지 **한미호텔**은 어디에?...

나머지 절반의 역사를 생각한다

현저동 '서대문 형무소'를 찾아

 2002년 한 출판사가 펴낸 한국근현대사 교과서에 '보천보전투'가 실린 것을 두고 논란이 일었다. 북한이 자신들의 정통성을 강조하기 위해 자랑스레 내세우는 보천보전투[1]를, 그것도 사진까지 써가며 기술한 데 대해 편향성이 짙지 않느냐는 지적이었다.

 만주가 아닌 조선 땅 안에서 벌인 전투이자 신간회[2] 해산 이후 침체일로에 있던 항일운동에 활기를 불어넣어, 1930년대 민족해방운동의 중요한 분기점이 됐다고 평가받는 보천보전투. 이를 이끈 지도자가 김일성이었기 때문일까? '김일성은 축지법을 쓴다'는 등 '김일성 신화'가 생겨날 정도로 큰 반향을 일으킨 사건이었지만, 보천보전투는 해방 후 반세기가 넘도록 역사교과서 연표에조차 실릴 수 없었다. 민족해방운동에 내 것 네 것이 있을 수 없음에도 불구하고, 남과 북이 자신들에게 유리한 것은 취하고 불리한 것은 버리는 편협한 태도를 취해왔기 때문이다.

1916년의 서대문 형무소.

문제는 이런 금기가 비단 남북 관계 속에만 존재하는 것은 아니라는 데 있다. 우리 '내부'에도 여전히 터놓고 대화하길 껄끄러워하는 금기들이 존재한다.

3,000명의 홀아비가 탄식할 곳

서대문구 현저동 101번지. 피를 머금은 듯한 붉은 벽돌이 인상적인 서대문 형무소가 있는 곳이다. 서대문 형무소의 역사는 일제강점기였던 1908년으로 거슬러 올라간다. 전국 8도의 감옥 총면적이 고작 1,000제곱미터밖에 되지 않던 시절, 그 두 배가 넘는 규모의 감옥이 들어선 것이다. 당시 이름은 경성 감옥. 이후 서대문 감옥이나 서울 형무소 등으로 이름이 바뀌기는 했지만, 일제가 만든 감옥인 만큼 그곳을 거쳐간 독립운동가들을 하나하나 헤아리기란 쉽지 않다.

서대문 형무소가 들어선 후에 처음으로 다수의 독립운동가들이 수감된 것은 '105인 사건' 때다. 1910년 안명근이 조선총독 데라우치 마사타케寺內正毅를 암살하려다가 실패한 적이 있는데, 이를 빌미로 이동휘와 양기탁, 김구, 이승훈 등 지식인과 학생 105명이 유죄 판결을 받은 사건이다. 나중에 6명을 제외한 99명은 무죄로 풀려났지만, 이는 시작에 불과했다.

당시만 해도 동양 최대 규모였다는데, 조선인에 대한 탄압 강도에 비례해 형무소의 규모는 날로 커져갔다. 특히 1919년에는 3·1운동이 벌어지면서 수감자 수가 급증했다. 독립선언서의 첫 번째 서명자인 손병희를 비롯해 만 열다섯 살밖에 안 된 유관순 등 3,000여 명에 이르는 조선인이 한꺼번에 서대문 형무소로 끌려왔다. 얼마나 많은 사람들이 투옥됐는지 당시 교도소장으로 있던 가키하라 타쿠로柿原琢郎는 이렇게 말한다.

서대문 형무소의 붉은 담과 감시탑 일부는 지금도 남아 있다.

"교회나 공장에도 철망을 둘러서 감방으로 대용하는 궁책을 취했지만, 흥분한 수감자가 방안에서 큰 소리로 독립 연설을 하면 (다른 수감자들이) 박수로 공명해 그 혼잡이 도저히 비유할 수 없는 상태였다. … 당시는 개축공사 중이어서 3면의 벽은 겨우 완성되어 있었지만 1면은 취약한 함석판 담이었기 때문에 옥사가 파괴되기 쉬워 누란의 위기였다. 만약 3천여 명의 죄수가 한꺼번에 밀고 나오면 아직 치안이 완전히 회복되지 않은 경성시는 어떻게 될까 밤낮으로 걱정했다. 파옥破獄이 오늘 내일로 박두한 것을 기다리는 것 같았다."[3]

예순네 살의 나이로 사이토 마코토 총독을 암살하려 폭탄을 던졌다 붙잡힌 강우규와 역시 사이토를 암살하려 실패한 송학선, 독립운동가이자 사상가인

∶
서대문 형무소를 방문한 사이토 마코토 조선총독(왼쪽에서 세 번째) 일행. 그들에게 있어 형무소는 없어서는 안 될 '통치기구'였다.

안창호, 《임꺽정》을 쓴 홍명희와 〈님의 침묵〉을 쓴 한용운, 그리고 이인영과 허위 등 의병장과 김동삼이나 오동진 등의 독립군 지도자들. 기록이 남아 있는 독립운동가만 5,000여 명, 모두 4만 명이나 되는 민족해방운동가들이 투옥된 서대문 형무소. 무학대사가 한양을 도읍으로 정하면서 "명당 중의 명당이지만 한때 3,000명의 홀아비가 탄식할 곳"이라고 했다는데, 현실은 이보다 훨씬 더 가혹했던 셈이다.

지나친 박피와 화장에 대한 아쉬움

현재 서대문 형무소는 역사공원 형태로 복원되어 일반 관람객을 맞고 있다. 독립운동가들을 사형했던 곳도 복원되었다. 사형장은 형무소의 가장 안쪽에 있는데, 어른 키의 두세 배나 되는 담장에 둘러싸여 스산한 분위기를 더한다. 그 안에는 교수형을 하는 데 쓰였을 굵은 동아줄과 개폐식 마루판, 그리고 사형집행을 바라봤을 긴 의자가 설치돼 있는데, 볕도 잘 들지 않아 그렇게 음울해 보일 수가 없다. 담장 바깥에 있는 시신 이송용 동굴은 그중 제일이다.

유관순이 투옥됐다 순국한 것으로 알려진 지하감옥도 복원되어 있다. 독방으로만 이루어진 지하감옥은 비중 있는 독립운동가들만 가두어두고 고문을 했다고 하는데, 그 위에 있는 건물이 일본풍이라 하여 지금도 논란이 끊이지 않고 있다. 이 외에도 서대문 형무소에는 형무소 직원들이 사무를 보던 보안과 청사와 감시탑, 6개 동의 옥사와 나병 환자용 옥사, 담장 등이 남아 있다. 그러나 복원할 때 손을 너무 많이 댔기 때문일까? 지금의 서대문 형무소에서는 그때의 비극적 사실감을 느끼기 힘들다.

서대문 형무소 옥사 내부.

92개 동에 이르는 옥사와 담장의 벽돌은 서대문 형무소 아래에 있는 독립공원을 조성하는 재료로 쓰이거나 강원도 평창의 콘도 공사장 등으로 팔려나갔다. 6개의 감시탑 중 남아 있는 것이 2개에 불과할 정도로 100여 동에 달했다던 건물은 대부분 사라졌고, 1,200여 미터에 달했다던 담장도 4분의 1 정도만 남고 모두 헐렸다. 중국은 일본관동군의 '731 세균부대' 시설을 그대로 복원해 유네스코세계문화유산 등재를 추진 중이라고 하는데, 서대문 형무소도 거기까지는 아니었더라도 지금과 같은 지나친 '박피'는 말았어야 했다.

사형장을 둘러싸고 있는 담장(위)과 사형집행 후 시신을 외부로 내보내는 통로(아래).

과도한 '화장'도 아쉬운 부분 중 하나다. 보안과 청사로 쓰였던 전시관 지하 1층은 조선인이 일제 경찰에게 취조 고문을 당하는 장면을 움직이는 인형과 각종 조명, 음향 기구를 사용해 실감나게 재현해둔 곳이다. 여기서는 스피커에서 나오는 비명 소리가 어디서나 들리고, 그 뒤쪽에 있는 공작사 건물에서는 손톱 고문이나 전기의자 고문 등 여러 가지 고문을 직접 체험해볼 수도 있다.

그런데 이상하다. 역사관이라는 이름을 달고 있는 곳에서 웬 고문체험? 엄격하게 말하자면, 지금의 서대문 형무소는 '재현'과 '체험'에만 초점을 맞춘 나

:
서대문 형무소가 의도하는 바는 무엇일까? 전시관 벽은 일본에 대한 원색적인 저주를 담은 낙서들로 가득했다.

머지 관람자로 하여금 엄숙한 역사의 현장에 있는 것이 아니라 흡사 테마파크의 '유령의 집'에 와 있는 것 아닌가 하는 느낌을 갖게 한다. 사정이 이렇다 보니 벽면에 씌어 있는 관람객들의 낙서도 일제가 아닌 일본에 대한 원색적인 비난이 대부분이다. 한·일간의 갈등이 잠잠하다가도 수시로 재연되는 것을 감안하더라도, 자칫 서대문 형무소가 미래를 위한 '평화교육의 장'이 아니라 '배타적 민족주의 배양소'로만 이용되고 있는 건 아닌지 고민해볼 일이다. 그렇다고 서대문 형무소의 한계가 전시 방식에만 그치는 것도 아니다.

나머지 '절반의 역사'는 어디로 갔나

서대문 형무소가 세워진 것이 1908년, 문을 닫은 것이 1987년이니 대략 80년에 이른다. 그런데 지금의 서대문 형무소가 기록하고 있는 시간은 1945년 해방 때까지, 즉 전체 역사의 절반밖에 되지 않는다. 미군정을 거쳐 1987년 폐쇄될 때까지인 나머지 절반의 역사는 어디로 간 것일까?

서대문 형무소는 해방 뒤 38선 이남에 미군정이 실시되면서 서울 형무소로

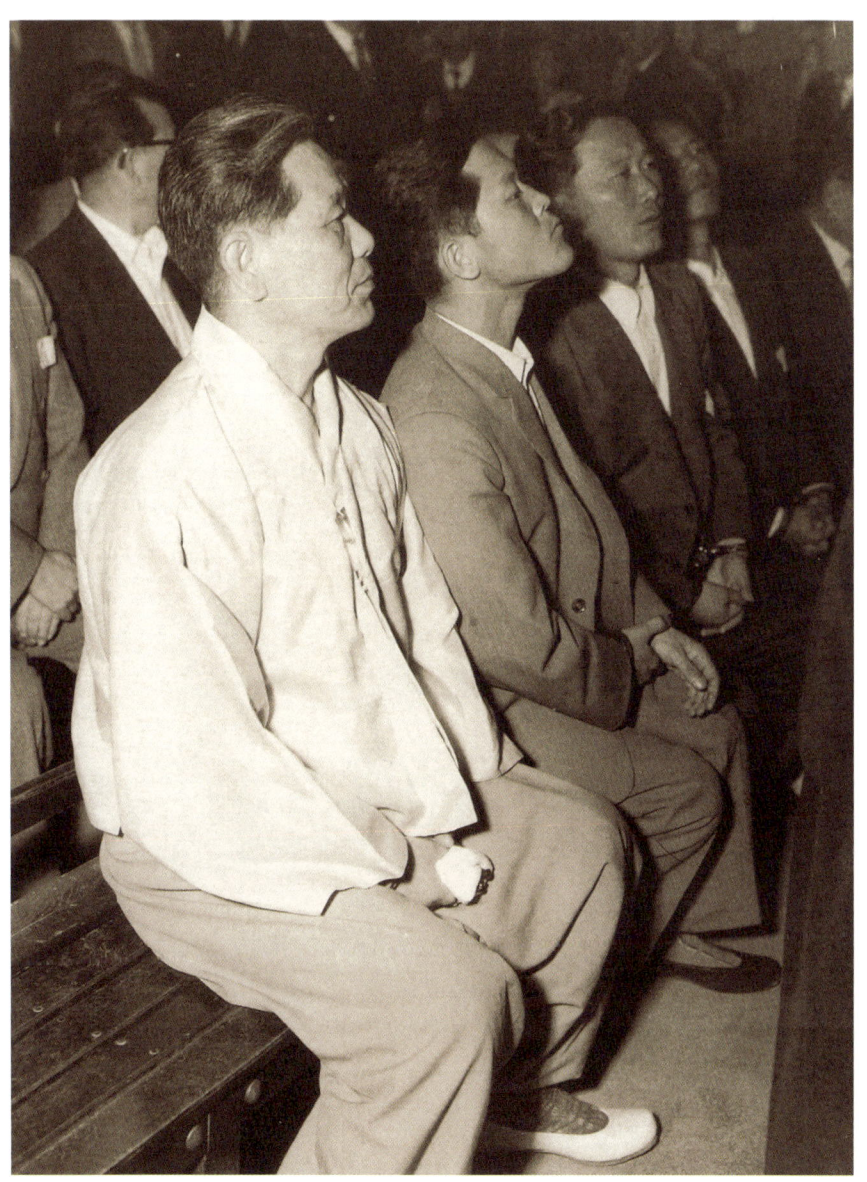

해방 후 미군정청과 독재정권도 정적이나 진보인사들을 탄압하는 데 서대문 형무소를 활용했다. 사진은 1959년 7월 서대문 형무소에서 사형당한 진보당 조봉암 당수(국회부의장, 초대 농림부장관)가 사형판결을 받는 모습으로 조봉암은 '북진통일'을 주창한 이승만에 반해 '평화통일'을 추구했다.

이름만 바뀌었을 뿐, 계속해서 정치범과 양심수를 수감하는 곳으로 이용됐다. 일제의 경찰조직과 인원을 그대로 인수한 미군정청은 해방 이듬해에 벌써 박헌영과 이주하 등 조선공산당 간부와 임시정부 군무부장 김원봉, 임시정부 국무위원 김성숙 등 수많은 좌익계열 인사들을 잡아들여 서대문 형무소에 가두었다. 건국준비위원회를 이끈 여운형 등도 예외가 아니었다. 일제강점기와 차이가 있다면 민족 '해방' 운동가 대신 민족 '통일' 운동가들이 수감됐다는 것 정도다. 1945년 8월 15일을 기준으로 '수감한 자'와 '수감당한 자'가 뒤바뀌어야 했거늘, 서대문 형무소에는 아무런 변화가 없었다.

이런 현상은 날이 갈수록 심해져 1950년대에 이르러서는 수감자의 70퍼센트 이상이 좌익 인사들로 채워졌다. '북진통일'을 주창한 이승만에 반해 '평화통일'을 추구했던 조봉암 전 국회부의장이나 《민족일보》 조용수 사장이 사형을 당한 곳도 바로 이곳 서대문 형무소였다. 1975년 군사정권에 의해 사형선고 하루 만에 '사법살인'을 당한 인혁당 관계자 8명도 서대문 형무소에서 목숨을 잃었다. 박정희 정권을 이은 전두환이나 노태우 정권 때에도 같은 양상이 되풀이된 것을 보면, 결국 서대문 형무소는 시대를 막론하고 일제든 미군정이든 독재정권이든 '지배세력의' '지배세력에 의한' '지배세력을 위한' 형무소였다.

금기를 깨고 온전한 80년의 역사를 보듬기를

해방의 그날까지는 항일의병과 항일지사를 잡아 가둬 일제의 지배체제를 유지하는 보루였고, 독재가 판치던 시절에는 정권의 안녕을 위해 기능한 서대문 형무소. 그러나 지금의 서대문 형무소는 '일제 대 한민족'이라는 지극히 단

: 항일의 공간으로만 추억되는 서대문 형무소가 온전한 모습을 찾을 날은 언제일까.

순한 대결 구도를 전제로 모든 것이 꾸며져 있다. 우리 안의 여러 모순은 등한시한 채 극우적 민족주의와 반민중적 국가주의를 부추기는 데에만 집중해 복원된 것이다.

    내키든 내키지 않든 역사는 있는 그대로 남아야 한다. 단순히 일제의 만행을 고발하는 데에만 국한할 것이 아니라, '나머지 절반'도 기록해야 마땅하다. 제국주의와 독재체제의 잔혹함과 위험성을 알리는 곳으로서, 민주주의를 억압하고 개인의 자유를 박탈한 세력 전반에 대한 민중의 투쟁을 기억하는 공간으로서 자리매김해야 하는 것이다. '외부'에 대한 집단적 불만표출을 통해 '내부'의 문제를 감추고 있는 서대문 형무소. 그 금기를 깨는 것이 바로 서대문 형무소 80년의 역사를 올바로 보듬는 길이다.

1 1937년 6월 4일, 백두산 일대에서 활동하는 동북항일연군 가운데 김일성이 이끄는 병력 일부가 함경북도 갑산군 혜산진 보천보를 일시 점령한 사건이다. 이들은 일제의 경찰주재소와 면사무소 등을 공격해 일본인 경찰 7명을 사살하고, 다수를 부상시켰다. 당시 일제의 탄압이 극심하던 시기라, 이 일로 '김일성 신화'까지 생겨났다.
2 1927년 좌우 세력이 합작해 만든 항일운동단체로, 국내외에서 민족해방을 위한 공동 노선을 취했다. 그러나 내부의 사회주의와 민족주의 세력간 분열로, 발족 4년 만인 1931년 자진 해산했다.
3 가키하라 타쿠로,《법조협회잡지》제19권 10·11호, 1940년.

'사대의 상징'을 헐고 들어선 '일제로의 종속'

현저동 941번지 '독립문'을 찾아

이스라엘과 팔레스타인의 경계를 가르고 있는 5~8미터 높이의 거대한 콘크리트 벽. 길이가 무려 700킬로미터에 이르는 이 장벽은 이스라엘 정부가 2002년부터 팔레스타인 무장단체들의 테러 공격을 막겠다며 건설하기 시작한 것이다. 그래서인지 이스라엘은 이 장벽을 '보안장벽'이라고 부른다. 반면 그 반대편인 팔레스타인이나 아랍계 이스라엘인들은 미칠 노릇일 것이다. 이 장벽으로 인해 집과 직장, 그리고 농지 등 삶의 터전이 서로 격리됐으니 말이다. 그들 입장에서는 '보안장벽'이 아니라 철저한 '분리장벽'인 셈이다.

그뿐만이 아니다. '테러 국가'를 응징히겠다는 미국이 중동에서 사실상 무자비한 '국가 테러리즘'을 행사하고 있는 것을 보면 언어라는 것이 참 묘하다. 어떻게 보면 단순한 말 한마디에 불과할지 모르지만, 그 안에 완전히 상반된 의미가 숨어 있다. 어느 편에서 보느냐에 따라 한 단어가 서로 다른 의미를 갖는 경우에는, 우리나라의 '독립문'도 속한다.

독립문 편액, 이완용이 썼다?

성산로와 의주로가 교차하는 지점에 커다란 돌문이 하나 서 있다. 《독립신문》을 창간한 필립 제이슨Philip Jaisohn이 발의했고, 독립협회가 주축이 되어 1897년 완공한 높이 14.28미터, 폭 11.48미터의 독립문이 그것이다. 정확한 완공날짜에 대해서는 11월 14일, 16일, 20일 등 의견이 분분하다. 설계자에 대해서도 러시아 출신 건축기사 사바친이라거나 독일공사관에 있던 스위스인이라는 등 사실 여부를 명확히 해줄 기록이 남아 있지 않다. 다만 확실한 것은 애초 독립문의 위치가 지금과 달리 남동쪽으로 70여 미터 내려간 독립문 네거리 한가운데였다

1910년대 촬영한 것으로 추정되는 독립문과 영은문 주초. 독립문은 중국 사신을 맞이하던 영은문을 헐고 세운 것이었으나 그것은 또 다른 종속을 의미했다.

독립문의 남과 북 편액은 각각 한글과 한자로 씌어 있는데, 모두 이완용이 썼다.

는 것 정도다. 지금의 독립문은 1979년 사직터널과 금화터널을 잇는 고가도로를 건설하면서, 원래 위치에 '독립문지獨立門址'라고 새긴 동판만 묻어둔 채 이전한 것이다.

조선의 자주독립 의지를 담고 있는 건축물이라고만 알고 있는 독립문. 원래 독립문 위치에는 영은문이 있었다. 환영할 '영迎' 자에 은혜로울 '은恩' 자. 은혜로운 이들을 맞이하기 위해 만든 문이라는 뜻인데, 근처에 있던 모화관慕華館과 함께 중국 사신을 맞이하기 위한 시설이었다. 지금 독립문 앞에 우두커니 서 있는 두 개의 팔각 돌기둥이 바로 영은문을 떠받치고 있던 기둥들이다.

가까이 다가가 독립문을 살펴보면 아치 정중앙에 대한제국 황실을 상징했

1979년 8월 15일, 독립문은 고가도로 건설을 위해 '獨立門址'라고 쓴 동판만 남겨둔 채 북서쪽으로 70미터 밀려났다.

던 오얏꽃 문양이 새겨져 있고, 그 위에는 각각 한글(남쪽)과 한자(북쪽)로 '독립문'이라 씌어 있다. '대한제국'과 '독립'이란 말 때문에라도 조선왕조 내내 계속되어 온 '사대외교의 상징'인 영은문을 헐고, '자주독립의 의지'를 표출하기 위해 세운 문 같다. 그러나 사실은 정반대였다. 1924년 7월 15일자 《동아일보》에 실린 '내 동리 명물'이라는 연재기사를 보면 독립문의 '독립'이 과연 어떤 의미였는지 분명해진다.

"그 위에 새겨져 있는 '독립문'이란 세 글자는 이완용이가 쓴 것이랍니다. 이완용은 다른 이완용이 아니라 조선귀족 영수 후작각하올시다."

1905년 을사늑약 체결을 주도해 내각 총리대신에 올랐고 1910년에는 일제의 조선 강제병합조약을 체결한 공으로 일본 정부로부터 백작, 나중에는 후작 작위까지 받은 바로 그 이완용이다. 독립문을 만드는 데 가장 많은 돈을 후원했을 뿐만 아니라, 위원장으로서 사업을 주도했던 인물 역시 이완용이다. 독립문은 조선의 자주독립을 상징하는 건축물이라고 알고 있는데, 난데없이 이완용이라니? 의문은 독립협회와 독립문이 하나로 오버랩되는 국취루 일화에 이르러 풀린다.

독립협회의 진실

독립문이 완공된 이듬해 서울에 있는 일본음식점 '국취루'에 윤치호를 비롯한 독립협회 지도부 인사들이 한 일본인 무리와 연회를 즐기고 있었다. 용산

포구까지 마중 나가 모시고 온 참이었다. 분위기는 화기애애했다. 그중 일본인 우두머리가 "흉금을 털어놓으니 너와 내가 따로 없네"라고 말하자, 옆에 있던 한 독립협회 인사가 "하늘과 땅 가득히 감개가 무량하네. 아시아와 유럽을 통틀어 한 사람의 영웅이 있도다"라며 그 일본인을 칭송한다. 그 '영웅'은 다름 아닌 이토 히로부미였다.

필립 제이슨이 만들고 독립협회와 맥을 같이하는 《독립신문》만 해도 그렇다. "일본의 유명한 정치가 후작 이등박문 씨가 이달 23일쯤 입성한다 하는데, 이등박문 씨는 당금 세계에 유명한 정치가요, 또 우리 대한 독립한 사업에 대공이 있는 사람이라. 이번에는 유람차로 오니 정부와 인민이 각별히 후대하기를 바라노라"(8월 20일자)라고 쓴 것이 바로 《독립신문》이다. 지금 우리는 그 창간일 4월 7일을 기려 '신문의 날'로 기념하고 있다.

이렇듯 독립협회의 지도급 인사는 약육강식과 우승열패, 적자생존이라는 사회진화론을 비판 없이 받아들인 나머지, 친일·친미로까지 나아간 인물들이 대부분이었다. 이를 테면 초대 회장은 고종 폐위 음모를 꾸몄다가 일본으로 망명한 안경수였고, 이후에는 이완용에 이어 '일본제국의회 칙선 귀족의원' 윤치호 등이 회장을 맡았다. 그리고 고문은 자신의 이름으로 영어 이름 필립 제이슨의 한국식 발음인 '피제손'을 고집하는 등 어린 시절 미국으로 이민간 후 끝까지 미국인이기를 고집했던 서재필이 맡고 있었다. 다른 회원들도 조선이 일본에 강제병합된 다음에 일본 정부로부터 은사금과 작위를 받은 사정을 고려하면, 독립협회와 그들이 만든 독립문, 그리고 인적·물적 토대가 밀접하게 연결된 《독립신문》이 상징하는 '독립'이 과연 어떤 의미였는지 명확해진다.

독립문 옆에서 한 손에 신문을 들고 서 있는 필립 제이슨 동상. 그가 만든 《독립신문》은 개화사상을 고취하기는 했으나, 한계도 분명했다.

독립문의 진실

물론 만민공동회를 여는 등 근대적 대중운동을 시도한 독립협회나 조선 최초의 일간지로서 한글전용 등을 통해 개화 여론 조성에 앞장선 《독립신문》으로서는 억울한 면이 있을지도 모른다. 애초 서양의 근대적인 문물과 제도를 수용해 자주독립 국가 건설에 이바지하고자 했던 것은 사실이니까. 그러나 독립협회와 《독립신문》이 가졌던 대외인식의 한계는 분명하다. 그들은 제국주의의 침략성을 제대로 간파하지 못했고, 약소국에 대한 강대국의 지배를 자연스럽게 받아들였다. 러시아의 만주 침략이나 일본과 미국 등이 행하는 이권 침탈에 대해 근대화를 위한 것이라고 이해하는 모순된 태도를 보였다. 사대주의의 대상이 힘을 잃어가는 중국에서 강대국으로 부상하고 있는 일본과 미국 등으로 바뀌었을 뿐이다.

한계가 비단 국제정세에 대한 불철저한 인식과 대세 편승주의에만 그친 것은 아니다. 《독립신문》은 반제·반봉건의 성격을 띠었던 동학농민군 등에 대해 "조선 백성은 기껏 한다는 것이 민란을 일으킨다든지 동학당이나 의병 짓을 하니 그것은 곧 비도匪徒(살인과 약탈을 일삼는 도둑떼)라, 비도가 되면 난민亂民(무리를 지어 다니며 법과 질서를 어지럽히는 무리)인즉 난민은 법률상의 죄인"이라며 깊은 적대감을 드러냈다. 의병에 대한 기사 대부분은 그들의 패전이나 대민 행패 등에 대한 것이었다. 《독립신문》은 지주 중심의 부르주아적 입장을 견지했을 뿐 고된 삶에 허덕이는 민중은 안중에도 없었다.

그래서였는지 몰라도 일본인들도 독립협회가 세운 '자주독립의 상징' 독립문에 대해 별다른 적대감을 느끼지 않았던 모양이다. 일제가 중국 대륙에 대한

침략 야욕을 불태우던 1928년, 파손이 심했던 독립문을 수리한 것은 지금의 서울시청에 해당하는 조선총독부 경성부였다. 정작 독립협회가 '자주독립하자'며 세운 독립문을 일본인들이 고친 것이다. 게다가 일제는 1936년 독립문을 '고적 제58호'[1]로 지정해 보호하기에 이른다. 이런 정황을 살펴보건대 과연 독립문의 본질은 무엇이었을까?

1876년 조선과 일본이 맺은 강화도조약을 보면 제1조에 이런 말이 있다. "조선은 자주국으로서 일본과 평등한 권리를 갖는다." 1895년 청일전쟁에서 승리한 일본이 청국과 맺은 시모노세키조약 제1조에도 "청국은 조선국이 완전한 자주독립국임을 인정한다"고 명시되어 있다. 도대체 조선이 자주독립국이든 말든 일본이 무슨 상관이기에 조약문서에까지 '자주국' 운운했을까. 일본이 정말 조선의 자주독립을 보장하기 위해 그런 조항을 '제1조'에 넣은 것일까? 아니다. 이는 조선에 대한 청국의 전통적 권리를 청산함으로써 일본이 청국의 간섭 없이 조선을 지배할 수 있는 길을 트기 위한 노림수에 불과했다.

독립문이 탄생한 배경이 바로 여기에 있다. 당시 일본은 조선에 대한 청국의 전통적 종주국 지위를 무력화하기 위해 조선의 독립 운운한 것이었다. 그리고 독립협회 인사들도 청국으로부터 독립하는 것이 정녕 조선을 위한 일이라는 일본의 생각을 별다른 비판 없이 받아들였다. 이렇게 독립문의 '독립'은 조선의 자주독립을 의미하는 것이 아니라, 일본에 종속되기 위해 청국으로부터 독립하는 것을 의미했다. 결국 사대의 상징을 헐고 '또 다른 사대의 상징'을 세운 셈이다.

상징조작

2004년 겨울 무렵이다. 전국농민회총연맹 제주 지역 회원들이 독립문에 올라가 '쌀 협상 무효, 전면 재협상'이라 적힌 현수막을 내걸고 시위를 벌였다. 많고 많은 장소 중에 왜 하필 독립문이었을까? 이날 농민들이 특별히 독립문을 시위장소로 고른 이유는 독립문이 '자주독립'의 의미를 갖고 있다고 생각했기 때문은 아닐까? '우리 농민' 살려달라며 독립문까지 올라갔지만, 애석하게도

'또 다른 종속'에 불과한 것이 '독립'이라는 상징으로 조작되어 있는 현장.

번지수를 잘못 찾은 것이 되고 말았다.

그렇다. 우리시대의 독립문은 '청에서 독립해 일본에 사대한다'는 건립 의도와는 달리 '제 세력에 대한 자주독립'이라는 새로운 의미로 윤색되어 있다. 독립문이 있는 공원의 이름도 독립공원이고, 전철역 이름도 독립문역이며, 그 안에는 (적극적 친일반민족행위자인 최남선이 기초한) 독립선언문까지 화강암 벽에 새겨져 있다. 그뿐인가. 독립문 옆 모화관 터에는 독립관을 지어 독립운동가들의 위패를 봉안해두었고, 탑골공원에서 3·1독립선언기념탑까지 옮겨왔다.

이런 어이없는 경우는 여기서 끝나지 않는다. 서울시가 오는 2009년을 목표로 독립공원을 1만 제곱미터로 확대하는 '역사 되살리기' 사업을 한다고 하니, 얼마 후면 독립문 일대는 시쳇말로 '민족의 성역'으로 거듭날 태세다. 독립을 매개로 하는 '테마파크'가 생겨나는 것인데, 여기에는 독립에 대한 정확한 해석도, 확고한 신념도 없다. 마치 '분리장벽'이 '보안장벽'이라는 이름으로 분칠되어 있는 것처럼 '또 다른 종속'에 불과한 것이 '독립'이라는 상징으로 조작되어 있는 현실. 과연 우리에게 있어 독립이란 말의 참뜻은 무엇이란 말인가.

---

1 지금은 사적 제32호로 보호하고 있다.

'망자'가 아닌 '산자'를 위한 공간

논란이 끊이지 않는 '국립서울현충원'을 찾아

"여기 있는 사람들은 모두 고사高砂의용대[1]의 유족이다! 우리의 아버지, 우리의 삼촌이 모두 저 안에 있는데 우리가 왜 들어갈 수 없단 말이냐! 고사의용대는 일본인이 아니다! 우리들에게 조상을 데려갈 권리조차 없단 말이냐! 어째서 우리를 내리지 못하게 하느냐!"

2005년 6월 14일 일본 도쿄 야스쿠니신사 앞에서 타이완 입법위원 치와스 아리[2] 등 타이완 원주민 40여 명이 관광버스에서 내리지도 못한 채 경찰들과 실랑이를 벌였다. 태평양전쟁에 끌려가 전사한 뒤 야스쿠니에 '합사당한' 조상의 혼령을 모셔 가려고 왔는데 우익세력과의 충돌 가능성을 들어 일본 경찰이 차에서 내리지도 못하게 한 것이다. 야스쿠니의 '국적불문 합사'를 둘러싼 논란이 어제오늘의 일은 아니지만, 2만 2,000명에 달하는 조선인도 합사되어 있기에 쉽게 지나칠 수 있는 문제가 아니다.

충성분수대와 그 뒤에 있는 겨레의 마당 너머로 현충문과 현충탑이 보인다. 국립서울현충원은 '충성'과 '민족' 과잉의 현장이다.

    일본 정부는 야스쿠니신사가 정부 차원의 추도시설이 아니라 단순한 종교시설이라고 항변한다. 그러나 야스쿠니는 일본 신사협회에 가입하지 않은 예외적인 존재로, 엄격히 말하면 제2차 세계대전까지만 해도 내무성과 육·해군이 관리한 '군사시설'이다. 이런 야스쿠니가 일본을 넘어 온 아시아인들의 공분을 불러일으키는 이유는 군국주의와 침략주의의 상징으로서 도조 히데키東條英機 총리 등 14명의 'A급 전범'을 합사하고 있다는 데 있다. 원치 않는 죽음을 당한 전쟁피해자들이 전쟁범죄자와 같은 곳에 모셔져야 한다는 것은 그들을 두 번 죽이

1963년 4월 29일 여고생들을 도열시킨 가운데 아산 현충사를 시찰하는 박정희 대통령. 이른바 '구국의 현장' 성역화 작업은 '군인정권'의 정당성을 홍보하는 데 주효한 수단이었다.

는 일이다. 그런데 이런 모순된 현장이 일본에만 있는 것은 아니다.

'민족' 과잉의 공간

지하철4호선 동작역에서 내리면 바로인 국립서울현충원.³ '동작동 국립묘지'로 더 잘 알려진 현충원은 한국전쟁 와중에 숨진 전몰장병을 위해 1955년 국군묘지라는 이름으로 그 자리에 들어섰다. 143만 제곱미터의 광활한 대지 위에 들어선 현충원은 1960년대 들어 애국지사와 경찰관의 유해도 안장하면서 시간이 갈수록 그 범위가 넓어지기 시작했다. 결국 묘지가 만들어진 지 10년 만에 '국립묘지'로 승격됐고 2005년에는 지금의 '국립서울현충원'이라는 이름을 얻었다.

정문을 들어서면 먼저 충성분수대가 보인다. 모양도 모양이거니와 일단 이름에서부터 '충성'이 들어가는 등 의미가 예사롭지 않다. 분수대만 그런 것이 아니라 건물이나 광장, 연못 등 시설물 이름에 거의 대부분 '현충'이나 '겨레', '호국', '충성' 따위의 낱말이 들어간다. 초등학교 시절 다 외우지 못하면 집에 보내주지 않던 국민교육헌장에 나오는 국가나 민족 관련 단어를 거의 모두 찾아볼 수 있을 정도다. 현충원은 국가가 부르면 언제라도 나가 피 흘릴 준비를 하라는 듯 충성을 강요한다.

현충원이 생기기 전까지 전몰자의 영혼은 남산 장충단공원 안에 있는 장충사에 안치했다. 한국전쟁을 거치며 사망자가 급격히 늘어나자, 이승만 정권은 보다 큰 규모의 묘지를 필요로 하게 됐고, 결국 이곳에 장충사를 대체하는 국군묘지를 확대 설치했다.

그랬던 묘지가 이처럼 '민족' 과잉의 공간으로 변한 것은 1960년대 말 박정희 정권이 들어서면서부터다. 장면 정권을 쿠데타로 뒤엎고 집권한 박정희 정권은 자신들의 정당성을 부각할 소재가 필요했고, 그것을 '민족의식'에서 찾았다. 앞으로는 '민족'과 '충효' '애국심'을 내세우며, 뒤로는 철권통치를 강화했다. 이를 위해 박 정권은 전국에 걸쳐 '한민족의 우수성'을 의미하는 것이라면 모조리 성역화했다. 왜군을 무찌른 이순신 장군의 통영 충렬사와 아산 현충사가 그랬고, 미국과 프랑스의 침입을 막아낸 강화도 전적지가 그랬으며, 몽골에 맞서 싸우다 죽은 삼별초의 북제주군 애월읍 토성이 그랬다. 온 나라가 '민족중흥

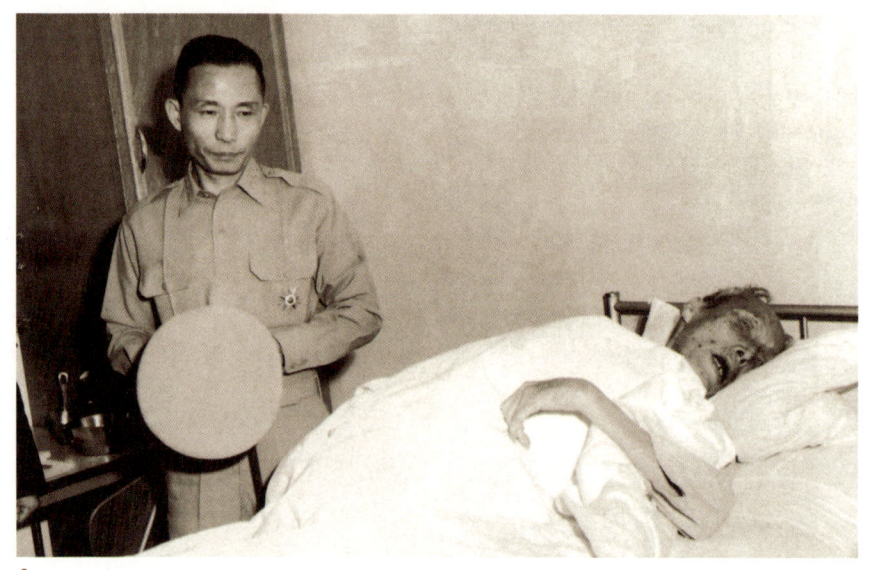
1962년 5월 5일 투병 중인 '독립운동가' 심산 김창숙을 방문한 '일본 관동군 출신' 대통령.

의 역사적 사명을 띠고 '조상의 빛난 얼을 오늘에 되살리기 위한' 광풍에 휩싸였다.

항일과 친일의 '불편한 동거'

알고 보면 현충원처럼 민족이란 이름을 더럽히고 있는 곳도 없다. '겨레'의 마당과 '호국'종을 지나 닿게 되는 애국지사묘역은 대한제국기와 일제강점기 때 의병운동이나 독립투쟁을 하던 이들의 묘가 모여 있는 곳이다. 1908년 서울 탈환작전[4]을 지휘한 의병사령관 이인영과, 1919년 서울역에서 조선총독 사이토 마코토에게 폭탄을 던진 강우규, 1923년 종로경찰서에 폭탄을 던진 의열단원[5] 김상옥 등 210분의 묘가 그것이다. 그런데 이들 중에는 애국지사묘역에 묻히기를 거부한 인사도 있었다.

"대한민국임시정부 국무위원 중 최후의 생존자였던 백강 조경한 선생의 유족들이 선생의 묘를 동작동 국립묘지에서 효창공원 임정묘역으로 이장할 것을 요구하고 있다. 평소 때는 물론 유언에서 '내가 죽거든 친일파들이 많은 국립묘지에 묻지 말고 생사를 같이한 임정요인들이 누워 있는 효창공원묘역에 묻어 달라'는 백강선생의 뜻을 따라서다."

1993년 11월 23일자《국민일보》에 '친일파 누운 국립묘지에 애국지사 안장 결사반대'라는 제목으로 실린 이 기사는 그해 1월 타계한 조경한의 묘를 둘러싼 논란을 다루고 있다. 기사는 이어 "1월 11일 사회장으로 장례가 치러졌지만 아직까지 묘비 없이 썰렁한 봉분만 있다. 묘비명을 가족들이 써야 하는데 유족들은 고인의 뜻에 따라 효창공원 이장 때까지 묘비명을 쓰지 않겠다고 고집하고 있다"고 쓰고 있다.

이런 논란에도 불구하고 조경한의 시신은 김구가 안장되어 있는 효창공원이 아닌 애국지사묘역에 안상 '낭했다'.[6] 만주에서 항일무장투쟁을 하는 등 독립운동가로 칭송받던 조경한은 도대체 무슨 일이 있었기에 애국지사묘역 안장을 거부했을까?

현충원에 안장된 이들의 면면을 보면 그 이유가 명백해진다. 일제강점기 때《기독교 신문》편집위원으로 기독교 황민화에 앞장 선 연세대 백낙준 초대총장과 조선 불교의 황민화를 이끈 승려 이종욱, '독립군 사냥'을 하는 간도특설대원으로 활동하다 해방 후에도 해병대 사령관 등 군 요직을 두루 거친 김석범 해군중장 등 적잖은 친일 전력자들이 현충원에 안장되어 있다. 심지어 국립대전현충원에는 1940년대 만주 항일조직을 토벌하는 데 앞장선 것은 물론 김구 암살의 배후로도 지목된 김창룡 육군 특무부대장의 묘가 김구의 어머니 곽낙원, 장남 김인의 묘와 한데 어울려 있는 실정이다.

남과 북의 '적대적 공존'

현충원은 고즈넉한 분위기와는 달리 냉기 가득한 남북대결의 장이기도 하다. 애국지사묘역에 시신도 없이 조성된 가묘 한 기가 그 증거다. 주인은 1920~30년대 만주에서 위세를 떨친 조선혁명군 양세봉 사령관. 그는 1934년 일제가 보낸 밀정에 의해 암살되면서 목이 잘렸는데, 목 없는 시신은 현재 평양 애국열사릉에 묻혀 있다. 한 사람의 묘가 남과 북에 모두 있는 것이다. 국립현충원에 따르면 시신이 없을 경우엔 가묘가 아니라 이름을 새긴 위패만 모시지만, 북에 대한 자존심 때문인지 항일운동가 양세봉은 가묘 형태로 모셔져 있다.

비단 양세봉만이 아니다. 중경임시정부 외무부장 등을 지낸 독립운동가 조소앙의 시신도 평양 애국열사릉에 있지만, 고향인 경기도 파주에 가묘가 있다. 반면 '북진통일'이 대세이던 이승만 정권 시절 '평화통일'을 주창하다 '사법 살인'을 당한 조봉암 진보당 당수의 경우에는 서울 망우공원에 묘가 있지만, 북이 애국열사릉에 가묘를 만들어둔 경우다. 남북이 각각 자신들의 정치적 목적을 위해 묘지를 매개로 '적대적 공존'을 하고 있는 셈이다.

묘지를 둘러싼 남북대결은 지금도 끝나지 않았다. 2005년 8·15민족대축전 참가를 위해 서울에 온 김기남 노동당 비서 등 북한대표단이 현충탑[7]을 찾아 묵념한 적이 있다. 현충탑이라면 북한 입장에서 봤을 때 적군의 영혼이 잠자는 곳. 그래서인지 남한 내 일각에서는 즉각 북한의 '깜짝쇼'라며 비난하고 나서는 등 전쟁이 중단된 지 반세기도 더 지났지만 여전히 화해를 위한 시도에 대해서는 인색하다. 북쪽의 현충원 격인 평양 혁명열사릉이나 애국열사릉[8]을 '깜짝쇼'로라도 참배한 남한 정부 대표단은 아직 없다.

참으로 한국적인

현충원은 시대정신이 충돌하는 곳이기도 하다. 현충원의 거의 대부분을 차지하는 사병과 경찰관 묘역을 양지바른 언덕 위에서 굽어보고 있는 것은 장군묘역이다. 모두 3개 묘역에 350여 기의 묘가 모여 있다. 특이한 점은 봉분이나 묘비의 규모가 여느 것들과 다르다는 것이다. 사병의 묘가 묘비도 작고 넓이도 3.3제곱미터(1평)밖에 안 되는 데 반해, 장군의 묘는 묘비도 훨씬 크고 넓이도 사병묘에 비해 각각 8배나 넓다. 살아생전 수천 수백 명의 병사를 거느린 장군이든 갓 이등병 계급장을 단 병사든, 국가가 치른 전쟁에 나가 죽은 것은 마찬가지인데 죽어서까지 엄격한 서열이 매겨지고 있었다.

압권은 현충원 가장 안쪽에 있는 두 전직 대통령 내외의 묘역이다. 제1장군묘역 아래에 있는 것이 이승만 전 대통령 부부의 묘인데 주변에 병풍을 둘러친 듯 소나무 숲까지 우거져 있었다. 일반 사병은 말할 것도 없고 3성이나 4성 장군의 묘와도 비교가 안 될 정도로 호사스럽다. 부산이나 프랑스 노르망디의 유엔군묘지, 미국 알링턴국립묘지에서는 대통령이든 일개 병사든 신분이나 계급 따위에 따른 차등을 살펴보기 힘들다는 점을 고려하면, '독재자에게까지 관대한' 참으로 한국적인 풍경임에 틀림없다.

박정희 전 대통령 부부의 묘는 더욱 가관이다. 높다란 계단을 한참 걸어 올라가야 닿을 수 있는 이들의 묘는 일반 사병 묘의 80배 크기로, 웬만한 봉건왕조의 왕릉 저리 가라다. 어찌나 높은지 봉분 앞에 서면 한강 너머 강북까지 시원하게 한눈에 들어올 정도다. "태산이 무너진 듯 강물이 갈라진 듯 이 충격 이 비통 어디다 비기리까"로 시작하는 시비들도 가까이 다가가 읽어 보면 그런 환상적인 조합이 또 있을까. 시를 짓고 새긴 이들부터가 모윤숙 등 친일부역 혐의자 일색이다.

'망자'가 아닌 '산자'를 위한 공간

한국이나 타이완 유족들이 합사 취소를 요구할 때마다 돌아오는 '한번 야스쿠니에 모시면 뺄 수 없다'는 앵무새 답변. 평화 증진을 위해 만들었다지만 오히려 침략전쟁을 미화하는 데 바쁜 류슈칸遊就館박물관. 그러면서도 내심 내국인과 외국인 망자들을 차별하는 야스쿠니. '종교'라는 탈까지 쓰지는 않았어도 '망자'의 영혼을 '산자'의 목적을 위해 이용한다는 점에서 현충원의 본질은 사실 야스쿠니와 다르지 않다.

이를 테면 현충원도 권력자와 기득권 세력의 의지에 따라 '충성'이나 '충혼' 등 충성을 강요하는 구호로 넘쳐난다. 친일부역자들은 애국지사로 명패를 바꿔 안장되었다. 야스쿠니처럼 '피해자'가 거의 반강제적으로 '가해자'와 함

장군들의 묘(위)는 촘촘하기만 한 사병 묘(아래)에 비해 각각 8배나 넓다. 게다가 묘비도 훨씬 크고 봉분까지 갖추고 있다.

: 본질적으로 국립현충원도 야스쿠니신사처럼 '망자'가 아닌 '산자'를 위한 공간이다.

께 안장되기도 했다. 민간인을 학살한 군경은 '빨갱이'로부터 조국을 지킨 유공자로 추앙받으며 안장됐고, 평생 독재를 꿈꾼 인물은 "한국의 큰 별, 세계를 움직였던 대한민국 대통령"이라 칭송을 받으며 안장되어 있는 곳이 오늘의 현충원이다.

  무엇보다도 가장 큰 문제는 우리가 현충원의 존재를 아무런 비판 없이 받아들이고 있다는 점이다. 현충원이 내포하고 있는 본질에 대한 고민이 없다. 흔히들 야스쿠니에서 A급 전범 14명의 위패를 다른 곳으로 옮기면 야스쿠니 문제가 해결될 것이라고 생각한다. 그러나 B급이나 C급 등 1,000여 명에 달하는 '전쟁범죄자'의 합사 문제는 여전히 남는다. 나아가 그들의 위패를 야스쿠니에서 뺀다고 '국가를 위해 싸우다 죽은 사람을 집단적으로 추도한다'는 본질까지 사라지지는 않는다.

말하자면, 국가의 명령을 따르다 죽은 이들을 무조건 '아름다운 죽음'으로 호도하고 숭배하는 근본적인 이유는 언젠가 또 국가나 민족의 이름으로 애꿎은 희생을 필요로 할 것이라는 장래에의 다짐과 같다. 앞으로 있을 국가 동원에 대해 미리부터 '국가를 위한 희생은 위대하다'는 이데올로기를 심는 작업에 다름 아니다. 얼핏 보기에는 '과거의' 순국선열을 기리기 위한 것 같지만, 그 이면에는 '미래의' 국가 동원을 위한 무시무시한 논리가 숨어 있다. 국립서울현충원의 관리 주체가 국방부라는 데서 그 사실은 명확해진다.

군인 유해 발굴단은 상시 운영하면서도 정작 충북 영동 노근리와 경남 경산 코발트광산에서, 전남 나주와 함평에서, 제주의 이름 모를 오름들 사이에서 떠도는 '학살당한 영혼'은 보듬지 않는 국가. 시도 때도 없이 국가와 민족을 강조해대는 우리의 현실이 그래서 더 무섭다.

---

1 일제가 타이완에서 1941년부터 편성하기 시작한 '고사의용대'는 군대가 아니라 원주민으로 구성된 군속

집단이다. 일제는 태평양전쟁 말기 전황이 불리해지자 총 한 번 잡아본 적 없는 고사의용대 1만여 명을 최전선으로 내몰았는데, 절반 이상이 숨졌고 돌아온 이들도 대부분 중상자였다고 한다. 야스쿠니에는 모두 2만 1,000여 명의 타이완인이 합사되어 있다.

2 야스쿠니 반대운동을 펼치고 있는 치와스 아리高金素梅 타이완 입법의원(국회의원)의 이름은 중국식으로 '카오친 스메이'라고 발음되지만, 그녀는 대만 원주민인 타이얄족泰雅族의 정체성을 살리고자 원주민 발음인 '치와스 아리'도 함께 쓰고 있다.

3 특별한 표기가 없는 한 국립서울현충원을 현충원이라 표기한다.

4 1907년 고종이 강제로 퇴위되고 군대마저 해산되자, 해산된 군인 등 1만여 명을 이끌고 서울 동대문 밖 12킬로미터 지점까지 진격해 일본군과 전투를 치렀다. 그러나 결국 패퇴하고 만다.

5 의열단은 1919년 약산 김원봉 등 신흥무관학교 출신자가 중심이 되어 만주 지린성에서 결성한 항일 무장 독립운동 단체로, 요인 암살과 관공서 폭파를 목적으로 했다. 조선총독부와 종로경찰서, 부산경찰서 등에 폭탄을 투척했고, 일본 도쿄 천황궁에 폭탄을 던지기도 했다.

6 유족들은 언젠가 효창공원으로 가리란 생각에 묘비도 세우지 않고 있다가, 1994년 3월 정부 절충안을 받아들여 묘를 애국지사묘역 바로 위에 있는 임정요인묘역으로 이장하는 데 동의했다.

7 현충탑 바로 뒤에는 전사했다고 알려졌지만 시신을 찾지 못한 10만 4,000명 남짓한 전몰자들의 위패를 안장한 위패봉안관이 있다. 그런데 위패 가운데 한 기가 빠지는 일이 있었다. 지난 1951년 강원도 인제에서 중국군에 포로로 잡혀 북한에 억류되어 있던 조창호 소위가 43년 만인 1994년 귀환한 것이다. 귀환과 함께 중위로 예편한 조 씨는 현충원을 찾아 자신의 이름이 새겨진 위패를 없애며 스스로를 '돌아온 사자死者'라고 불렀다. 조 씨는 2006년 지병인 암으로 별세했다.

8 이들 묘지에는 조소앙과 조완구, 유동열 등 항일 인사를 비롯해, 소설가 홍명희와 무용가 최승희 등 유명 인사들도 묻혀 있다.

철저히 유린된 제국의 상징

소공동 '환구단'을 찾아

2006년 한 신문이 대법원에 의뢰해 시대별로 가장 흔한 이름을 조사한 적이 있다. 기사에 따르면, 해방 당시 남자 이름에는 오래 살라는 뜻에서 '길 영永' 자를, 여자 이름에는 일본식 이름의 흔적인 '아들 자子' 자가 많이 쓰였다고 한다.¹ 수명이 길지 않았던 시절이었기에 '영' 자를 붙였고, 사내아이는 곧 노동력으로 치부되었기에 딸 이름에까지 '자' 자를 붙인 것이다. 그래서 수없이 양산된 '영수'와 '영자'들. 하지만 제아무리 흔한 이름이라고 해도 그것을 바꾼다는 것은 그리 쉬운 일이 아니다.

반면 지명은 시대의 부침에 따라 종종 변하기도 한다. 덕수궁 맞은편에 있는 소공동小公洞이 대표적인 예다. 소공동은 원래 조선 태종의 둘째딸 경정慶貞공주가 살던 '소공주댁小公主宅'이 있어 소공주동 혹은 소공동이란 이름을 얻게 된 경우다. 하지만 이후 일제가 지배하던 시절에는 조선주차군사령관이자 제2대 조선총독으로 무단통치를 편 하세가와 요시미치長谷川好道를 기리기 위해 '하세가와마치長谷川町'라고 불렸다. 권력의 향배에 따라 지명도 춤을 췄다.

굴욕의 땅에서 황제를 칭하다

뜻하지 않게 개명을 당한 소공동의 기구한 운명은 이미 하세가와가 조선에 진출하기 300여 년 전, 그러니까 임진왜란이 터졌을 때부터 시작됐다. 왜군 장수 우키다 히데이에宇喜多秀家가 이끄는 조선원정군의 주둔지로 쓰였고, 이들을 저지하겠다고 들어온 명나라 장수 이여송李如松도 이곳에 사령부를 풀었기 때문이다. 이것도 인연인지 나중에 남별궁南別宮으로 이름이 바뀐 소공주택은 그후 300년 동안은 중국 사신들의 숙소로 운영됐다. 요즈음 용산을 두고 일본군과 미군이 차례로 점유한 '외세의 땅'이라 생각하지만, 사실 그 원조는 소공동 일대였다.

사정이 그렇다 보니 무너져가는 조선왕실이 소공동에서 권위를 세우는 것은 곧 국가 주권을 되찾는 일이었다. 내 땅이었으되 내 땅이 아니었던 소공동에서의 주권 회복은 그래서 상징적이었다. 사직의 끝이 보이려는 찰나, 500년 동안 머리를 조아렸던 중국으로부터 벗어나기로 결심한 고종은 광무光武라는 연호를 채택하고, 국호도 대한제국大韓帝國으로 바꾸었다. '힘을 기르고 나라를 빛내자'는 뜻에서 '광무'였고, '마한·진한·변한을 아우르는 큰 나라'를 의미하는 '대한'이었다. 그 결정타는 '굴욕의 땅' 소공동에 세운 환구단이다.

최근까지만 해도 원구단이라고 불렸던 환구단圜丘壇²은 고종이 하늘에 제를 올리고 스스로 황제에 오른 곳이다. 지금은 신위를 모신 황궁우皇穹宇와 황제의 덕을 새긴 돌북石鼓이 남아 있는 것의 전부지만, 완공 당시를 찍은 사진을 보면

네모난 담장 안에 원형 제단이 3단으로 쌓여 있고, 그 한가운데 원추형 지붕의 건물이 보이는 창건 당시의 원구단. 사진 왼쪽으로 지금도 남아 있는 황궁우와 삼문이 보인다.

지금의 몇 배는 될 듯한 규모다. 동양에서는 천원지방天圓地方이라 하여 하늘은 동그랗고 땅은 네모나다고 생각했는데, 환구단은 천제를 지내는 곳인 만큼 네모난 영역 한가운데에 3층짜리 원형 제단을 쌓고 그 위에 하늘을 상징하는 원추형 돔을 올렸다.

3층짜리 원형 제단의 높이는 약 2.7미터, 1층 지름은 약 43.2미터, 2층 지름은 약 21.6미터, 3층 지름은 약 10.8미터로[3], 중국의 천단天壇을 본뜬 모양이었다. 제단 옆에 지은 황궁우는 우주의 순행을 뜻하는 '8'의 의미를 살려 팔각으로 지었고, 천장에는 '7개'의 발톱을 가진 쌍룡을 수놓았다. '7개의 발톱'은 5개까지만 쓰도록 용인되었던 '제후국' 조선이 바야흐로 '황제국' 중국으로부터 독립한다는 것을 상징했다. 1897년 고종은 이곳에서 황제 즉위식을 올렸고,

이어 비명에 간 명성황후의 국장을 치렀다.

환구단, 다시 외세의 땅으로

환구단 건설은 자주독립에 대한 열망을 십분 인정한다고 쳐도 이미 재기 가능성이 없는 군주제를 복원하려는 반동적 시도에 지나지 않았다. 근대국가로의 탈바꿈을 꿈꾸었으나, 그 방법은 고작 봉건왕조의 상징을 강화하는 것이었다. 인민은 굶주리고 외국 군대가 국토를 유린하는 마당에 허울뿐인 황제 타령이라니. 능력 없는 왕조의 의미 없는 최후의 발버둥으로밖에 비춰지지 않는다.

일제는 환구단 건물을 헐고 그 자리에 조선철도호텔과 반도호텔 등을 지었다. 사진은 지난 1958년 8월 31일 화재가 난 조선호텔(옛 조선철도호텔).

결과는 되돌이표였다. 조선을 강제점령한 일제가 그 자리에 지상 3층, 지하 1층짜리 조선철도호텔을 짓기로 하면서, 1913년 환구단은 결국 황궁우와 돌북만을 덩그러니 남겨둔 채 바스라지고 만다. 그 자리를 차지한 것은 조선총독부가 시미즈구미清水組에 의뢰해 건설한 조선철도호텔[4]과 흥남 비료재벌 노구치 시타가우野口遵가 세운 반도호텔이다.

완전 서양식으로 지어진 조선철도호텔은 특히 서양 귀빈들에게 인기가 많아, 1926년 경주 고분 발굴을 위해 이 땅을 방문한 스웨덴의 구스타프 아돌프 황태자도 그곳에 머물렀다. 아돌프는 고고학자로 이름이 높았는데, 그가 발굴에 참관했다고 하여 경주 노서리 고분군 129호분 이름이 '서봉총瑞鳳塚'이다. 스웨덴의 한자식 이름 서전瑞典에서 '서'자를, 출토된 금관의 봉황 무늬에서 '봉'자를 따서 '서봉총'이라고 지었다.[5]

소공동의 기구한 운명

조선철도호텔은 완공 당시 한반도에서 가장 큰 건물이었고, 1938년 지상 8층으로 지어진 반도호텔은 1953년까지만 해도 서울에서 가장 높은 건물이었다. 환구단 터에 이렇게 당대 최대 최고 시설을 자랑하는 호텔들이 들어선 것은 황실을 파괴하려는 일제의 의도와 함께 현실적 이유도 맞아떨어졌기 때문이다.

환구단이 자리했던 곳은 고종이 사는 덕수궁 바로 코앞이었고, 조선총독부와 '수탈과 침략의 상징' 경성역의 중간지점이었다. 맞은편에는 경성의 행정을 보는 경성부청사(현 서울시청사)가 있었고, 300미터 거리에는 경제지배의 중심 역할을 했던 조선은행(현 한국은행)이 있었다. 역시 시미즈구미가 지은 건물이

고층빌딩에 둘러싸여 마치 외딴섬 같은 황궁우.

다. 1804년에 설립된 시미즈구미는 1948년에 이름을 시미즈건설淸水建設로 바꿨는데, 지금은 일본에서 두 번째로 큰 종합건설회사다. 미츠비시나 미쓰이, 가와사키 등 다른 일본 대기업과 마찬가지로 자본과 제국주의 만남은 악어와 악어새의 관계와 같았다.

일제는 건물만 세운 게 아니다. 있는 건물을 헐고 길도 냈다. 그때 난 대표적인 길 가운데 하나가 지금의 서울시청과 한국은행을 잇는 소공로다. 일제는 환구단 영역을 밀어내고 조선총독부와 경성부청을 지나 조선은행, 그리고 일본인들의 주거와 상업 중심지인 메이지초明治町(지금의 명동 일대)를 잇는 소공로를 뚫었다. 길이가 300~400미터밖에 안 되는 도로지만, 그 길 끝엔 미츠코시三越백화점과 조선저축은행이 있었고, 지금 서울중앙우체국 자리에는 중앙우편국이 있었

:
위로부터 일제강점기 때 세워진 조선저축은행(SC제일은행)과 조선은행(한국은행), 미츠코시백화점(신세계백화점 본점). 신세계백화점은 2007년 외장재를 교체해, 초기의 건물과는 사뭇 다른 느낌이다.

다. 롯데 영플라자가 있는 곳도 조지야丁字屋백화점이 있던 자리다. 조선은행과 조선저축은행, 미츠코시백화점은 겉모습에 큰 변화 없이 각각 한국은행과 SC제

일은행 본점, 신세계백화점 본점으로 쓰이고 있어 당시 건물 분위기를 가늠해볼 수 있다.

정원으로 변한 환구단의 현실

서울시청 광장 쪽에서 바라볼 때 지붕 끄트머리가 보일락말락하는 환구단의 처지는 이 일대를 둘러싼 일제강점기 때 건물들의 위세에 반비례한다. 조선철도호텔과 반도호텔을 각각 재건축한 웨스틴조선호텔과 롯데호텔, 그리고 서울프레지던트호텔 등이 사방을 에워싸고 있어 볕도 잘 들지 않는다. 그나마 숨통이 조금 트여 있는 서울광장 쪽에는 누구의 아이디어였는지 인공폭포로 조경을 해놓았는데, 환구단과 조화를 전혀 이루지 못하고 있다. 역사성과 장소성을

1940년까지만 해도 환구단 대부분의 영역이 파괴됐어도 황궁우 삼문 앞에는 그나마 '공간'이 있었던 것으로 보인다(왼쪽). 그러나 지금은 호텔을 너무 바짝 들여 짓는 바람에 문의 기능을 잃어버렸다(오른쪽).

고려하지 않는 조경이란 바로 이런 것을 두고 하는 말이 아닐까 싶다.

환구단, 아니 지금 남아 있는 황궁우와 돌북에 가까이 다가가면 갈수록 초라함은 배가된다. 웨스틴조선호텔 마당을 지나 황궁우 앞으로 나아갈 때 만나는 삼문三門은, 황궁우가 환구단에서도 신위를 모신 건물이었기에 따로 출입문까지 둔 것인데, 지금은 문 구실을 전혀 못하고 있다. 보기에 따라서는 호텔 커피숍을 찾는 사람들을 위한 장식물 같다. 호텔을 삼문 바로 앞까지 바짝 들여 짓는 바람에 생겨난 비극이다.

석고각도 이미 사라진 지 오래여서 돌북은 비바람을 그대로 맞고 있고, 삼문 앞에 있던 돌다리도 흔적조차 보이지 않는다. 일제는 조선의 국체國體와 관련한 것들은 모조리 파괴하거나 희화화했는데, 환구단도 예외가 아니었다. 게다가 조선철도호텔은 해방 후에 진주한 미군의 거처로 이용됐고, 서울수복 후인 1951년에는 미군 장병휴양소로 쓰였다. 또 한국전쟁 후 1961년까지는 미군장교 숙소로 이용되기도 했다. 이래저래 외국 군대와의 인연이 질긴 소공동이다.

문제는 조선철도호텔의 정원마냥 쓰이던 환구단의 처지가 그때나 지금이나 별반 달라 보이지 않는다는 점이다.

엉뚱한 곳에서 발견된 환구단 대문

2007년 8월 서울 강북구 우이동 옛 그린파크호텔 터에서 환구단 대문이 발견되었다. 한국문화유산정책연구소 황평우 소장은 "환구단 대문이 시내버스 차고지 입구로 사용되고 있다"며, "지난 1967년 조선호텔을 웨스틴조선호텔로 재건축할 때 옮겨온 것으로 보인다"고 했다.

환구단 대문이 시내버스 차고지의 정문으로 쓰이고 있는 사실이 2007년이 되어서야 알려졌다.

    실제로 정면 3칸, 맞배지붕, 그리고 마루 끝에 있는 용머리 장식 등은 왕실 건축에서 보이는 양식들이다. 기와 막새에 새겨진 용과 봉황 무늬 역시 일반 주택이나 사찰에서는 사용할 수 없는 무늬들이다. 황 소장 역시 대문 이전과 관련해 남아 있는 당시 기록은 하나도 없지만, 기와에 새겨진 무늬나 건축 양식 등을 볼 때 왕실 관련 건축물이 틀림없다고 덧붙인다. 대한제국 말기 주요 건물의 하나였던 환구단의 처지가 바로 이 정도 수준이다.

    해방 후 정부는 소공동 일대가 청과 일본의 근거지였다며, 그 기세를 누른다고 도로에 장군들의 이름을 갖다 붙였다. 수나라 공격을 막아낸 을지문덕 장군을 빌려 '을지로', 왜를 막아낸 충무공 이순신 장군을 빌려 '충무로'라고 이름 지었다. 하지만 더욱 시급한 문제는 제 자리를 떠난 문화재에게 '제자리'를 찾아주는 것이 아니었을까. 비록 그것이 한 봉건왕조의 처절한 몸부림이었을지라도 말이다.

---

1 《조선일보》, 2006년 9월 22일자.
2 '원구단'으로 알려져 있던 건물로, 그동안 이름이 환구단圜丘壇과 원구단圓丘壇, 원구단圜丘壇 등으로 혼용되어 왔다. '圜'이 '환'과 '원' 두 가지 음을 가졌기 때문에 빚어진 혼란이다. 그러던 차에 문화재청이 지난 2005년 《고종실록》에 '圜丘壇'으로 적혀 있고, 1897년 10월 12일자 《독립신문》이 '환구단'이라고 보도한 것을 근거로 정식 명칭을 '환구단圜丘壇'으로 정했다. 그러나 1897년 10월 5일자와 10월 7일자 《독립신문》에는 '원구'라고 표기되어 있어, 이름과 관련한 논란은 지금도 끊이지 않고 있다.
3 목수현, 〈대한제국의 원구단〉, 《사회평론》 제4호, 2005년, 60쪽.
4 조선철도호텔은 조선총독부 청사와 서울역의 전신인 경성역, 평양 모란대공원 등을 설계한 독일인 게오르그 데 라란데가 설계했다.
5 손정목, 《서울도시계획이야기 2》, 한울, 2003년, 209~210쪽.

김구만 남고 임시정부는 잊혀지다

평동 '경교장'을 찾아

2007년 11월 중순쯤 대부분의 일간지에 권중희라는 일흔네 살 노인이 자택에서 심장마비로 숨을 거두었다는 내용의 부음 기사가 실렸다.

권중희 씨는 줄곧 숨어 지내던 김구 암살범 고故 안두희 씨를 찾아내는 등 김구 암살사건의 진실을 파헤치기 위해 평생을 바친 인물이다. 《역사의 심판에는 시효가 없다》나 《백범 암살범 안두희》를 펴내는 등 적극적인 사회활동을 통한 '역사적 공소유지'도 그의 노력 덕분이었다. 그런 권 씨가 늘 안타까워했던 것은 김구 암살의 배후를 밝히는 등 진상규명에는 관심이 없는 여론만이 아니었다. 그는 사람들을 만날 때면 늘 경교장과 임시정부에 대한 사람들의 무관심을 질타하곤 했다.

금광갑부의 사저가 임시정부 청사로

탕! 탕! 탕! 탕!

초여름 햇살이 따사로웠을 지난 1949년 6월 26일 낮 12시 45분. 날카로운 총성이 종로구 평동 경교장의 정적을 깼다. 기나긴 타향살이를 끝내고 마침내 환국한 대한민국 임시정부 주석 백범 김구가 쓰러졌다. 권 씨와 같은 향년 일흔 네 살이었다.

김구가 안두희가 쏜 총탄에 맞아 숨진 곳은 상해임시정부의 마지막 청사[1] 였던 경교장이다. 애초 경교장의 이름은 '죽첨장'으로, 일제 말기 금광개발을 통해 갑부 반열에 오른 최창학의 소유였다. 예상하지 못한 갑작스런 해방은 자본가들에게는 새로운 불안의 시작이었다. '조선의 황금귀黃金鬼'라 불릴 정도로 많은 부를 축적했던 최창학도 위기감을 느꼈는지 '임시정부 환국 환영준비위원회'에 죽첨장을 내놓았다.

죽첨장은 1938년에 대학로 마로니에공원에 있는 경성제대 본관인 지금의 한국문화예술진흥원을 설계한 박길룡의 후배이자 제자인 김세연[2]의 설계로 완공됐다. 당시 건물답지 않게 최신식 시설로 이름이 높았다. 그도 그럴 것이 최창학의 부가 얼마나 대단했느냐 하면, 당시 서울 시내에서 자가용 승용차를 타고 다니는 이는 고종황제와 《조선일보》 방응모 사장, 그리고 최창학뿐이었다는 이야기가 전한다. 이를 증명이라도 하듯 죽첨장에는 샹들리에가 걸려 있는 응접실과 식당은 물론 당구실과 전용 이발실, 그리고 당시에는 드물었던 냉난방시설 등 호화로운 시설이 갖춰져 있었다고 한다.

죽첨장을 접수한 김구 일행은 이내 건물 이름을 경교장으로 바꾸었다. 이

해방정국 당시 암살은 정적을 제거하는 주요 수단이었다. 1949년 6월 26일 김구의 목숨을 앗아간 총알 구멍 너머로 그를 애도하는 사람들이 보인다.

름에서 풍기는 일본의 흔적을 지우기 위해서였다. 원래 이곳에는 일본공사 다케조에 신이치로竹添進一郎가 1884년 갑신정변으로 불에 탄 공사관을 대신해 머물던 집이 있었다. 일제는 1914년 경성의 행정지명을 통폐합하면서 그 일대를 다케조에를 기념하는 뜻에서 다케조에마치竹添町, 즉 죽첨정이라고 불렀고, 집 이름은 죽첨장이 되었다. 그것을 김구가 지금의 서울 적십자병원 앞에 있던 다리 '경구교京口橋'에서 이름을 따 경교장이라고 부르기 시작했다.

병원 현관이 되어버린 마지막 임시정부 청사

경교장을 보기 위해서는 병원으로 가야 한다. 지하철5호선 서대문역과 광화문역의 중간쯤 되는 언덕 위에 강북삼성병원이 있는데, 그 건물 현관이 바로 경교장이다. 건물이면 건물이지 현관이라니? 경교장의 비극이 바로 여기에 있다.

경교장은 이승만이 머물렀던 돈암장과 이화장, 김규식의 삼청장과 더불어 해방공간의 세 우익 거두 중 한 명인 김구가 머물렀던 곳이다. 그러나 당시 최고 권력자의 최대 라이벌이 지냈던 곳이기 때문일까? 20세기 한국의 국시였던 '반공'을 따르지 않고 '통일'을 주창했기 때문일까? 김구가 암살된 이후부터 지금까지 경교장은 누구하나 돌보지 않는 천덕꾸러기 취급을 받아왔다.

최근까지만 해도 이곳이 해방 후 임시정부의 주석이던 김구가 기거한 공간이자 그가 암살된 곳이었다는 사실은 베일에 가려져 있었다. 1994년 서울시가 표지석을 세우기 전까지는 그 어떤 안내판 하나 없었다. 김구 사후 40년 이상 그 존재가 잊혀져 있었다. 무관심은 곧 원형 훼손을 불러왔다. 김구가 암살된 이후 최창학이 되가져간 경교장은 타이완대사관으로 쓰이다가, 한국전쟁 때에는

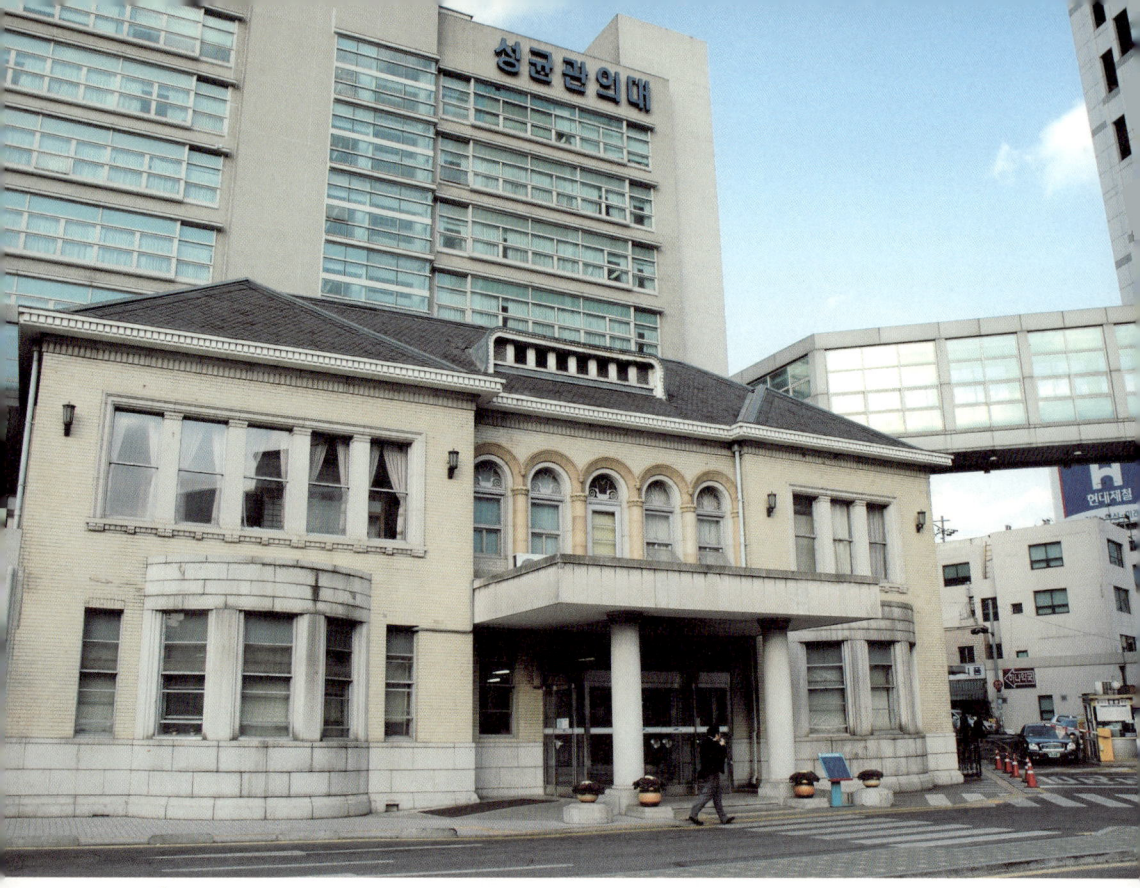

종합병원 건물로 둘러싸여 병원 정문으로 전락한 경교장의 오늘.

미군 특수부대가 주둔하기도 했다. 또 휴전 후에는 베트남대사관저 등으로 이용되면서 조금씩 본래 모습을 잃어가기 시작했다. 이윽고 1968년 강북삼성병원의 전신인 고려병원에 인수되고부터는 껍데기를 제외한 건물 전체가 완전히 뒤바뀌고 말았다.

포르말린 냄새가 풍기는 병원 본관 중앙현관으로 쓰이는 경교장 1층에 들어서면 응급실과 약국, 원무과 등이 눈에 들어온다. '백범 기념실'이라고 적힌 작은 플라스틱 안내판이 없었다면, 이곳이 백범 김구와 어떤 관련이 있는지 영 알 길이 없다. 2000년부터 김구가 살았던 당시 모습으로 부분 복원해 일반에 공 개했다지만, 그것은 어디까지나 2층 한쪽 구석의 '66제곱미터'에 국한됐기 때 문이다.

    계단을 따라 2층으로 올라가면 물품창고와 중앙공급실 사이로 백범 기념 실이 보인다. 김구가 집무실로 썼던 곳이자 안두희에 의해 암살될 때 머물렀던 공간으로 최근 복원됐다. 당시 상황을 재현하려는 듯 총알 구멍이 뚫린 아크릴 판을 만들어 유리창에 덧대두었다. 안두희가 김구를 쏘았을 것으로 추정되는 자 리에는 친절하게 발자국까지 표시해 놓았다. 방 한쪽에 놓여 있는 김구 흉상과

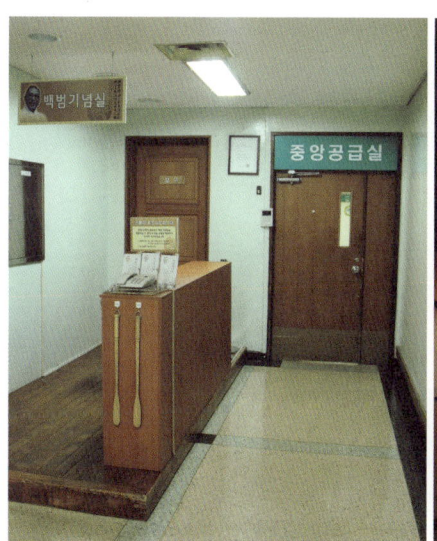 

경교장은 2층 김구 집무실만 복원되어 있는 상태다. 김구가 앉아 있던 책상과 안두희가 총을 쏜 위치, 창문에 뚫린 구멍 등 암살 당시 상황으로 꾸며놓았다.

벽에 붙어 있는 흑백사진 등도 이곳의 내력을 설명하는 데 일조하고 있다. 최근까지만 해도 의사 휴게실로 쓰여 일반인은 들어가 볼 엄두를 낼 수 없었던 것에 비하면, 많이 나아진 것은 틀림없다.

그러나 당시 집무실을 복원한답시고 들여놓은 탁자와 의자, 다다미 등은 꿔다놓은 보릿자루처럼 어색해 보일 뿐이고, 아파트 모델하우스처럼 급조된 느낌은 마치 하기 싫은 복원을 억지로 한 것 같다. 국무회의장으로 쓰였던 사무실은 여전히 병원 업무를 위한 공간으로 이용되고, 다른 공간도 수술실이나 마취실, 창고 등으로 쓰이고 있다. 겉모습만 당시의 모습을 어느 정도 유지하고 있을 뿐, 지금 경교장은 그때 그것이 아니다.

김구와 함께 환국한 학도병 출신 광복군 장준하에 따르면 "경교장 2층의 구조는 동서로 긴 복도가 한가운데 있고 그 복도 양 옆에 방이 있었다. 남향한 방의 첫 번째 방이 백범 선생의 거실이었고 왼쪽 맨 끝 방이 응접실이었으며, 그 사이에는 일본식 다다미방이 둘이나 있었다"[3]고 한다. 그러나 지금 경교장의 네 벽면 중 왼쪽 벽과 뒷벽은 그대로 뻥 뚫려 10층짜리 병원 본관과 그대로 연결된다. 한때 잔디와 나무들로 빼곡했다는 마당에는 병원 주차장이 넓게 자리 잡았고, 그 한쪽에 있었다는 김구의 모친이자 독립운동가인 곽낙원 여사의 동상도 행방이 묘연하다.

김구만 남고 임시정부는 잊혀지다

사유재산이기 때문에, 혹은 변형이 심해 문화재적 가치가 적어 굳이 복원할 필요가 없다는 반론도 있다. 실제로 복원에 시큰둥한 반응을 보였던 이들은

이승만 대통령이 살았던 이화장은 서울시가 이화장의 유지보수 비용을 부담하는 등 경교장과 달리 복원 상태가 양호하다.

그 같은 이유를 들어 복원에 반대하거나 아예 관심을 보이지 않았다. 심지어 경교장복원범민족추진위원회 김인수 집행위원장은 "경교장을 복원하자고 목청을 높일 때 관심을 보인 것은 오직 정보과 형사들뿐이었다"고 말할 정도다.

하지만 종로 운현궁과 이화장의 경우만 보더라도 복원은 의지의 문제일 뿐이다. 흥선대원군의 사저이자 고종의 생가인 운현궁은 대원군의 5대손인 이청 씨 소유였으나, 1991년 서울시가 83억 2,000여만 원에 매입해 33억 5,000여만

원을 들여 복원한 뒤 일반에 공개했다. 대학로에 있는 이승만 전 대통령의 사저 이화장 역시 이승만의 양아들 이인수 전 명지대 법정대학장의 소유임에도 불구하고 서울시가 건물 유지보수 비용을 꼬박꼬박 지불해오고 있다. 영구집권을 꿈꾸다 쫓겨난 대통령이라는 부정적 의미도 있지만, 초대 내각회의가 열린 곳이자 주요 정치토론장으로서의 역사성도 가치 있게 보았기에 가능한 결정이었다.

물론 2층 일부라도 미약하나마 김구의 공간으로 돌아왔다는 면에서는 늦은 감이 없지 않지만 긍정적인 변화로 보인다. 그러나 김구라는 '개인'에만 초점이 맞춰진 나머지 임시정부라는 '조직'이 잊혀져버린 것은 여전히 생각해볼 문제다. 지금은 경교장 오른쪽에 새 안내판이 있지만, 최근까지만 해도 경교장 앞에 놓여 있던 표지석에는 "대한민국임시정부 김구 주석이 광복 이후 사시다가 서거한 곳"이라고만 새겨져 있었다. 임시정부라는 조직과 관련한 그 어떤 표현도 없었고, 부분 복원된 백범 기념실만 하더라도 여전히 김구라는 '인물'에만 초점이 맞추어져 있을 뿐이다. 김구만 남고 임시정부는 잊혀져버린 듯하다.

물론 임시정부라고 해서 한계가 없던 것은 아니다. 실질적인 힘이 없다 보니 미군정청을 비롯한 국제사회로부터 인정받지 못했고, 여운형이나 조선공산당 등 사회주의 계열을 포용하는 데에도 성공하지 못했다. 여러 다양한 세력과 두루 친하지 못했고 보수적인 투쟁방식만 고집했던 점도 임시정부가 떨쳐내지 못한 벽이다.

그러나 경교장 1층에 있던 응접실은 1945년 12월 국내에 모스크바 3상회의 결과가 알려지자, 김구를 비롯한 임시정부 국무위원, 각 정당과 단체 대표들이 신탁통치 반대운동을 펴기로 결정했던 곳이다. 뿐만 아니라 미소공동위원회의가 결렬돼 남북이 분단될 가능성이 커지자 "통일만이 우리가 살 길이기 때문

1948년 4월 19일 김구의 북행을 만류하려고 모인 학생(왼쪽)과 결국 북행길에 나서 같은 날 38선 앞에 선 김구 일행(오른쪽).

에 통일을 위해서는 그것이 공산주의자하고 하는 협상이라 해도 마다해서는 안 된다"며 북행을 결의하는 등 통일운동의 구심점 역할을 했던 곳이기도 하다. 당시 임시정부 구미위원장이던 이승만 등과 함께 모여 첫 국무회의를 갖는 등 수차례의 국무회의가 열린 곳도 경교장이었다. 말하자면 경교장은 김구가 생활했던 곳이자 안두희에 의해 암살된 곳, 그 이상의 의미를 지닌 공간이다. 대한민국 임시정부의 '마지막 청사'인 동시에 '반탁'과 '건국', 그리고 '통일' 운동의 중심지였다.

임시정부의 법통을 계승한다지만

한국인, 특히 정치인들에게 "존경하는 이가 누구냐"고 물으면 열에 아홉은 '백범 김구'를 꼽는다. 또 남과 북, 좌우를 통틀어 누구에게도 거부감이 없는 우익지도자로 통하는 인물 중 하나가 김구다. 더욱이 별다른 반대의견 없이 2009년 발행 예정인 10만 원권 지폐의 모델로도 선정됐다. 이승만 정권 시절만 하더라도 《백범일지》가 용공시됐던 점을 생각하면, 정말 상전벽해 같은 변화가 아닐 수 없다.

그러나 병원 현관으로나 쓰이고 있는 경교장을 보고 있노라면, '정부는 3·1운동으로 건립된 대한민국 임시정부의 법통을 계승한다'는 글귀가 우리 헌법의 첫머리에 나오는 그 말이 맞는지 의심하게 된다. 엉뚱한 것은 헌법과 현실의 괴리만이 아니다. 임시정부의 마지막 청사가 이렇게 홀대받고 있는 것을 아는지 모르는지, 오늘도 사람들은 독립운동가들의 뜻을 기린다며 상해 임시정부 청사를 찾아가고 있으니 말이다. 김구 서거 60주년을 얼마 남겨두지 않은 지금, 경교장은 그래서 더 쓸쓸해 보인다.

---

1 애당초 임시정부는 중국에서 환국하면서 청사로 조선총독부 건물이나 덕수궁을 이용할 생각이었다. 그러나 미군정청이 이미 조선총독부 건물을 사용하고 있었고 덕수궁을 내주기를 거부하자, 임시정부는 어쩔 수 없이 경교장을 숙소 겸 사무실로 사용할 수밖에 없었다.
2 김세연은 화신백화점 등을 설계한 박길룡에 이어 두 번째로 경성공업전문학교 건축과를 졸업한 한국 근대건축의 1세대로 꼽힌다. 한국인 최초의 구조계산 전문가였으며, 해방 후에는 대한건축학회 초대 회장 등을 지냈다.
3 장준하,《돌베개》, 세계사, 2001년, 377쪽.

'기록'이 아닌 '기억'에 의지해야 하는 현실

충무로 2가 100번지 '한미호텔'을 찾아

2005년 《교수신문》 등이 분야별 학자 100명을 상대로 조사한 결과, 광복 이후 60년 동안 국내 지성계에 학문적으로 가장 큰 영향을 미친 책으로 마르크스의 《자본론》과 리영희의 《전환시대의 논리》 등이 꼽혔다. 그중에서도 1위로 지목된 책은 1953년 창간된 본격적인 재야 월간지 《사상계》였다. 장준하가 주축이 되어 만든 《사상계》는 이승만과 박정희 등 독재정권에 맞서 싸우던 양심세력을 대변해, 창간호 3,000부가 발간 즉시 매진되는 등 당시 지식인과 학생들로부터 폭발적인 인기를 모았다.

해방 1년 전 학도병으로 징집됐나가 탈출, 광복군 활동을 하다 해방 후에 대한민국 임시정부의 일원으로 환국한 장준하. 내게는 《사상계》도 《사상계》지만 장준하의 《돌베개》도 상당히 기억에 남는 저작이다. 군복무 중이던 지난 2001년쯤 야전훈련 자투리 시간에 읽었던 것 같은데, 수락산에서 의문사를 당한 민주투사라고만 알고 있던 장준하의 개인사는 물론 지리멸렬한 임시정부에 대한 고민과 당시 시대상을 어느 정도 엿볼 수 있게 해준 책이었다.

임시정부 요인 호송작전

중국에 있던 대한민국 임시정부가 환국한 것은 1945년 11월 23일이다.[1] 미군정청이 대(對)한반도 전략상 정부 차원이 아닌 '개인 자격' 입국만을 허락했고 임시정부 내 좌우파간의 대립도 심해, 환국은 해방이 되고도 석 달이 더 지나서야 겨우 이뤄졌다. 우여곡절 끝에 김구와 김규식, 이시영, 장준하 등 제1진 15명이 미군 C-47수송기를 타고 김포비행장에 내려 이동하는 장면을 읽다 보면, 우울하다 못해 그렇게 참담할 수가 없다. 자서전이기에 어느 정도 과장도 있겠지만, 《돌베개》가 아니라면 어디서도 접하기 힘든 '비극의 현장'이다.

"그냥 군용차도 아니고, 밀폐된 장갑차에 분승되어 아무도 모르게 김포비행장을 나왔다. … 차창으로 농부가 보였다. 흰옷 입은 백의의 농민이 소를 몰고 길옆으로 비켜섰다. 나는 태극기를 앉은 채로 올려서 그 농민에게 흔들어주었다. 그러나 이것도 제지당하고 말았다. … 아무라도, 맨 먼저 만나는 농부에게라도, 맞붙잡고 실컷 울고 싶건만, 그러나 우리는 미군의 작전 대상물로 장갑차에 실려 가고 있다. … 소를 앞세우고 무심코 길을 비키는 농부, 그 농부는 아마 미군용차가 많이 지나가는구나, 이렇게 혼자 생각했을지도 모른다. 이 행렬 속에 김구 주석이, 삼천만의 희망이며 혁명투사인 민족의 지도자가 들어 있는 줄은 생각도 못하리라. … 이 답답한 노릇이 조국의 운명을 끝까지 기막히게 할 줄은 미처 몰랐다."[2]

1945년 11월 3일 임시정부 요인들이 환국을 앞두고 찍은 단체사진. 그러나 그들의 환국 길은 결코 평탄치 않았다.

1진의 상황은 그나마 나은 편이었다. 1진이 귀국한 지 열흘 정도 흐른 12월 3일, 이번에는 약산 김원봉과 김성숙, 조소앙, 신익희 등 2진 19명이 환국했다. 이번에는 궂은 날씨 탓에 김포비행장이 아니라 전북 군산비행장을 이용했다. 이들의 서울을 향한 '호송' 역시 더하면 더했지 덜하지 않았다.

"비행장에는 겨우 미군 대형트럭이 나와 대기하고 있었을 뿐이었다. 차가운 날씨에 이분들을 트럭에 몰아 태우고 달리는 미군은, 먼지 이는 시골길을 마구 흔들어대며 달리는 것이었다. … 모두들 손과 뺨살이 얼어 얼얼했고 눈썹과 머리엔 흙먼지가 뽀얗게 얹혔으며, 트럭이 흔들릴 때마다 앞뒤좌우로 시달린 이분들은 모두 차를 내려서 손발을 녹이고 있었다. … 먼지투성이의 한 무리들이 미군 트럭에서 내려 망측스런 꼴을 하고 들어섰을 때 그 여관의 주인이나 사동들도 조금도 이들의 신분을 상상도 못했으리라."[3]

한미호텔은 어디에?

　우여곡절 끝에 귀국한 임정요인들은 경교장(김구, 엄항섭, 안미생 등)과 서대문 4·19혁명기념도서관 자리에 있던 제2의 숙소(이시영, 유동열, 김상덕 등), 그리고 한미호텔 이렇게 세 곳에 나뉘어 머물렀다. 특히 한미호텔에는 김원봉과 김성숙, 조소앙과 신익희, 조경환, 조완구 등 2진 대부분과 장준하 등 수행원 거의 전부가 머물렀다. 그러나 한국인이 기억하는 임시정부의 마지막 근거지는 그나마 김구 일행이 머물렀던 경교장뿐이다. 이마저도 1996년 건물 신축을 위해 헐릴 뻔했다가 가까스로 화를 면했지만, 대부분의 2진 인사들과 수행원들이 머무르며 실무를 보았던 한미호텔을 찾기란 여간 어려운 게 아니다.

　대부분의 관련 자료들은 '한미호텔'이라는 이름은 거론하면서도 그 정확한 위치에 대해서는 언급하지 않았다. 《돌베개》나 김재명의 《한국현대사의 비극》 등에서 장준하는 한미호텔 22호실에, 임시정부 내무차장 등을 지낸 조완구는 2층 59호실에 머물렀다거나 '한미호텔은 명동에 있었다'는 기록 정도만이 나온다. 그 너른 명동을 두고 그냥 '명동에 있었다'니. 과연 한미호텔은 정확히 어디에 있었으며, 지금은 어떻게 쓰이고 있을까?

　무작정 명동으로 나섰다. 자료를 찾을 수 없으니 발품을 파는 수밖에. 일단 부동산 중개업소 등을 찾아다니며 수소문할 생각이었다. 운 좋게 그 동네에서 오랫동안 살아온, 나이 지긋한 '복덕방 할아버지'라도 만난다면 옛 건물을 찾기가 상대적으로 수월하기 때문이다. 하지만 아무리 찾아다녀도 한미호텔을 아는 이는 만날 수 없었다. 강북 최고의 번화가답게 부동산 중개업소도 젊은 사람들 차지였다. 결국 이 방법으로 한미호텔을 찾는 것은 일찌감치 포기하고, 중구청이나 중구문화원 등에 문의했지만, 결과는 별반 다르지 않았다. 이렇게 첫 시도는 실패.

'기록'이 아닌 '기억'에 의지해야 하는 현실

　지푸라기도 잡는 심정으로 인터넷을 뒤적거리고 도서관을 오가며 자료를 모으던 중 평소 알고 지내던 문화재연구가 이순우 선생이 연락을 취해왔다. 해결의 실마리는 그에게서 나왔다. 1937년 간행된 《대경성大京城 사진첩》에 한미호텔 사진이 있다는 것이었다. 사진을 들여다보니 전봇대 뒤로 오늘날의 여관보다 약간 커 보이는 5층짜리 철근콘크리트 건물이 보였다. 한미호텔의 전신인 '혼마치本町호텔'이었다. 사진에는 '혼마치 2정목 100번지'라는 주소도 함께 씌어 있었다.

혼마치가 지금의 충무로 일대를 가리키는 것이고 해방 후에도 도로 체계가 크게 바뀌지 않았으니 '혼마치 2정목'은 지금의 '충무로 2가'일 가능성이 컸다. 사진을 확인하자마자 곧장 명동 동사무소로 달려가 '충무로 2가 100번지'가 어디인지 물었다. 충무로 2가에는 66번지까지만 존재했다. 100번지는 없었다. 1970년대 초 주민등록법을 시행하면서 지번 체계를 조정해 혼마치 2정목 100번지, 즉 충무로 2가 100번지도 사라져버린 것이다. 동사무소 직원은 100번지가 어디로 통합됐는지 당장은 알 수 없다며 구청에 문의하라는 말만 되풀이했다. 그러나 구청의 대답도 마찬가지였다.

여기서 포기해야 할까? 그러기에는 머릿속에 박힌 임시정부 요인들의 환국 장면이 너무 강렬했다. 허탈하게 동사무소를 나오다 바로 옆에 노인정이 있기에 밑져야 본전이란 생각으로 들어가봤다. 임시정부 환국 당시 미군정청의 홀

한미호텔의 전신인 혼마치호텔.

대와는 반대로 일반인들의 기대는 남달랐으니, 당시 한창 나이였을 70~80대 노인들을 만나보면 혹시 무언가 기억하고 있는 것이 있지 않을까 싶었다.

때로 한참을 헤매다가도 우연찮게 답을 얻는 경우가 있다. 일제강점기 때 혼마치 경찰서에서 근무한 적이 있다는 명동경로당 박규원 회장이 "지금 명동 신한은행 건물 자리가 이전에 한미호텔이 있던 자리"라고 일러주었다. "해방 후에도 경찰 일을 계속했는데, 그때 한미호텔에 들락거리는 사람이 하도 많아 기억이 남아 있다"

한미호텔 터에 들어선 신한은행 건물. 뒤늦게나마 신한은행이 한미호텔 관련 사료 찾기에 나섰다.

며 "그런 걸 묻는 사람은 또 처음 본다"는 말도 덧붙였다. 한미호텔이 있었다는 혼마치 2정목 100번지가 현재 신한은행 충무로 지점이 위치한 '충무로 2가 65-4번지'로 바뀐 것이다.

나중에는 이름이 '신도호텔'로 바뀐, 대한민국 임시정부의 마지막 흔적 셋 중 하나인 한미호텔. 그러나 임시정부 내무차장 등을 지낸 조완구가 머물렀다는 한미호텔 2층 59호실도, 장준하가 머물렀다는 22호실도 찾아볼 수 없었다. 임시정부의 중심건물이라는 경교장도 가까스로 명맥을 유지하고 있는 지금, 한미호텔이 제 모습을 유지하고 있을 리 만무했다. 대신 푸른색 유리로 둘러싸인 신한은행 건물만이 우두커니 서 있었다. 해방정국을 거치는 동안 경교장 못지않게 건국운동의 중심지 역할을 한 한미호텔은 변변한 기록 하나 남기지 못하고 사라져버렸다.

그나마 몇몇 사람들의 기억 속에 남아 있다는 것은

명동 일대를 그린 〈추억 속의 혼마치 입구 부근 想い出の本町入口付近〉이라는 지도가 있다. 1995년 오자키 신지 尾崎新二가 쓴 《나는 이제 경성 토박이가 될 수 없다 もう僕は京城っ子には戻れない》라는 책에 실린 것인데, 거리 이름과 전차 노선, 건물 이름이 일목 요연하게 기록되어 있다. 한국은행 자리에 있던 조선은행은 물론 신세계백화점 본점 자리에 있던 미츠코시백화점과 롯데영플라자 자리에 있던 조지야백화점 등 큰 건물은 물론, 이발소나 제과점 등 어떻게 보면 하찮게 여겨지는 상점들까지 빼놓지 않고 그려져 있다. 지금의 명동 지도와 비교해도 해방 후에 새로 난 길만 아니면 도로의 위치나 각도가 거의 일치할 정도로 정확하다. 1937년에 그려진 지도가 이렇다.

같은 해 같은 지역을 그린 〈경성 혼마치 복원 京城本町復元〉이라는 지도는 더욱 세세하다. 이를 테면 키라쿠캉 喜樂館이라는 영화관 옆에 "화면에 항상 비가 내리는 영화 두 편에 30전 정도. 반도 고타로와 이이즈카 도시코, 이치카와 하루요 등이 주연"이라고 적어두었고, 메이지제과점 옆에는 "여기서는 10전으로 맛있는 커피를 즐길 수 있었다. 보통은 15전, 일류점은 20전 정도였다"고 씌어 있을

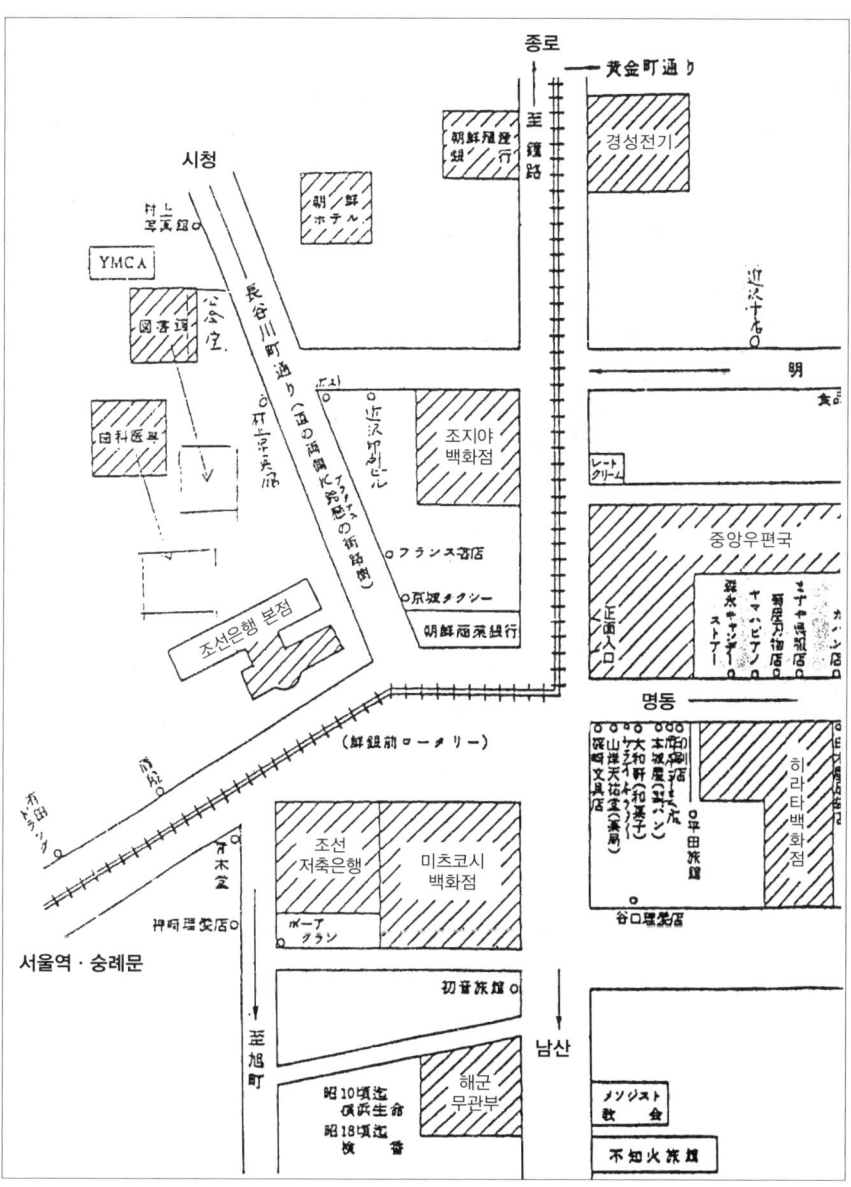

〈추억 속의 혼마치 입구 부근〉이라는 지도의 일부로, 전차 노선과 함께 조선은행과 미츠코시백화점, 히라타백화점 등이 보인다.

정도다.⁴ 지도 본연의 임무에 충실할 뿐만 아니라 당시를 읽을 수 있는 정보까지 함께 기록해 사회문화사적으로도 버리기 힘든 자료다.

해방정국의 소용돌이와 한국전쟁의 혼란 속에서 자료가 훼손되는 것은 어찌 보면 불가항력이다. 그러나 세계 10위 규모의 경제대국으로 성장한 지금도 크게 나아진 것이 없다면 이는 큰 문제다. 있는 자료도 버려지고, 있는 건축물마저도 헐어버리는 마당이니 기록을 토대로 한 연구가 있을 리 없다. 근대건축사 권위자인 목원대 김정동 교수는 '한국 근대 건축물에 대한 자료가 없어 일본을 찾아야만 한다'고 말할 정도다. 채 50년도 되지 않은 역사를 떠올리기 위해 '기록'이 아닌 인간의 '기억'에 의지해야 하는 우리의 현실. 신한은행이 늦게나마 한미호텔에 대한 사료 찾기에 나섰다는 소식이 반갑게 느껴진다.

---

1 해방 직후인 8월 18일, 장준하와 이범석 등 4명의 광복군 장교들이 일본군의 무기 접수와 일본군에 징집된 한국인을 인수하기 위해 미국CIA의 전신인 OSS가 제공한 항공기를 타고 여의도비행장에 내렸던 적은 있다. 하지만 그때는 임시정부의 공식 귀국도 아니었을 뿐더러 일본군으로부터 철수 요구를 받고 하루 만에 다시 중국으로 돌아가야 했다. 장준하는 《돌베개》에서 "조국엘 갔다 오는 것이 아니라 무슨 훈련비행을 마치고 오는 기분인 듯 씁쓸한 심경이었다"고 당시의 느낌을 술회하고 있다.

2 장준하,《돌베개》, 세계사, 2001, 340~341쪽.

3 같은 책, 399~401쪽.

4 가와무라 미나토,《한양·경성·서울을 걷다》, 다인아트, 2004, 106~107쪽.

4부

장소의 재발견

• 모든 집은 와우식으로! 날림공사의 원조 **와우아파트**가 무너지다 • 유스호스텔로 변해버린 **옛 안기부** 건물에서 하룻밤 묵어볼까? • **남산** 중턱에 있던 조선신궁은 서울 어디에서나 볼 수 있었다 • 리라초등학교 뒤에 가면 '군인의 신' **노기를 기리던 신사**가 있다…

모든 집은 와우식으로!

날림공사의 원조 '와우아파트'를 찾아

"혁명이닷, 구악舊惡은 신악新惡으로!
개조改造닷, 부정축재는 축재부정으로!
근대화닷, 부정선거는 선거부정으로!
중농重農이닷, 빈농貧農은 이농離農으로!
건설이닷, 모든 집은 와우식臥牛式으로!"

군부독재의 폭력과 부정부패가 극도로 치닫던 지난 1970년, 시인 김지하가 쓴 풍자시 〈오적五賊〉의 일부다. 그는 이 시를 통해 재벌과 국회의원, 고급공무원, 장성, 장차관을 '다섯 종류의 도적'이라며 그 부패상을 낱낱이 고발한다. 예컨대 '구악'을 척결하겠다며 쿠데타를 일으킨 군사정권이 오히려 '새로운 악'을 구축했으니 바뀐 것 하나 없이 속기만 했다는 것이다. 그런데 그중 '건설' 이야기를 할 때 뜬금없이 나오는 "모든 집은 와우식으로!"는 도대체 무슨 뜻일까?

입주 한 달 만에 붕괴된 와우아파트

　1970년 4월 8일 잘 서 있던 5층짜리 아파트 한 동이 입주가 시작된 지 채 한 달도 안 돼 갑자기 와르르 무너져 내렸다. 서울 마포구 창전동 산 2번지 와우아파트 15동은 1969년 서울시가 37개 지구에 건립한 시민아파트 406개 동 가운데 하나다.

　사고 30분 만에 경찰과 소방대원, 예비군과 미8군 공병대원 등이 출동해 사고수습에 전력을 다했지만, 대형건물 붕괴현장에서 생존자를 찾기란 쉽지 않

하루아침에 폭삭 주저앉아버린 와우아파트 붕괴현장. 붕괴되지 않고 서 있는 옆 동도 가파른 산비탈하며 얇은 기둥이 위태로워 보인다.

은 일이었다. 이 사고로 16가구 주민 73명 중 33명이 사망하고, 40명이 중경상을 입었다. 그중 사망자 1명과 부상자 2명은 와우아파트 바로 밑 판잣집에 살다 아닌 밤중에 홍두깨처럼 화를 당한 가족이다. 그나마 입주 예정이던 30가구 가운데 15가구만 입주한 상태에서 붕괴됐으니 망정이지, 만약 모든 가구가 입주한 상태에서 이런 사고가 났다면 피해 규모를 가늠하기 어려웠을 것이다.

여느 사고가 그렇듯 와우아파트도 붕괴 전에 이미 충분한 징조가 있었다. 13~16동의 입주가 시작된 것은 3월 12일이었는데, 그때 이미 벽에 금이 간 것이 발견됐다고 한다. 그러나 신고를 받은 구청의 반응은 별일 아니라는 투였다. 현장을 확인하러 나오는 공무원도 없었다. 그로부터 일주일 정도 흐른 어느 날, 이번에는 건물 1층까지 금이 가고 있는 것이 발견됐다. 신고가 반복되자 그때서야 사태의 심각성을 느꼈던 것일까? 구청장 등이 직접 현장을 방문해 확인한 후 14동 주민을 다른 곳으로 대피시키고, 4월 6일에는 13동, 7일에는 14동 기둥에 각각 철제빔을 대는 보강공사를 했다. 8일에는 15동에 대한 보강공사가 예정되어 있었다.

15동이 붕괴된 것은 바로 그때였다. 하루만 더 지나면 임시로나마 기둥이 보강됐을 텐데 그 하루를 버티지 못했다. 사람들이 막 잠자리에서 일어나고 있었을 8일 새벽 6시 20분쯤, 15동 전체가 굉음을 내며 폭삭 주저앉았다. 이 일로 '불도저'라 불리던 김현옥은 서울시장직에서 해임됐고[1], 붕괴 위험이 있는 다른 시민아파트 101개 동도 철거됐다. 철거에는 처음 시민아파트 434개 동을 지을 때와 맞먹는 50여 억 원이 들어갔다.

넘쳐나는 판잣집, 그 대안은?

지하철2호선 신촌역 7번 출구로 나가 400미터 정도만 걸으면 기업은행이 보인다. 와우아파트는 그 뒷산 중턱에 있었다. '누운 소'의 모양을 닮았다 하여 '와우산臥牛山'이라 불렸고 거기서 아파트 이름을 따왔는데, 그게 와우아파트의 운명이 될지 누가 알았을까. 누운 소처럼 묵직하게 쓰러져버린 와우아파트.

기업은행 오른쪽으로 난 길을 돌아 금호아파트 옆으로 난 계단을 올라가면 삼성아파트와 와우산 배수지 체육공원에 닿는다. 배수장과 작은 공원, 실내 배드민턴장 등으로 이루어진 체육공원, 당시 이곳에 하룻밤 사이 사라져버린 아파트가 있었다는 사실을 아는 이가 있을까? 그것도 그냥 아파트가 아니라 박정희 대통령이 친히 준공식에 참석해 테이프를 끊을 정도로 축복받은 아파트였다는 사실을 말이다.

서울 시내에 시민아파트 건설 붐이 일기 시작한 것은 1969년에 접어들면서부터였다. 3년도 채 안 되는 기간에 400개 동이 넘는 시민아파트를 지었으니, 김현옥 시장이 '불도저 시장'이란 별명을 괜히 얻은 것이 아니었다. 육군준장 출신의 김 시장이 시민아파트 건설을 마치 군사작전 하듯 저돌적으로 밀어붙인 데에는 남다른 속사정이 있었다. 1964년 9월 대도시 인구집중 방지대책이 발표됐으나 별다른 효력이 없었다. 1960년 전체 인구의 10퍼센트인 244만 명이던 서울 인구는, 1970년 전체 인구의 18퍼센트인 543만 명으로 늘어났다. 불과 10년 사이에 두 배 이상 늘어난 것이다. 그들 중 상당수는 시골에서 일자리를 찾아 올라온 이들이었기에 안정된 주거지가 있을 리 없었고, 당연히 그와 함께 무허가 판자촌과 천막촌이 늘어났다. 당시 "서울시 1백만 평 땅에 14만 5천 채의 판

정부는 무허가 판자촌 문제를 해결하기 위해 변두리로 이주시키는 '배제정책'과 시민아파트를 지어 입주시키는 '포용정책'을 병행했다. 그러나 결과적으로 포용된 빈민은 거의 없었다.

잣집이 널려 있었다"[2]고 한다.

    정부로서는 일단 무허가 판자촌과 천막촌 등을 없앨 필요가 있었다. 두 가지 방법이 동원됐는데, 그중 하나는 빈민을 경기도 광주(현 성남시)나 서울 관악구 신림동과 봉천동, 강북구 미아동, 노원구 상계동 등 변두리로 이주시키는 '배제정책'이었다. 나머지 하나는 서울 시내 각지에 '빈민들도 살 수 있는 수준'의 시민아파트를 지어 입주시키는 '포용정책'. 시민아파트 건립 계획이 나온 지 '6일' 만인 1968년 6월 18일, 제1호 시민아파트인 금화아파트 기공식이 열렸다. 금화아파트는 독립문 네거리에 섰을 때 남서쪽으로 보이는 금화산 중턱에 있었다.

모든 집은 와우식으로!

시민아파트 건설계획의 압권은 누가 뭐라 해도 1968년 12월에 발표된 '69 시민아파트 기본건립계획'이었다. 골자는 '이듬해부터 3년 동안 산비탈 고지대의 판잣집을 헐고 시민아파트 2,000동 10만 호를 짓는다'[3]는 것이었다. 그 집념은 대단했다. 시청 현관에는 "시민 위한 아파트 2,000동, 450만 우리의 용기이다. 훈장이다"[4]라는 구호가 걸려 있을 정도였고, 김 시장은 아침 7시부터 한밤중까지 하루에 무려 16군데의 시민아파트 기공식에 참석하며 건설을 독려했다. 그 결과 1969년 한 해 동안 서울에만 모두 406개 동, 1만 5,840가구분[5]의 아파트가 들어섰다. 김 시장은 그 업적으로 '막사이사이상'[6] 후보로까지 거론됐다.

준비 없이 시작한 공사는 여러 문제를 수반하기 마련이다. 남산아파트에서는 방 안으로 분뇨가 스며들어 화장실 사용이 중지됐고, 월곡아파트에서는 옥상에서 놀던 어린이가 추락했다.[7] 사고가 빈발했던 이유는 다른 데 있지 않았다. 공사비를 아끼기 위해 내부의 전기·상하수도·온돌·화장실·정화조 설치는 물론, 옥상을 비롯한 계단 난간도 입주자가 알아서 설치하도록 했기 때문이다. 당장 먹을 쌀도 없던 입주자들이었으니 공동 시설을 위한 투자에 인색할 수밖에 없었다. 따라서 계단 난간이나 옥상 난간 등을 설치하지 않은 경우가 허다했다.

서울시나 건설사의 비용절감 노력이 여기에 그쳤다면 그나마 다행이련만, 당시는 '무조건 최소의 비용으로 최대의 효과'를 내야 승진도 하고 훈장도 받는 시대였다. 그때는 그것이 '상식'이었다. 33개 건설사가 나눠 맡아 시민아파트를 시공했는데, 그 회사들의 상태는 대부분 부실 그 자체였다. 와우아파트만 하더라도, 13~16동의 시공을 맡은 대룡건설은 그 이전까지 이런 규모의 공사를 한 적이 한 번도 없었을 뿐만 아니라 공사가 끝나기도 전에 부도를 내고 잠적해버렸다. 공사를 끝마친 것은 대룡건설에 커미션 500만 원을 주고 사업권을 따낸 무면허 건축업자 박영배였다. 그는 고급아파트의 평당 공사비가 8~10만 원할 때 그 10분의 1인 1만 1,742원[8]으로 아파트를 짓는 괴력을 발휘했다. 방법은 간단했다. 굵은 철근 대신 얇은 철근 넣고, 시멘트 대신 자갈과 모래를 더 넣었다. 공사 시작 6개월 만에 끝난 공사는 결국 부실로 귀결될 수밖에 없었다.

너무 급하게 공사를 시작하는 바람에 기초적인 측량도 없이 시작된 공사였다. 설계도는 1년 전에 지어진 금화아파트 것을 가져다 조금 변형해 썼다. 공사 현장마다의 특수성이 고려될 리 만무했다. 제대로 된 감리는커녕 구청 담당직원이 뇌물을 받는 등 관리감독마저도 이뤄지지 않았다. 게다가 와우아파트 등 대부분의 시민아파트가 들어선 곳은 산비탈이었다. 와우아파트만 해도 70도의 급경사 위에 지어졌기에, 그 위태위태한 모습은 눈으로 직접 보지 않아도 뻔했다. 평지에 세워도 날림공사라 비난받을 마당에 왜 굳이 이런 비탈을 택한 것일까? 금화아파트 건설 당시 서울시의 한 간부가 김현옥 시장에게 '공사도 어렵고 살기도 어려운데 왜 이렇게 높은 데다 아파트를 짓느냐'고 물었다고 한다. 그러자

시민아파트 건립 사업은 정권 차원에서 추진됐다. 1969년 4월 21일 금화아파트 준공식에 참석한 박정희 대통령.

김 시장 왈, "야 이 새끼들아, 높은 곳에 지어야 청와대에서 잘 보일 것 아냐!"[9]

그때만 해도 서울에 별다른 고층건물이 없었기 때문에 높은 곳에 지으면 멀리서도 볼 수 있는 '선전효과'가 있었다. 실제로 당시 청와대 뜰에서 서쪽을 바라보면 금화아파트의 모습이 정면으로 들어왔다고 한다. "모든 집은 와우식으로!"라는 말은 그렇게 생겨났다.

시민아파트의 진실

지금은 볼 수 없는 와우아파트. 과연 당시 와우아파트의 내부는 어떻게 생겼으며, 어떤 방식으로 운영됐을까? 그 시대에 함께 지어진 시민아파트를 찾아간다면 어느 정도 짐작할 수 있을 것이다.

중구 황학동에 있는 삼일아파트를 처음 찾은 것은 2003년 8월 12일이었다. 낡을 대로 낡아 이미 이사를 떠난 집이 태반인 21동에는 7층에 살림집을 두고 1층에서 '일심부동산'을 운영하는 한귀석 유정화 부부가 살고 있었다. 1970년에 상경한 이들 부부는 줄곧 삼일아파트에서 살고 있다고 했다. 그들의 양해를 얻어 실내를 둘러봤다.

삼일아파트, 아니 당시 시민아파트는 아파트라는 서양식 건물의 형태를 취했지만, 내부는 한옥과 비슷한 구조를 하고 있었다. 한귀석 씨 집만 해도 일단 현관을 열고 들어가면 30센티미터 정도의 턱이 있어 신발을 벗고 마루 위로 올라가야 했다. 3~4미터 폭의 마루 저편에서 다시 두세 개의 계단을 내려가야 부엌에 설 수 있었고, 그 위에는 작은 다락방도 하나 있었다. 난방은 와우아파트처럼 연탄보일러를 땠고, 화장실은 아파트 복도 중간에 있는 공동화장실을 이용했다.

"1970년에 분양받은 걸로 기억하는데, 그때 분양금이 20만 원 정도였지 아마. 일시불이 아니라 15년 동안 갚아나가는 거였는데, 1985년까지 돈을 부었어. 한 달에 2,000원씩 꼬박 15년을 넣었지. 관리나 청소는 입주자들이 돈을 조금씩 모아서 하든지 순번을 정해서 하고 그랬어요."

2005년 9월 청계천 삼일아파트를 찾았을 때에는 이미 두 개 층만 남겨둔 채 모두 헐린 뒤였다. 2008년 1월 현재 그 자리에는 초고층 주상복합아파트가 들어섰다.

    당시 삼일아파트를 비롯한 시민아파트에는 2,000원의 돈을 꾸준히 낼 수 있으면 일단 입주할 수 있었다. 개중에는 그마저도 부담스러운 이들이 적지 않아, 상당수는 입주권을 얻고도 전매해버렸다. 실제로 전매율이 70퍼센트[10]에 달해, 시민아파트의 실입주자 상당수는 빈민 '이상'의 계층이었다. 그들은 며칠 분의 쌀과 연탄만을 구비할 수 있던 빈민들과는 달리, 거의가 장롱이나 가전제품은 물론 피아노에 쌀 한 가마니, 연탄 100장은 들여놓을 수 있는 중산층이었다.[11] 가장 마지막까지 시민아파트의 명맥을 유지하다 2006년에야 철거된 서울

회현동 제2시민아파트 주민 윤태성씨는 개중에는 유명인들도 살았다고 말했다.

"그땐 돈 내는 순서대로 입주권을 줬어요. 그래서 판자촌 사람들보다는 돈 좀 있는 사람들이 살았지. 가수 윤수일 씨랑 은방울자매도 여기 살았어, 서청원 의원도 살았고. 그것뿐인가 KBS가 여기 있던 때에는 피디랑 연예인도 많이 살았지, 중정 요원들도 살고…."

'와우의 추억' 과 오늘

2007년 말 다시 삼일아파트를 찾았다. 그러나 한귀석 씨 집은 찾아볼 수 없었다. 만날 수 없던 것은 비단 한귀석 씨만이 아니었다. 빈민들의 삶은 지금도 고단하다. 그들은 삼일아파트 터에 들어선 초고층 주상복합아파트에 자리를 내주고 영구임대아파트로, 그마저도 지불할 능력이 없는 이들은 옥탑방이나 반지하방으로 뿔뿔이 흩어져갔다.

시민아파트는 애초 목적과는 달리 시민을 위한 것이 아니었다. 독재자의 기호에 맞추기 위해 무리한 위치에 자재도 제대로 넣지 않고 시공된 것이나, 그 과정에서 자행된 각종 비리와 부정부패, 도시빈민의 실질적인 주거 안정에 별다른 기여를 하지 못한 점, 재개발 등쌀에 밀려 다시 쫓겨날 수밖에 없는 처지 등. 사실 '와우식' 시민아파트 건설 사업은 전형적인 전시행정, 졸속행정에 다름 아니었다.

실제로 가수 조영남이 와우아파트 붕괴사고 직후 시민회관에서 〈신고산 타령〉의 일부를 "신고산이 와르르, 와우아파트 무너지는 소리에"로 부른 일이 있었다. 그렇게 노래한 것이 의도적이었는지 실수였는지는 알 수 없으나, 어쨌든

아파트가 들어선 산 중턱에 '날림공사의 원조' 와우아파트가 있었다. 그것이 남긴 교훈을 잊었는지 날림공사는 지금도 여전하다.

그는 경찰이 체포하려 한다는 소문에 도피 생활을 거듭하다 결국 군대로 끌려가고 말았다. 박정희 정권의 역점사업을 그런 식으로 비꼬았으니 곱게 보였을 리 없었을 것이다.

불행하게도 '와우의 추억'이 지금은 걱정할 필요 없는, 흘러간 옛 이야기만도 아니다. 2005년 9월 29일 〈미디어다음〉에는 1997년에 완공된 충남 천안의 한 공공임대아파트에 관한 르포기사가 실렸다. 공공임대아파트 사업은 정부가 꾸준히 추진해온 저소득층 주거안정대책 중 하나다.

"27일 기자가 찾은 이 아파트는 지은 지 8년 된 건축물이라고 믿기 어려울 정도였다. 지하실 바닥에는 물이 흥건히 고여 접근 자체가 불가능했다. 지하실 천장 역시 물에 절어 막대로 긁을 때마다 흙이 떨어져 내렸다. 합선 등 안전사고 위험성 때문에 아파트 자치회는 지하로 내려가는 통로에 철문을 설치해 어린이들의 접근을 막고 있다. … 상황이 심각한 몇몇 세대의 경우 천장이 내려앉았다. 얇은 석면판 천장을 지지하는 나무 막대는 이미 습기에 완전히 썩어 있다. 나무 지지대가 약해지자 천장이 내려앉아버린 것이다."

1997년이면 성수대교가 붕괴된 지 3년 만이고, 삼풍백화점이 무너진 지 2년 만이다. 자기 배 불리느라 부실시공에 여념 없는 건설족들이나, 관리 감독해야 할 공무원들의 직무유기와 전시행정, "모든 집은 와우식으로!"라는 말이 여전히 유효한 한국이다.

---

1 김현옥은 시장직에서 물러난 지 1년 반 만인 1971년 10월 7일 내무부 장관에 임명되어 2년 동안 자리를 지켰다. 당시 그의 별명은 '돌격 장관'이었다(손정목, 《한국 도시 60년의 이야기 1》, 한울, 2005년, 148쪽).
2 허의도, 〈인물탐구·68세의 거울 앞에 선 김현옥 씨: "도시 행정은 시민의 즐거움에 유·무형 재산을 보태는 것"〉, 《월간중앙》, 1994년 12월호, 135쪽.
3 《중앙일보》, 1994년 6월 8일자.
4 손정목, 《한국 도시 60년의 이야기 1》, 한울, 2005년, 251쪽.
5 같은 책, 252쪽.
6 막사이사이상Magsaysay Award은 1957년 비행기 사고로 사망한 필리핀 전 대통령 R. 막사이사이를 추모하기 위해 만든 상으로, 해마다 공공사업과 국제협조증진, 지역사회지도, 언론문화, 공무원 등 5개 부문 수상자에게 각각 5만 달러의 상금과 메달을 수여하고 있다.
7 김희경, 《어처구니없는 한국사》, 지성사, 1996년, 16쪽.
8 손정목, 위의 책, 256쪽.
9 강준만, 《한국 현대사 산책 3》, 인물과사상사, 2004년, 292쪽.
10 박형규 목사 고희기념문집 출판위원회, 《행동하는 신학 실천하는 신앙인》, 사회평론, 1995년, 167쪽.
11 손정목, 《서울 도시계획 이야기 1》, 한울, 2003년, 253쪽.

과거 청산 없는 화해란 있을 수 없다

《야생초 편지》의 저자 황대권과 함께 남산 '옛 안기부'를 찾아

유태인수용소가 아우슈비츠에만 있던 것은 아니다. 독일 뮌헨에서 북쪽으로 16킬로미터 떨어진 다하우Dachau. 제2차 세계대전이 한창이던 지난 1933년 나치스가 세운 최초의 집단강제수용소가 있던 곳으로, 1933년부터 1945년 4월 연합군에 의해 해방될 때까지 이곳에서만 3만 5,000여 명에 이르는 유태인이 학살됐다. 특히 다하우수용소는 생체실험이 행해진 최초의 집단수용소인데, 심지어 '인간 기름을 짜서 비누와 사료를 만들었다'는 이야기까지 전해진다.

1999년 그곳을 찾았을 때에는 요란한 치장을 배제하고 폭격을 견뎌낸 건물을 그대로 복원해, 소박하지만 많을 때는 하루 3,000~4,000명이 찾는 기념관으로 변해 있었다. 유태인 탄압 장면을 찍은 사진과 영상, 각종 고문도구와 공동화장실 등 생활시설을 전시했다. '비극의 현장'을 '평화기념관'으로 만든 것은, 전쟁 경험이 없는 후대에게 평화와 인권 그리고 휴머니즘을 교육하는 데 이곳보다 적절한 장소가 없다는 이유였다. 한때 유태인은 물론 동성애자와 정신장애

자, 공산주의자 등 '소수'에 대해 무차별적인 폭력을 휘둘렀지만, 지속적이고 진실 어린 반성을 통해 국내적으로는 물론 주변국과의 갈등을 씻어가고 있는 독일. 그들은 과거의 오류를 철저하리만큼 드러내는 데서 그 극복을 향한 발걸음을 내딛고 있었다.

유스호스텔로 바뀐 인권유린의 현장

민주화실천가족운동협의회(민가협) 채은아 전 총무로부터 전화를 받은 것은 다하우수용소 등을 돌아본 지 4년 만인 2003년 여름이었다. 통일운동가 백기완의 장녀이기도 한 성공회대 백원담 교수와 인권운동사랑방 박래군 사무국장과 함께 안기부가 있던 남산에 가려고 하는데 동참하겠냐고 했다. 특히 이번 답사에는 13년 2개월 동안 양심수 생활을 한 《야생초 편지》의 저자 황대권 씨도 동행한다고 했다. 그들의 공통점이라면 '안기부의 추억'이 남 일이 아니라는 점이다.

소련에 KGB가 동독에 슈타지가 있었다면, 한국에는 중앙정보부가 있었다. 1961년 쿠데타로 정권을 장악한 박정희 소장이 '국가 안전보장에 관련되는 국내외 정보사항 및 범죄수사와 군을 포함한 정부 각부 정보수사 활동을 조정 감독하기 위해' 국가재건최고회의 산하에 설치했던 중앙정보부. 그것이 처음 세워진 곳은 한국예술종합학교가 있는 성북구 석관동 산 1-5번지 의릉¹ 일대였다. 석관동 청사의 경우에는 흔히 '나는 새도 떨어뜨린' 던 'KCIA'를 가리키는 말과는 연관성이 다소 떨어진다. 국내 정치와 대공 분야를 담당하며 전사회적인 공포를 조장했던 부서들은 석관동 청사가 아닌 남산에 있었기 때문이다.

안기부가 떠나간 건물은 각각 TBS교통방송(위)과 서울시 별관(아래 왼쪽), 문학의 집(아래 오른쪽) 등으로 쓰이고 있다. 특히 문학의 집은 안기부장 관사를 개조한 것이다.

1980년 쿠데타를 통해 집권한 전두환 정권 들어 '국가안전기획부(안기부)'라고 이름만 바꾼 채 계속해서 정권의 파수꾼을 자임한 중앙정보부. 얼마나 고문이 심했으면 '육국肉局'이라고까지 불렸을까. 중앙정보부 내에서도 국내 정치사찰 담당 '6국'이 있던 곳은 지금은 서울유스호스텔로 변한 중구 예장동 산 4-5번지 일대다. 지금 건물들은 1972년 12월에 들어섰는데, 일제강점기 때는 조선총독 관저가 있던 곳이기도 하다.

지금이야 공원으로 개방해 일반인들이 자유롭게 지나다닐 수 있지만, 안기부가 1995년 서초구 내곡동으로 이사하기 전까지만 해도 상황은 달랐다. 신혼 시절이던 1994년 '구국전위 사건'[2]으로 안기부로 끌려간 적이 있는 박래군 사무국장에 따르면 "그때까지만 해도 퇴계로에서 TBS교통방송[3]으로 들어오는 굴다리 아래부터 이미 전경들이 진을 치고 있었다"고 한다. 지리적으로 움푹 들어간 곳에 있는 데다 다른 국가기관과 달리 산길을 뱅뱅 돌아가야 할 정도로 조용한 구석에 서 있어, 웬만해서는 산 아래에서는 잘 보이지 않는 옛 안기부. 백원담 교수는 "아버지가 안기부로 끌려간 날이면 문 앞까지 와서 아버지 내놓으라고 소리를 질렀던 기억이 있다"고 덧붙였다. 불과 20~30년 전의 일이다.

옛 안기부 본관은 겉모습만 놓고 보면 그다지 특별하지 않지만 지하로 내려가면 이 건물의 과거를 보여주는 구조물과 맞닥뜨리게 된다. 100여 미터 떨어진 지하시설물과 이어져 있는 지하통로인데, 통로를 따라가면 서울종합방재센터 상황실에 닿는다. 안기부가 내곡동으로 옮겨갈 당시 남아 있던 건물 41개 동 가운데 하나로, 지하 수감시설이 있던 곳이다. 심지어 남산 1호 터널 근처로 연결되는 지하 대피로까지 있다. 방재센터는 누구라도 신청만 하면 들어가 볼 수 있는데, 지금은 커다란 전광판과 모니터들이 차지하고 있을 뿐 비명 서린 과거는 찾아보기 힘들다.

땅 속에 자리 잡고 있어 지상에서는 출입구만 보이는 방재센터 상황실을 나서면 곧 남산 허리를 따라 길게 이어져 있는 터널이 나온다. 연이어 두 개의 거대한 터널이 뚫려 있는데, 지리적 여건이나 규모를 보면 혹 남산 1~3호 터널처럼 유사시 방공호로 쓰기 위해 만든 것은 아닐까 하는 생각이 든다. 도로 하나를 사이에 두고 마주 보고 있는 남산한옥마을만 해도 1991년까지는 수도방위사령부(수방사)가 있던 곳이었으니, 전략적 중요성에서 볼 때 불가능한 이야기도 아니다.

그는 그렇게 간첩이 되었다

서울농대를 졸업하고 미국에서 '제3세계 정치학'을 공부하던 중 '구미유학생 간첩단 사건'에 연루되어 1985년 6월 안기부로 끌려가 62일 동안 온갖 고문을 받았던 황대권 씨. 무기징역형을 받았던 그는 1998년 광복절 특사로 석방될 때까지 13년하고도 2개월 동안 대구와 안동, 대전교도소 등을 전전해야 했다. 터널을 지나 도착한 옛 안기부 별관을 바라보던 그는 감회에 젖었다. 지금은 서울시 산하 단체가 입주해 있지만, 황 씨는 물론 과거 안기부로 끌려갔던 대부분의 사람들이 고문을 받던 곳이다.

"방학이 되어 잠시 귀국했을 때 갑자기 안기부로 끌려갔어요. 미국에 있을 때에는 공부하느라 정신이 없었는데, 귀국하자마자 안기부로 잡혀간 것이죠. 당시에는 도대체 왜 끌려가는지조차 알 수 없었어요."

그가 끌려가는 데 있어 이유는 중요하지 않았다. 1985년 9월 9일 안기부는 양동화 등이 평양을 방문해 지령과 공작금을 받아 국내에 들어와 간첩활동을 했다고 발표했다. 이른바 '구미유학생 간첩단 사건'으로, 당시 전두환 정권은 '한국의 학생운동은 북한의 사주를 받아 이루어지고 있다'며 대대적인 선전을 했다. MBC는 안기부의 발표가 있던 다음날 이와 관련해 〈보도특집—학원에 뻗친 붉은 손길〉이라는 프로그램을 방영했는데, 프로그램은 안기부 발표보다도 빠른 9월 1~2일에 사전 촬영된 것이었다. 당연히 사건 자체가 정권에 의해 조작됐다는 의혹이 끊이지 않았다. 2001년 6월 MBC가 다시 〈이제는 말할 수 있다〉를 통해 이 사건이 안기부 등 국가기관에 의한 조작극이었다고 폭로했으나, 황대권을 포함한 피해자들은 이미 인생의 황금기인 30~40대를 교도소에서 보낸 후였다.

"당시 이 건물의 지하실은 복도를 중심으로 양쪽으로 화장실이 딸린 4~5평 크기의 취조실 10여 개가 늘어서 있었어요. 밖에서만 안을 들여다볼 수 있는 창문도 있었고요. 한층 더 내려가면 유치장이 있었던 것 같고, 더 내려가면 고문실이 있었던 것 같습니다. 말이 수사지 고문의 연속이었는데, 구치소로 갈 때까지 햇빛을 본 기억이 없어요."

아직도 그대로인 것은 지하실의 음습함뿐인 듯 취조실이나 유치장 등의 흔적은 찾아볼 수 없었다. 지하공간을 가르던 벽과 집기들도 모두 철거되어 뻥 뚫린 지하광장처럼 변해 있었다. 유치장 벽에 '민주주의 만세' 등 끌려온 사람들이 새겨놓은 문구도 있었다지만 역시 찾아볼 수 없었다.

온갖 고문이 행해졌던 안기부 별관 지하. 그러나 지금은 어떤 흔적도 남아 있지 않다.

"검은 천으로 눈이 가려진 채 지하실로 끌려 내려갔습니다. 습기로 축축한 지하에서 눈가리개를 탁 풀면 욕조와 의자, 탁자가 하나 있는 좁은 방이 보여요. 나는 완전히 발가벗겨져 욕조에 눕혀졌고, 수사관들은 내 코와 입을 물 적신 수건으로 막았죠. 그리고 거기에 대고 샤워기를 틀어댔어요. 질식할 것 같아 발버둥치는 나를, 그들은 구둣발로 찍었고 "너 같은 놈은 이러다 죽어도 조사받다 죽었다고 하면 그만이야!"라는 말이 들려왔습니다. 마치 나락으로, 지옥으로 떨어지는 것 같은 느낌이었습니다."

장 폴 사르트르는 "고문의 목적이 오직 자백과 밀고의 강요에만 있는 것은 아니다. 희생자는 자기 자신을 모멸해야 한다. 자신의 비명소리와 자신의 굴종에 의해, 동물처럼 그 자신과 모든 이들의 눈앞에서 고문에 굴복하는 그는 단지 입이 열려지게 될 뿐만 아니라 인간 이하의 인간으로 낙인찍히게 되는 것이다" 라고 말한 바 있다. 황대권 역시 의자에 몸을 결박당한 채 물고문을 당하거나, 아내를 데려다가 협박하고, 성기를 책상 위에 올려놓고 각목으로 내려치는 등의 고문을 당할 때면 "(안기부가 만든 진술서에) 원하는 대로 도장 찍어줄 테니 제발 나를 죽여 달라"고 할 정도로 무너졌다.

"진술과 번복을 거듭하다가 결국 버티기를 포기한 건 비녀 꽂기 때문입니다. 무릎을 꿇게 한 다음 팔을 무릎 바깥에 두고 무릎과 팔 사이에 마치 비녀를 꽂듯 각목을 끼워요. 그 다음에 팔목과 각목을 묶어 허공에 대롱대롱 매다는 거죠. 쉴 틈도 없이 코에 물을 계속 들이붓고…. 몸부림을 치면 칠수록 각목이 몸을 파고들었고, 물은 폐로 넘어갔습니다."

간첩 잡기보다 만들어내는 데 더 능숙하다

안기부의 불법연행과 고문 등 합법을 가장한 폭력이 황대권의 경우에만 그쳤던 것은 아니다. 1973년 서울대 최종길 교수가 '유럽거점 간첩단 사건'에 관한 수사협조를 요청받고 스스로 찾아가 조사를 받던 중 사흘 만에 변사체로 발견됐다. 중앙정보부는 '간첩혐의를 자백한 뒤 양심의 가책을 못 이겨 중앙정보부 7층에서 투신자살했다'고 발표했지만, 지난 2002년 의문사진상규명위원회는 "최종길은 민주화운동과 관련하여 위법違法한 공권력의 행사로 인해 사망했음을 인정한다"고 밝혔다.

뿐만 아니라 간첩을 잡아야 할 우리 정보기관들은 간첩을 만들어내는 데에도 능숙했다. 민청학련 사건(1974년)[4]과 제2차 인혁당 사건(1975년)[5] 등을 통해 모두 1,200여 명을 구속하고 그중 여덟 명은 사형선고 18시간 만에 가족에게 알리지도 않은 채 사형을 집행한 일이나, '불법 지하 용공서클을 결성해 대한민국의 헌법질서를 부정하고 사회주의 실현을 획책했다'며 한명숙 초대 여성부장관과 신인령 이화여대 총장 등을 구속한 '크리스천아카데미 사건'(1979년) 등 굵직굵직한 사건만 해도 그 수를 헤아리기 힘들다. 국가와 국민을 위해 봉사해

간첩을 잡아야 할 우리 정보기관은 간첩을 만들어내는 데에도 능숙했다. 사진은 1964년 8월 14일 '제1차 인혁당 사건'의 전모를 발표하고 있는 김형욱 중앙정보부장.

야 하거늘, 독재자 1인의 사병私兵이 되기를 자처한 증거들이다.

명망가만 안기부의 희생물이 됐던 것도 아니다. 다섯 살 이후로 만나본 적도 없지만, 한국전쟁 때 아버지가 월북했다는 이유로 안기부로 끌려가 성기고문 등을 당해야 했던 박동운씨 사건(1981년). 당시 안기부가 '아버지에게 포섭돼 간첩활동을 했다'는 증거가 없자 "박동운이 무전기와 난수표 등 모든 증거를 망치로 때려 부쉈다"며 유일한 증거물로 '망치'를 제출했던 웃지 못할 사건이다. 하지만 박 씨 본인이 무기징역을 선고받은데다 박 씨의 어머니와 동생, 숙부도 실형을 선고받아 함께 복역했다는 점에서, '시대의 불운이었다'며 간단히 넘어갈 수 있는 문제가 아니다.

안기부는 갔어도 감시는 끝나지 않아

1991년 안기부라는 이름을 국가정보원으로 바꾸며 이미지를 쇄신하려는 노력을 보인 이후 '국가안전보장'이라는 미명 아래 자행된 인권유린은 상당히 줄어든 것이 사실이다. 그러나 이 땅에 수십 년 동안 민주주의와 인권을 유린하며 생지옥을 연출했던 '남산'의 과거가 말끔히 해소된 것도 아니다. 한 번 낙인찍힌 자는 고문이 끝나도, 교도소를 나와도 '좌경용공'이라는 주홍글씨를 달고 다녀야 했다. 황대권의 경우만 하더라도 1998년 출소 이후 2004년 6월까지 무려 6년 동안 '보안관찰처분'을 받았다. 3개월마다 경찰서에 가서 '나 조용히 잘 살고 있다'고 보고해야 하는 등 '창살 없는 감옥' 생활을 계속했던 것이다.

그렇다고 보호관찰처분이 균등하게 적용된 것도 아니다. 안기부가 황 씨에게 씌웠던 혐의보다 더욱 위험한, '군사반란 및 내란죄'로 1심에서 각각 '사형'

과 '무기징역형'을 받은 전두환과 노태우 두 전직 대통령이 보호관찰을 받고 있다는 이야기는 들어본 적이 없다. 보안관찰 대상자인 정화려 씨가 1999년 '반란죄를 지은 전두환과 노태우 전 대통령은 왜 보안관찰을 받지 않는지 이유를 알고 싶다'며 법무부에 정보공개를 청구했지만, 기밀사항이라는 이유로 끝내 거부됐다. 군사반란 및 내란죄를 지은 전·노 씨 등도 보안관찰처분 대상에 해당되지만, '성공한 쿠데타' 앞에서는 보호관찰법도 맥을 추지 못하는 모양이다.

반인륜범죄에 대해서는 공소시효 적용을 배제한다는 관례를 세계적으로 인정하고 있으나, 한국에서만은 예외다. 민주화가 어느 정도 진행된 후에 안기부의 반인륜적 범죄에 대한 고소고발이 있었으나, '음지에서 양지를 지향한다'는 '이름 없는 수사관'들은 묵묵부답이었고, 사법당국 역시 소극적일 뿐이었다. 황대권 등 구미유학생 간첩단 사건으로 수감 중인 장기수 여덟 명이 1995년 '고문에 공소시효를 적용하는 것은 부당하다'며 헌법소원을 냈지만, 헌법재판소는 이마저 각하시켰다.

갑오개혁 시절부터 지금까지의 민중운동을 묘사한 〈민족해방운동사〉라는 걸개그림을 북한에 보낸 혐의로 1989년 구속됐던 화가 홍성담 씨의 경우도 마찬가지다. 직접 안기부 수사관들의 몽타주까지 그려 고소했으나, 검찰은 수사조차 하지 않고 사건을 종결시켰다. 간혹 해당 수사관들을 불러다 조사를 하는 경우도 있기는 했지만, 거개가 공소시효 5년[6]을 허비해 유야무야되기 일쑤였다.

과거 청산 없는 화해란 있을 수 없습니다

2008년 초 다시 남산 안기부 터를 찾았다. 4년 전 처음 이곳에 왔을 때와는 분위기가 사뭇 달랐다. 건물 골격은 그대로였지만, 바깥벽은 마치 과거의 어두운 기억은 잊고 싶다는 듯 투명 유리로 바뀌었다. 중학생 또래로 보이는 친구들이 건물 마당에서 공놀이를 하는 등 분위기도 훨씬 자유로워 보였다. 2006년 2월 서울시가 옛 안기부 건물을 리모델링해 서울유스호스텔로 문을 연 것이다.

서울시가 옛 안기부 본관을 유스호스텔로 사용하기로 결정하기 전부터, 이곳을 인권기념관이나 민주주의기념관 등으로 꾸미자는 의견도 있었다. 옛 안기부 건물은 민주화의 역사를 단적으로 보여주는 장소이자 독재 권력의 상징 같은 곳이기 때문이다. 또 민주화라는 것이 그것을 직접 경험한 세대에게는 '가까운 과거'지만, 나와 같은 젊은 세대에게는 책에서나 읽을 수 있는 '먼 과

옛 안기부 건물을 민주주의기념관 등으로 만들자는 의견이 있었으나, 결국 안기부 본관은 유스호스텔로 쓰이게 됐다.

과거 청산 없는 화해란 있을 수 없다 255

거'이기 때문이기도 하다. 이곳은 살아 있는 역사교육의 장, 그 자체만으로도 매우 중요하다.

그럼에도 지금 여기에는 안기부는커녕 인권이나 민주주의와 관련한 어떠한 시설도 남아 있지 않다. 서울시는 "옛 안기부 터를 포함한 남산이 녹지로 묶여 있기 때문에 도시공원법에 따라 다른 용도로 이용하기에는 현실적으로 힘들다"는 대답뿐이었다. 서울시가 말하는 '다른 용도'에 인권이나 민주주의가 지닌 가치의 중요성은 없나 보다.

해외 사례는 어떨까. 폴란드의 아우슈비츠수용소나 독일 슈타지박물관은 말할 것도 없고, 중국의 난징 대학살기념관이나 일본의 히로시마 평화기념관, 베트남의 타이거 감옥 등은 모두 역사의 '현장'이자 상징성이 높은 곳에 기념시설을 마련한 경우다. 2001년 해외 인권기념관들을 직접 방문 조사한 푸른시민연대 문종석 대표는 "킬링필드로 유명한 캄보디아의 경우 학살이 이루어졌던 수용소를 기념관(뚜얼슬랭박물관)으로 조성해놓았다"며, "안기부 건물과 지하벙커가 지금도 남아 있는 만큼 인권관련 시설로 만드는 것이 안기부 이전과 국정원으로의 개명 취지를 살리는 길"이라고 비판했다.

언제부터인가 '기억상실'이 당연시되는 우리 사회. 어두운 역사라는 것은 덮어버린다고 해서 잊혀지는 게 아니다. 부끄럽고 슬픈 역사도 분명 우리의 역사다. 고통의 역사를 기억하려는 이유는 그러한 일을 되풀이하지 않기 위해서다. 지금 우리는 역사적 성찰을 통해 한 걸음 더 전진할지 아니면 과거로 퇴보할지 중대한 갈림길 앞에 섰다. 그런 면에서 독일의 경우는 시사하는 바가 크다. 다하우를 비롯해 작센하우젠과 부헨발트 등에 복원된 40여 곳의 강제수용소 등 전국에 걸쳐 100여 개에 가까운 시설을 만들어 과거의 상흔을 극복하려고 노력

하는 독일. 리하르트 폰 바이츠제커 전 독일 대통령은 패전 40주년이 되던 지난 1985년, 국회 연설에서 이런 말을 남겼다.

"우리는 과거 역사를 오늘의 시점에서 되돌아보고 그런 슬픈 역사는 되도록 빨리 잊어버리려고 합니다. 그러나 과거 역사를 덮어두면 오늘의 역사를 보지 못하는 장님이 되고 맙니다. 마음이 아프더라도 과거의 쓰라린 역사를 마음속으로 끊임없이 되새겨서 그것이 확실하게 기억되도록 합시다. 그러면 거기서 화해라는 것이 나옵니다. 과거 청산 없는 화해란 있을 수 없습니다. 과거의 뼈아픔을 절대로 피해서는 안 됩니다."

---

1 조선 제20대 왕인 경종(1721~1724)과 계비 선의왕후 어 씨의 능.
2 1994년 안재구 등 조선노동당의 남조선 지하당 요원들이 '구국전위'를 만들어 남한 정치와 노동, 대학가 상황을 북측에 정기적으로 보고했다는 사건. 그러나 당시 재판부가 이 사건으로 구속된 23명 가운데 16명은 구국전위와 전혀 관계가 없는 사람들이라고 판단하는 등, 공안기관의 무리한 수사였다는 비판도 제기됐다.
3 현재 TBS교통방송이 입주해 있는 건물도 안기부 시절 남아 있던 41개 동의 건물 중 하나다. 교통방송 외에 문학의 집(안기부장 공관)과 산림문학관(안기부장 경호원 숙소)을 비롯해, 소방방재본부, 뉴타운사업본부 등이 안기부 건물을 그대로 쓰고 있다.
4 전국민주청년학생총연맹(민청학련)을 중심으로 지하 공산세력과 조총련계열, 국내 반정부인사 등이 결탁해 정부 전복을 위한 민중봉기를 획책하고, 4단계 혁명을 통해 노동자와 농민에 의한 공산정권 수립을 기도했다며, 1974년 180명을 구속기소한 사건이다.
5 인민혁명당이 대한민국을 전복하라는 북한의 노선에 따라 각계각층의 인사들을 포섭해 당 조직을 확장하려다 들켜 체포됐다고, 1975년 중앙정보부가 발표한 사건. 그러나 2007년 1월 열린 재심 선고공판에서 서울중앙지법은 사형이 집행된 여덟 명에게 무죄를 선고해 법적으로 명예를 회복시켜주었다.
6 1993년 안기부법 개정 이전 사건의 공소시효는 7년이다.

진정한 민족대표는 누구인가?

인사동 '태화관' 터를 찾아

배우 송강호와 김혜수 주연의 〈YMCA야구단〉(2002년)이란 영화가 있었다. 극 전개는 다소 억지스럽기도 했지만, 조선 최초의 야구단을 소재로 나름대로 당시 모습을 재현하는 데 애를 쓴 흔적이 엿보였다. 그 가운데서도 송강호가 '베쓰볼'을 따라 짐짓 는질맞은 태도로 월담해 들어간 집이 유난히 눈에 띄었다. 편액이 한자로 씌어 있어 그냥 지나치기 쉽지만, 그 집에 걸려 있던 편액은 다름 아닌 '태화관泰和館'. 대한제국 말기 조선에 진출한 YMCA 선교사들의 임시 회관으로, 선교사 질레트Philip L. Gillett에 의해 '조선 최초의 야구단'인 황성 YMCA야구단이 만들어진 곳이다.[1]

그렇다고 태화관이 한국 야구의 시발지이기만 한 것은 아니다. 민족해방운동의 일대 분수령이 된 3·1운동과도 밀접한 관련이 있는 곳이었기에 한번 집중된 시선을 쉽게 거두기 힘들었다. YMCA 임시회관을 거쳐 1918년 2층 양옥으로 개축돼 고급 음식점 명월관의 지점으로 쓰이던 태화관에서는, 이듬해 이른바 민족대표들의 조선독립 선포식이 열렸다.

학생들이 시작한 3·1운동

거사일은 3월 1일로 정해졌다. 애초 예정일은 고종의 인산(因山)일인 3월 3일이었으나, 자칫 불경스러울 수도 있는데다 2일은 기독교인들이 중시하는 주일이었기에 어쩔 수 없이 1일로 낙점됐다. 독립선언서도 조계사 뒤에 있던 보성사普成社에서 2만 장이 넘게 비밀리에 인쇄되어 전국 각지로 배포된 상태였다. 학생대표들도 인사동 초입에 있는 승동교회를 아지트 삼아 거사 준비를 끝마쳤다.

아직 쌀쌀한 겨울 추위가 남아 있었을 1919년 3월 1일, 탑골공원은 이른 아침부터 사람들로 붐비기 시작했다. 고종의 국장에 참석하기 위해 지방에서 올라온 사람들까지 겹쳐 발 디딜 틈이 없었다. 그런데 거사 예정시각인 오후 2시가 다 되도록 '민족대표 33인'의 모습은 보이지 않았다. 만세시위가 막 시작

학생 대표들은 탑골공원에서 멀지 않은 인사동 승동교회를 중심으로 3·1운동을 준비했다.

될 참인데 지도자들이 나타나지 않다니, 일제의 야만적인 무단통치를 10년 넘게 감내해왔는데 더 기다려야 하나? 견디다 못한 경신학교 졸업생 정재용[2]이 낮 2시 반쯤 탑골공원 중앙에 있는 팔각정에 올라 직접 독립선언서를 낭독함으로써 역사에 남는 3·1독립만세 시위가 시작됐다. 곧이어 3,000~4,000명의 학생들이 서울 요소요소로 뛰쳐나갔다.

시위는 늦가을 들불처럼 번져나갔다. 3월 5일 남대문역(서울역의 전신) 근처에서는 지방에서 올라온 학생들까지 가세한 대규모 상경 집회가 열렸다. 고종의 국장을 마치고 귀향하는 이들도 함께했다. 이날부터는 종래 학생 참가자의 대다수를 이루던 중등학교 이상의 학생뿐만 아니라 보통학교 학생까지 합세하면서 만세시위 열기는 점점 뜨거워져갔다. 만세시위는 일제의 강력한 탄압으로 운동이 사그라지는 5월까지 온 조선반도를 달궜다. 박은식의 《한국독립운동지혈사》에 따르면 사람들은 5월 말까지 만세시위에 참가했으며, 집회인수 2백 2만 3,098명, 목숨을 잃은 사람이 7,509명, 부상자가 1만 5,961명, 구속된 사람이 4만 6,948명에 이르렀다고 한다. 이 숫자는 일제가 낸 통계인데다가 전국에서 살상과 방화가 잇따랐기에 실제로 사상자나 피검자 수는 훨씬 더 많았을 것으로 보인다.[3]

이후 4·19혁명이나 6·10민주항쟁 때도 그랬듯, 3·1운동 당시에도 학생들의 역할이 절대적이었다. 탑골공원을 그득 메운 사람 대부분이 학생이었다. 상당수 학생이 오전 수업만 마친 후에 학교 단위로 자리를 채우거나, 아예 등교를 거부하고 시위 대열에 동참하기도 했다. 김원벽이나 한위건 등 학생대표들의 역량도 뒷받침이 됐다. 운동을 이끌 지도자로 여겼던 민족대표들이 정작 소극적인 모습을 보였을 때, 이들 학생대표들은 조직력을 갖춘 거의 유일한 존재였다.

민족대표들은 어디에

학생을 비롯한 인민이 목숨을 담보로 만세시위를 벌이고 있을 때 '최후의 일인까지 최후의 일각까지'를 외쳤던 민족대표들은 어디서 무얼 하고 있던 것일까? 태화관이 있던 종로구 인사동 194-27번지 태화빌딩 앞에는 '삼일독립선언유적지'라 새겨져 있는 바위가 한 개 서 있다. 1982년에 만든 것을 1997년에 다시 세웠는데, 뒷면에 이런 글귀가 쓰여 있다.

태화관 자리에 들어선 태화빌딩과 독립선언 표지석.

> "…기미년 삼월일일 정오 탑골공원에서 터진 민족의 절규와 함께 민족대표 일동은 여기 명월관 지점 태화관에서 대한독립을 알리는 식을 거행하는 동시에 미리 서명해 두었던 선언서를 요로에 발표하고 급히 달려온 일경들 앞에서 대한독립만세를 제창하고 일제히 사로잡혔다. …"

"대한독립을 알리는 식을 거행"했다고는 하나 어디에도 '무슨 이유로 만세시위에 동참하지 않았는지'에 대한 이야기는 없다. "일제히 사로잡혔다"는 말에서 왠지 모를 비장함이 느껴지지만 그것이 자수에 따른 것이었다는 설명은 없다.

3·1운동 당시 이른바 민족대표라고 불렸던 이들이 모였던 태화관.

당시 태화관 처마 한쪽에는 태극기도 내걸렸다. 음식점으로 쓰이기 전에는 이완용의 별장으로 이토 히로부미를 불러 정사를 논하기도 했다는 점에서, '매국의 현장'을 '독립의 현장'으로 극복한다는 의미 부여도 할 만했다. 그러나 거기까지였다. 한용운이 독립운동의 결의를 다지는 의미에서 만세삼창을 한 후에 독립선언서를 낭독하려 했으나, 어차피 내용을 다 아는데 굳이 낭독할 필요가 있느냐는 지적에 따라 독립선언서 낭독은 '생략' 됐다. 이어진 것은 '자수'였다.

축배를 든 민족대표 29명은 총독부 정무총감 야마가타 이자부로山縣伊三郞에게 전화를 걸어 독립선언 사실을 알렸다. 태화관에 모여 있으니 연행해 가라는 뜻이었다. 얼마 지나지 않아 60여 명의 헌병과 순사들이 태화관에 들이닥쳤고, 29명의 민족대표는 경찰이 보낸 차에 태워져 남산에 있던 경무총감부와 지금의 중부경찰서 등으로 모두 연행됐다. 저녁 무렵에는 길선주 등 미처 태화관에 도착하지 못했던 나머지 4명도 경찰에 자진 출두했다. 인사동 골목 300미터를 사이에 두고 탑골공원과 태화관은 이처럼 상반된 분위기였다.

대내외에 독립의지를 알리는 데 그치지 않고 계급과 신분을 뛰어넘은 '조선인' 전체의 항일운동이었다는 점과, 이후 만주에서의 무장독립투쟁과 임시정부를 수립하는 밑거름이 됐다는 점에서 그 어떤 민족해방운동보다 남다른 면이 있는 3·1운동. 그러나 언필칭 민족대표들의 행보에는 다소 이해하기 힘든 구석이 많다.

사실 민족대표들은 3월 1일 이전에 이미 일본 정부와 귀족원, 중의원 등에 독립선언서와 독립통고문을 보냈고, '민족자결주의'를 주창한 미국 대통령 윌슨Woodrow Wilson에게도 독립 의지를 알려둔 상태였다. 민족대표들은 정말 일본이나 미국이 순순히 우리의 요구를 들어주리라 생각했던 것일까? 일제가 순순히 물러갈 까닭이 없는데다, 민족자결주의라는 것도 미국 등 제1차 세계대전 승전국들이 패전국들이 갖고 있던 식민지에 대해 권리 주장을 하기 위한 술수에 불과했다. 이미 '가쓰라-태프트 밀약'[4]을 통해 일본의 조선 통치가 인정된 상태에서 민족자결주의는 한낱 미사여구에 지나지 않았다. 민족대표들의 대외인식이 순진했다고 넘어가기에는 그 과오가 너무도 크다.

결과적으로 일제의 처벌은 투쟁 강도에 비례했다. 만세시위에 동참한 학생과 민중 7,500여 명이 숨졌고, 목숨을 부지한 사람들 중에도 십 수 년이 넘는 형량을 선고받은 이들이 부지기수였다. 당시 열여섯 살이던 유관순만 하더라도 7년형이라는 중형을 받고 복역하다 결국 모진 고문에 복막이 터져 목숨을 잃었다.

반면 민족대표를 자임했던 이들은 대부분 징역 2~3년형을 선고받는 데 그쳤다. 적은 형량과 관계없이 민족대표들의 실천력 부족과 대외인식의 한계는 지적을 면할 길이 없어 보인다.

진정한 민족대표는?

한국 역사를 살펴보면 지도세력 답지 않은 지도세력이 꽤 있었다. 민중을 볼모로 자기이득 취하기에만 급급하거나 심지어 그들에게 총부리를 겨누기까지 했다. 왜란이 숱하게 반복될 때마다 왕실은 북쪽으로 도망하기 급급했고, 의병

1952년 7월 22일 한강철교 재개통식에서 시승용 기차를 타고 한강을 건너는 이승만 대통령(가운데).

을 돕지는 못할지언정 토벌에 나서기도 했다.

쓰라린 역사는 왜 자꾸 반복되는지 그런 경험은 근래에도 거듭됐다. 북한군과 맞서 싸우던 독립운동가 출신 대통령은 자신만 피난한 뒤 한강다리를 폭파했고, '밥'을 주겠다던 자칭 민족주의자 대통령은 한 번도 우리와 척진 적 없는 베트남 전장으로 젊은이들을 내몰았다. 심지어 혼란을 수습하겠다던 신군부는 죄 없는 시민 수백 명을 무자비하게 도륙했고, '가장 많이 배운 사람들의 집단' 중 하나라는 언론은 용비어천가를 불러댔다. 1997년 IMF를 극복한 것도 '회장님'들의 '책임경영'이 아니라 노동자 정리해고를 통해서였다. 다들 지도자를 자처했고 엘리트를 자처했으며 사회의 등불을 자처했으나, 민중에게 돌아온 것은

1966년 7월 22일 열린 맹호, 청룡 교체부대 환송식.

쓰라린 배신뿐이었다.

　우리는 지금도 '3·1운동' 하면 '민족대표 33인'을 먼저 떠올린다. 그러나 1919년 이후 상당수 민족대표들이 '친일'로 전향한 것은 차치하고서라도 정녕 3·1운동을 이끌어간 것은 고매한 민족대표가 아니라 우리의 형제자매들이었다. 과연 누가 그들에게 '민족대표'라는 거창한 타이틀을 주었을까. 이제 그 타이틀을 거둬들여 이름 없이 스러져간 우리 형제자매들에게 영광을 돌려주어야 하지 않을까.

---

1 《세계일보》, 2005년 3월 22일자.
2 독립선언서를 처음 낭독한 이가 경성의학전문학교 학생 대표 한위건이었다는 이야기도 있지만, 최초인지 아닌지가 중요한 것은 아니다.
3 박은식, 《조선독립운동지혈사》 상권, 서문당, 1975년, 196쪽.
4 '가쓰라-태프트 밀약'은 1905년 7월 일본총리 가쓰라 다로桂太郎와 미국 대통령 시어도어 루스벨트의 특사인 윌리엄 태프트William H. Taft 육군 장관이 도쿄에서 은밀하게 맺은 협정으로, 일본은 미국의 필리핀 통치를 인정하고 미국은 일본의 조선 통치를 인정한다는 내용을 담고 있다. 서구 열강으로부터 조선에 대한 권리를 인정받은 일본은 그해 11월 을사늑약을 통해 대한제국의 외교권을 박탈했다.

'해방'은 됐을지언정 '독립'은 하지 못하다

남산공원 '조선신궁' 터를 찾아

　　큰고모의 이름은 '노부코'다. 그렇다고 할아버지가 일본 사람이란 얘기는 아니다. 원래 고모의 함자는 '신자信子', 이를 일본식으로 부르면 노부코다. 해방 전에 태어나서 그런지 몰라도 집안 어른들은 고모를 '노부코'라 불렀고, 그것이 더 익숙하다고 했다. 내 아버지와 어머니 이름 또한 온전하지 않다. 두 분 모두 해방 후 세대이지만 아버지 함자에는 '웅雄'자가, 어머니는 큰고모처럼 '자子'자가 포함되어 있다. 모두 일본식 이름의 흔적인데, 남자이름 속의 '랑郞'이나 여자이름 속의 '지枝'처럼 내 부모님 이름만 그런 것도 아니다.

　　일세 산재를 정산하자는 논의가 나올 때면 으레 친일반민족행위자나 일제강점기에 지어진 건물 등을 떠올린다. 그러나 해방 이후에 태어난 사람들의 이름에까지 '지난 반세기의 역사'가 투영되어 있는 것을 보면 문제가 그리 간단치만은 않아 보인다. 알고 보면 눈에는 보이지 않는, 내면화된 잔재가 아직 많이 남아 있기 때문이다.

1920년대 말 촬영한 것으로 왼쪽 끝에 조선총독부, 중간쯤 언덕 위에 명동성당, 오른쪽 남산 중턱에 조선신궁과 참도, 그 아래에 서울역과 철로가 보인다. 조선신궁은 사대문 안이라면 어디서든 보이는 곳에 위치했다.

사실 일제는 조선총독부(정치)와 조선은행(경제)만으로 조선을 통치한 것이 아니었다. 정치지배와 경제지배보다 더욱 확실하고, 완벽한 일본인으로의 '개종'을 위해 정신까지 일본화하는 것, 즉 정신지배가 한 축에 있었다. 창씨개명을 시도한 것이나 메이지유신 이후 국민 동원을 위한 국가종교로 변질된 신도神道를 들여온 것도, 조선인의 일본인화를 위한 여러 방법 중 하나였다.

조선총독부와 조선은행만 있던 것은 아니다

일본인이 본격적으로 서울로 진출한 것은 1800년대 후반이다. 일본인의 진출은 곧 신도의 유입을 의미했다. 신도는 일본 고유의 민간신앙으로, 메이지유신 이전까지만 하더라도 군국주의적 색채를 띠지는 않았다. 그러나 일제가 강력한 중앙집권적 국민국가 수립과 국민 동원을 위한 구심점으로서 민간신앙 수준의 신도를 천황숭배를 강요하는 '국가신도'로 재정립하면서, 상황은 완전히 바뀌었다.

　일제는 식민지를 확보하면 어김없이 신사神社¹를 세웠는데, 한국에서도 미나미 지로南次郎 총독 이래 '면 단위 마을마다 신사를 둔다'는 1면1신사一面一神社 원칙을 고수했다. 신사를 통해 조선인의 정신까지도 일본인화한다는, 동조동근·내선일체를 주입하는 데 신사가 제격이었기 때문이다. 게다가 신도는 '천황은 신에 의해 임명된 통치자'라는 신화적 규약이 존재했기에 천황제를 이식하기에도 안성맞춤이었다. 실제로 1916년 17개에 불과했던 신사는 1942년에 63개로, 그보다 격이 낮은 사당은 11개에서 828개로 늘어나는 등 급속한 팽창을 거듭했다. 해방 당시에는 전국에 걸쳐 1,400여 개에 달하는 신사와 사당, 포교소 등이 남아 있었다.²

국사당을 헐고 들어선 조선신궁

　하지만 누가 뭐라 해도 일제의 신사정책과 관련한 최고의 '작품'은 조선신궁이다. 일제는 한국을 강제병합하자마자 조선신궁을 세우기로 계획, 결국

1925년 10월 여의도 면적의 두 배에 가까운 43만 제곱미터의 대지 위에 15개의 건물을 세우며 대역사를 마쳤다. 물론 그 자리에 있던 서울 성곽은 모두 헐려나갔다. 조선신궁 건축 과정을 담은 요코타 야스시橫田康의 《조선신궁기朝鮮神宮紀》는 완공 당시 분위기를 이렇게 전한다.

"경성부민은 각 동네가 함께 봉축의 뜻을 표하기 위해 각종 행사를 개최할 뿐만 아니라, 부내 각 학교 학생 2만여 명은 이 영광의 진좌제鎭座祭[3], 항례제恒例祭[4]를 축하하기 위해 낮에는 깃발행렬, 밤에는 대규모의 제등행렬을 펼쳤다. 지금 경성 땅은 빛과 색채와 음향의 대교향곡 반주에 온 시가 일어나 손뼉 치며 춤춘다. 지방에서는 같은 날 요배식遙拜式[5]을 거행하고, 온 마음을 다해 봉축하는 기분인데, 실로 조선역사 이래 커다란 의식이다."[6]

신궁은 일반적인 신사와는 달리 정부 자금으로 운영되는 신사로, 조선신궁이 세워지기 전 일본 본토에도 15개밖에 없을 정도로 격이 높았다. 식민지 수도에 세운 신궁이었던 만큼 제신祭神도 그 격에 맞아야 했다. 조선신궁의 제신으로 최종 낙점된 이들은 아마테라스 오미카미天照大神와 메이지明治 천황. 아마테라스 오미카미는 일본 황조의 시조로 여겨지는 신화 속 인물로, 한국으로 치면 단군 정도의 존재감을 지닌 인물이다. 한편 메이지明治 천황은 메이지유신과 청일전쟁 그리고 러일전쟁을 이끈 천황으로, 죽은 지 8년 만인 1920년 도쿄 메이지신궁에 신으로 승격되어 봉안된 인물이다.

조선의 수도이니 특별한 신궁을 세웠을 수도 있겠으나, 왜 많고 많은 장소 중 남산이었을까? 이유는 자명하다. 서울 남산은 평범한 산이 아니라 당시 조선인에게 신성한 곳으로 받아들여져, 국사당國祀堂을 두었던 곳이기 때문이다. 조선 태조가 지금의 남산 서울타워 아래 팔각정 자리에 세운 제사시설로, 태조 이성계를 비롯해 무학대사 등의 위패를 봉안하고 국가의 안녕을 위한 천제天祭를 드리던 공간이다.

그러나 일제는 국사당이 조선신궁보다 높은 곳에 있다는 이유로 국사당을 아예 인왕산으로 이전해버렸다. 이질적인 신들이 한곳에 있을 수 없다는 논리였다. 또 국사당이라는 이름에서 제사를 의미하는 '사祀' 자를 스승 '사師' 자로 바꿔, 하늘에 제를 지내던 국사당을 태조의 스승인 무학대사를 위한 개인 사당으로 격하시켰다. 아직까지도 국사당은 '祀' 자를 되찾지 못했다.

조선신궁의 흔적을 따라

거의 비슷한 시기에 완공된 조선총독부가 조선신궁을 마주 보기 위해 경복궁 중심축에서 5.6도 기울어진 것은 이미 잘 알려진 사실이다. 재조선 일본인들에게는 그 정도로 중요한 의미를 갖는 신궁이었기에 신궁을 바라보는 데 방해가 될 만한 건물은 있을 수 없었다. 조선신궁은 해방 직후까지만 해도 서울 구도심 어디서나 볼 수 있는 위치인 남산 중턱에 있었다.

특히 산기슭에서부터 조선신궁 본전까지 길게 이어져 있던 참배용 도로인, 참도參道와 계단이 그토록 인상적이었다고 한다. 참도는 모두 세 개였는데, 그중 가장 많이 이용된 것이 표참도였다. 숭례문 근처에서 시작해 힐튼호텔 맞은편 소월길과 소파길이 만나는 지점의 놀이터로 연결됐는데, 당시 이곳에는 다섯 개의 도리이鳥居[7] 중 가장 큰 것이 있었다. 이 첫 번째 도리이와 그 오른쪽에 있던

∙
조선신궁으로 향하는 참도와 도리이로, 위 사진은 숭례문 쪽에서 힐튼호텔 쪽을 바라본 모습이고, 아래 사진은 힐튼호텔 앞 어린이 놀이터 근처다. 사람 크기와 비교해 보면 그 규모를 가늠할 수 있다.

사이토 마코토 총독이 쓴 '관폐대사 조선신궁官幣大社 朝鮮神宮'[8] 표지석을 지나면 조선신궁 안으로 들어온 셈이다. 표지석은 당시 조선신궁의 건물 배치를 그려놓은 조선총독부의《조선신궁 조영지造營誌》를 보면 지금 어린이 놀이터가 있는 위치쯤에 있었던 것 같다.

이곳에서부터 지금은 철거된 남산식물원 앞까지 모두 384개에 이르는 돌계단이 있었다. 당시 인왕산 쪽에서 남산을 향해 찍은 사진을 보면, 서울역의 전신인 경성역 너머로 표참도가 도드라져 보인다. 흑백사진이라 돌계단과 주변의 명암차가 더욱 대비되어 보이는데, 가파른 계단의 양쪽에는 30여 개의 석등이 일정한 간격으로 서 있었다고 한다. 이는 조선신궁 건립 당시 조선총독을 비롯한 일본인과 한국인이 헌납한 것들이다. 지금도 어린이 놀이터에서 백범광장을 지나 안중근의사기념관 앞까지 돌계단이 남아 있다. 물론 위치는 당시와 큰 차이가 없을지라도 석재까지 당시의 것이라고 보기는 힘들다. 해방 후에 여염집에서 장독대나 집의 초석 등으로 쓰기 위해 대부분 가지고 가버려 성한 석재가 남아 있지 않았다고 한다.

당시에도 광장으로 쓰이던 지금의 백범광장에 이르러 다시 가파른 계단을 오르면 두 번째 세 번째 도리이를 지나 참집소參集所에 닿게 된다. 지금의 서울특별시 교육연구정보원 자리에 있던 것으로, 참배자들이 참배 순서를 기다리던 건물이다. 이 건물 맞은편의 안중근의사기념관 자리에는 사무소가 있었는데, 참배자들은 이곳에서 신부神符 쪽지를 받고 기다렸다가 차례가 되면 수수사로 나아갔다. 수수사手水舍는 물을 받아둔 돌 수조로, 참배자들은 이곳에서 손을 씻음으로써 부정을 없애고 정결한 상태가 된다는 의미를 부여받는다. 그 다음에 네 번째 도리이를 지나면 배전拜殿에 닿게 된다. 일반 참배자들이 절을 하는 공간으

조선신궁의 전체 면적은 여의도 면적의 두 배에 가까운 43만 제곱미터나 됐다. 주요 건물은 안중근의사기념관과 지금은 없어진 남산식물원 일대에 있었다.

로, 두 제신의 위패는 배전 앞에 있는 마지막 도리이 너머 본전 안에 있었다. 본전은 옛 남산식물원 온실 자리에 있었다. 당시 일본인을 비롯한 수많은 조선인은 이러한 순서로 조선신궁을 참배했다.

조선신궁은 어떤 역할을 했나

조선신궁 사무소에서 발행한 〈조선신궁 연보〉 등에 따르면, 신궁을 참배한 조선인의 수는 1928년 11만 6,000여 명이었던 것이, 1936년에는 34만여 명으로 거의 세 배 가까이 늘어났다. 그후에는 조선인과 일본인의 구별이 그다지 필요하지 않다고 느꼈기 때문일까? 1937년부터는 아예 조선인과 일본인 참배자 수를 하나로 계산해버렸다.

조선인 참배자 수가 이토록 급격하게 늘어난 것은 1920년대부터 시작된 신사참배 정책의 결과였다. 특히 1931년 일제가 만주를 침략하면서부터 신사참배 강요는 더욱 강화되었다. 지원병제도 제정을 기념하거나 태평양전쟁 완수를 기원하는 제사, 국가신도의 군사적 성격을 대표하는 야스쿠니신사에 제사가 있을 때마다 수시로 행한 '야스쿠니신사 임시대제 요배식' 등이 그것이다. 1934년 들어서는 신궁 안에 '만주사변' 충돌기념비와 국기게양대를 세우고 승전을 기원하는 제사를 지내는 등 조선신궁을 더욱 노골적으로 정치화했다. 전쟁에서 승리하기 위해서는 천황에 대한 충성과 일치단결이 무엇보다 필요하다고 여겼기 때문이다.

신사참배만을 강요했던 것도 아니다. 사람들은 집집마다 신사처럼 생긴 가미다나神棚라는 나무상자를 두고, 그 안에 든 아마테라스 오미카미 위패에 대고 매일 아침저녁으로 절을 해야 했다. 또 학교에서는 천황의 사진을 넣은 봉안전을 세워 황궁이 있는 동쪽을 향해 절을 하도록 교육했다. 아침마다 '훌륭한 황국신민'이 될 것을 강조하는 천황의 교육칙어를 암송해야 했던 것도 물론이다.

'해방'은 됐을지언정

1945년 8월 15일은 조선에서 더 이상 신사가 존재할 수 없음을 의미하는 날이었다. 해방 직후 하루 이틀 만에 전국 대부분의 신사가 조선인에 의해 불타 사라졌다. 하지만 조선신궁의 최후는 달랐다. 조선인에 의해 '파괴'된 것이 아니라, 일본인에 의해 '해체'됐다. 일본 천황이 패전을 공식발표한 이튿날인 8월

조선신궁 본전이 있던 남산식물원 터로, 그 기를 누르기 위해 안중근의사기념관을 이리로 옮겨야 한다는 주장이 제기되기도 했다.

16일 오후 5시 신령으로 하여금 하늘로 돌아가라는 의미의 승신식昇神式을 지낸 일제는 각종 신물神物을 일본으로 보낸 데 이어, 10월 7일 남은 시설을 불태움으로써 20여 년에 이르는 조선신궁의 역사를 '스스로' 끝냈다. 이 승신식은 일본 신도가 시작된 이래 처음 있는 행사였다.

'정신지배의 구심점'이자 '군국주의의 화신'인 조선신궁을 한국인이 주체적으로 해체할 수 없었던 반세기 전의 씁쓸한 역사. 해방 70주년을 향해 나아가고 있는 지금, 과연 조선신궁의 정신지배는 종결된 것일까?

조선신궁의 기를 누르겠다며 1970년 조선신궁이 있던 자리에 세운 안중근 의사기념관. 그런데 운영주체가 윤치영이나 이은상 등 친일반민족행위자들이 주축이 되어 만든 단체라는 것을 알게 되면 아연실색할 수밖에 없다. 심지어 윤봉길이나 김상옥, 나석주 등 독립운동가를 기리는 기념사업회의 수뇌부가 정치적 이해득실 때문에 친일진상규명법 제정에 반대했던 것이 바로 2000년대 초반의 일이다.

민족정기를 확립한다며 조선총독부는 헐어버렸지만, 그것이 바라보고 있던 조선신궁에 서린 정신지배의 역사는 아직 말끔히 씻어내지 못하고 있는 오늘의 현실. 일제로부터 '해방'은 됐을지언정 '독립'은 하지 못했다는 생각이 가시지 않는 이유다.

1 한반도에 세워진 최초의 신사는 1609년 부산 용두산신사다. 이 신사는 부산에 상주하는 일본인들이 안전한 항해를 위해 세운 것으로 알려져 있다. 서울의 경우에는 1897년 지금의 남산 숭의여자대학교 근처에 들어선 경성신사가 최초. 일본 거류민단이 중심이 되어 세운 이같은 신사는 대한제국이 일본의 식민지가 되는 1910년 이전까지 전국에 모두 12개 정도가 있었던 것으로 추정된다. 그러나 당시의 신사는 단지 일본인들만을 위한 신사였지 조선인과는 상관이 없었다.
2 송규진,《통계로 본 한국근현대사》, 아연출판부, 2004년, 387~388쪽.
3 진좌제는 신령을 모셔온다는 의미로 신사나 사당에서 모시는 인물의 위패나 신물 등을 가져다 건물에 안치하는 의식을 말한다.
4 항례제는 매달 정해진 날에 하는 제사를 말하는데, 여기서는 '일본에서 행해지는 제시에 대해 조선신궁에서 절만 하는 것'이다.
5 요배식은 일황이 있는 동쪽을 향해 절하는 것이다.
6 요코타 야스시,《조선신궁기》, 국제정보사, 1926년, 12쪽.
7 신도에서는 새를 신과 사람을 잇는 메신저로 보았는데, 바로 그 새가 쉬어가는 문이라고 해서 '도리이'라고 불렀다.
8 관폐대사는 일본 정부가 직접 운영하는 '황실' 관련 신사로, 조선신궁이 생기기 전 일본에는 55개 정도 있었다.

남산에 신사 유구가 있다!
리라초등학교 뒤 '노기신사' 터를 찾아

　　남산 소파길을 따라 걷다 보면 일제강점기를 떠올리게 된다. 일제강점기 당시 '왜성대'라고 불렸을 정도로 많은 일본인들이 모여 살았던 동네이기에 그와 관련한 '기억'들도 적지 않기 때문이다. 개항 후 일본공사관과 경성신사 등이 들어선 곳도 바로 이 일대였고, 역사를 바로 세우겠다며 헐어버린 조선총독부도 사실은 1925년까지 남산 서울애니메이션센터 자리에 있었다.

　　지금은 김익상 의사의 '조선총독부 폭탄투척 기념비'[1]를 제외하면 당시의 분위기를 느낄 수 있는 '증거물'이 거의 없다. 소파길과 명동 사이 골목을 걷다 간간이 일본식 주택을 만나기도 하지만, 이마저도 재건축 바람에 밀려 점차 사라지고 있는 추세다. 그렇기 때문에 노기신사乃木神社 터에 남아 있는 몇 안 되는 '돌덩이'들이 더 소중하게 느껴지나 보다.

해방 후 30년 동안 건재했던 노기신사

소파길을 따라 남산을 오르다 보면 숭의여자대학교 못미처에 노란색 교복으로 유명한 리라초등학교에 닿게 된다. 노기신사의 유구遺構는 바로 그 뒤, '사회복지법인 남산원' 안에 있다. 이곳에서 30년 넘게 일해 온 박흥식 사무국장에 따르면 "지난 1979년까지만 해도 본전을 포함해 5개 동 이상의 건물이 남아 있었다"고 한다.

"예전에는 리라초등학교와 남산원 사이에 계곡이 있었어요. 그 계곡을 가로지르는 구름다리를 건너오면 신사 건물 쪽으로 돌이 깔린 참배로가 두 줄로 나 있었지요. 본전은 마당 한가운데에 있었는데, 그것을 중심으로 각각 양쪽에 보다 낮은 건물들이 붙어 있었어요. 그런데 그만 1979년에 불이 나는 바람에 남아 있던 건물 세 개 동도 모두 타버렸습니다."

그나마 남아 있던 창고와 부속시설도 1993년 기숙사를 신축하면서 헐려, 해방 후 30년 가까이 건재했던 노기신사 건물을 영영 찾아볼 수 없게 됐다. 그나마 다행스러운(?) 일은 이곳이 노기신사 터였음을 알려주는 석물 일부가 남아 있다는 것이다.

남산원에 들어서자마자 왼쪽으로 보이는 것은 미타라이샤手水舍라는 석물로, 신사를 참배하기 전에 손을 씻기 위한 물을 담아 두는 수조다. 이 수조에는 '마음을 씻으라'는 '세심洗心'과 '쇼와 9년인 1934년 9월 어느 날 타카기 토쿠야와 타카기 사다코 부부가 미타라이샤를 봉납했다 奉納 御手水舍 一棟 寄進者 高木德彌 同 貞

子 昭和九年 九月吉日'는 뜻의 문구가 새겨져 있었다. 이 신사가 1934년을 전후해 만들어졌음을 암시하는 유구다.

일제는 노기신사를 세우면서 건축비를 마련하기 위해 어른은 물론 어린 학생들로부터도 모금을 했다. 일본인도 앞다퉈 성금 대열에 합류했는데, 타카기 토쿠야도 그중 한 명이

노기신사에 미타라이샤를 기증한 타카기 토쿠야, 사다코 부부.

었다. 1894년 조선으로 건너온 후에 골동품상과 잡화점, 연초사업 등에 두루 손을 댄 타카기는 재조선 일본인답게 각종 국가사업마다 적잖은 액수의 성금을 냈다. 노기신사에 미타라이샤를 기증하기 위해 1,300원을 들였는가 하면, 조선신궁 건설비 명목으로 1,000원, 경성신사 건설비와 석등 비용으로 각각 3,000원과 1,500원을 냈다. 또 이토 히로부미를 기리기 위해 지금의 신라호텔 영빈관 자리에 세웠던 박문사 건설비 명목으로 1,000원을 보태기도 했다. 비슷한 시기였던 1937년 8월 당시 쌀 한 가마 값이 16~17원[2]이었던 점을 고려하면 결코 적지 않은 성금을 냈음을 알 수 있다.

원래 물이 채워져 있어야 하지만 지금은 용도가 바뀌어 화분처럼 쓰이고 있는 미타라이샤. 땅속에 반쯤 묻혀 있던 것을 2000년 도시가스 공사를 하면서 꺼내놓아, 한쪽 귀퉁이가 깨져나가는 등 풍화가 상당히 진행된 모습이다. 그 옆에는 바닥 지름이 1.5미터 정도 되어 보이는 석등이 거꾸로 뒤집혀진 채 땅속에

:
신사의 석등 받침으로 추정되는 석재는 뒤집혀 탁자와 의자, 장독받침 등으로 쓰이고 있다. 미타라이샤는 기증자와 기증 연도가 명확하게 새겨져 있어 역사적 가치가 있지만, 흉물처럼 버려져 있다.

처박혀 있다. 그것을 중심으로 사방을 빙 둘러가며 신사 마당이나 참배로에 깔려 있었을 바서도 박이놓았는데, 마치 야외용 탁자와 의자 같아 보였다. 남산원 사회복지사들의 말에 의하면 실제로 '티타임'을 위해 쓰기도 했다고 한다. 이 밖에도 운동장 가장자리나 건물 주변 곳곳에 석등의 일부나 건물 축대 등 석재들이 널려 있었다.

특이한 것은 1960년대 후반까지만 해도 마당 한가운데에 '러시아 대포' 한 문이 놓여 있었다는 점이다. 동서남북 360도 회전이 가능해 다양한 방향으로 발포가 가능하고 철로를 이용해 이동할 수 있도록 고안된 요새용 대포였다. 지금 이 대포는 아이들이 뛰어노는 남산원 운동장을 떠나 태릉에 있는 육군사관학교 잔디밭에 전시되어 있다. 남산원의 전신인 군경유자녀원 최기석 원장이 지난 1967년 3월 1일 육군박물관에 기증해 '러시아 유탄포'라는 이름으로 전시하기 시작했는데, 한국에 남아 있는 거의 유일한 '러일전쟁 유구'일 것이다.

노기신사에 있던 일제의 러일전쟁 '전리품' 러시아 유탄포는 현재 육군사관학교 잔디밭에 전시되어 있다. 제정러시아가 1879년 뻬름пермь 군수공장에서 만들어 뤼순 지역에 배치했던 대포이다.

'군인의 신' 노기 마레스케

신사 터에 난데없이 웬 러시아 대포? 이는 노기신사의 유래와 직접적인 연관이 있다. 노기신사가 모시는 인물은 노기 마레스케乃木希典라는 일본인으로 러일전쟁 당시 만주 일본군 제3군사령관으로서 세계 육지전 사상 가장 치열했다던 뤼순전투를 승리로 이끌어 사실상 러일전쟁의 승부를 가른 인물이다. 하지만 단순히 승리했다는 사실만으로는 영웅이 되기 힘든 법. 노기는 203고지 점령을 위해 시체를 밟고 전진해야 했을 정도로 치열했던 뤼순전투에서 휘하병력 13만 명 중 절반에 가까운 6만 명을 잃고서야 겨우 승리할 수 있었다.

상상할 수 없을 정도로 많은 아군 사상자를 낸 노기에게 항의하려고 부두로 몰려나온 전사자들의 가족은 뱃전에 노기가 나타나자 모두 숙연해졌는데, 배에서 내리는 노기의 양 옆구리에 두 아들의 유골함이 들려 있었기 때문이다. 전사자의 부모들은 노기 자신도 두 아들을 잃을 정도로 헌신적으로 전쟁에 임했다는 사실을 알고는 더 이상 할 말을 잃었다. 이 일로 노기의 영웅적인 면모가 극대화됐고, 급기야 1912년 메이지 천황 무쓰히토睦仁의 장삿날에 맞추어 부인과 함께 할복자살함으로써 군신軍神으로 추앙받기에 이르렀다. 이후 도쿄를 비롯한 일본 전역에 노기를 추모하는 '노기신사'가 세워진 것은 물론이다.

노기신사는 그 상징성에서 알 수 있듯 메이지신궁, 야스쿠니신사와 더불어 국가가 공인하는 일본 정신 즉, '야마토다마시大和魂'의 성전聖殿이다. 죽을 때조차 "어머니!"가 아니라 "다이 닛뽄 반짜이!(대일본 만세)"나 "텐노 헤이카

러일전쟁을 승리로 이끈데다 무쓰히토 천황 장삿날 부인과 함께 할복자살함으로써 '군신'으로까지 추앙받는 노기 마레스케.

노기가 이끄는 일본군이 뤼순전투를 승리로 이끈 뒤 203고지에서 내려다본 뤼순항 사진으로, 침몰하거나 반파된 군함들이 보인다.

반짜이!(천황폐하 만세)"를 외쳤던, 군국주의 일본의 상징 노기. 남산원 터에 있던 노기신사는 바로 그런 신사였다.

그런 게 있었어요?

생각할수록 궁금해졌다. 왜 신사 유구가 찬 비바람을 맞으며 버려져 있을까? 남산원 마당에 방치되어 있는 미타라이샤처럼 기증자와 연도가 명확히 새겨져 있는 유구는 이곳이 신사 터였음을 말해주는 동시에 정확한 완공일이 알려져 있지 않은 노기신사의 역사까지 알려주는 역할을 하는데 말이다.

관계 당국의 생각은 좀 달랐다. 관할지자체인 서울시 중구청에 노기신사 현황을 물었으나, 돌아온 대답은 "중구 안에 그런 것이 있느냐"는 투였다. 문화재 관리와 보호업무를 관장하는 문화재청도 "어떤 유구가 있다면 먼저 가치평가를 한 후에 보존이나 수습 여부를 결정하게 된다"면서도 "노기신사의 경우 아직 가치평가가 내려지지 않아 문화재로 지정되지 않았고, 따라서 특별한 관리를 하고 있지는 않다"는 대답뿐이었다. 물론 언제 그 '가치평가'를 할 것인지에 대한 계획은 없다.

일제강점기에 초점이 맞춰진 독립기념관도 별반 다르지 않다. 일제의 탄압상과 민족해방운동사를 중심으로 정치적·경제적 지배 등에 대해서는 마네킹까지 동원해가며 잘 정리해놓은 반면, 정신적 지배에 관한 전시는 일천하다. 황국신민서사를 새긴 비석이나 사진, 엽서 등이 있기는 하지만, 또 다른 축의 하나였던 신궁이나 신사에 대한 전시물은 그다지 찾아보기 힘들다. 그렇다고 전국적으로 이와 같은 유구가 너무 많아 굳이 챙길 필요를 못 느꼈는가 하면 그것도 아니다. 고작 해병대전우회 사무실로 쓰이고 있는 경주신사나, 포항 구룡포와 전남 소록도 등지에 있는 남아 있는 신사 유적이 전부다.

신사는 이미 사람들의 기억 속에서 사라진 듯하다. 역사를 공부하는 사람들도 마찬가지여서 일제강점기와 관련한 국내 연구논문은 주로 정치경제적 수탈이나 민족해방운동사 등에만 초점이 맞추어져 있다. 학문적 편식현상이 지나치다 못해 아예 씨가 말라버린 것이다. 사정이 그렇다 보니 일반인 가운데 노기신사는커녕 서울 어디서든 보일 정도로 규모도 크고 상징성도 컸던 조선신궁을 아는 이는 거의 없다. 요즈음 한국 여행객들이 귀여운 고양이 조각상 때문에 종종 찾는 '이나리稲荷신사'나 임진왜란의 왜장 가토 기요마사加藤清正를 기리는 '가

토신사', 한강신사와 웅진신사 등이 남산을 비롯한 서울 곳곳에 있었으나 그와 관련한 기록마저도 전혀 없다.

일제강점 반세기가 남긴 식민지성을 극복하기는커녕 연구조차 제대로 이루어지지 않으니, 전통사찰은 물론 각종 음식점이나 가정집 정원에까지 아무런 고민 없이 일본식 석등 '카스가 토로春日燈籠'를 새워놓는 게 아닐까. 송파 삼전도비를 치욕적인 역사의 증거라며 한때 땅속에 파묻거나 붉은 페인트칠을 해 훼손했던 것처럼, 부끄러운 역사라고 해서 그냥 묻어버리거나 망각할 일은 아니다. 신사 유구가 좋아서 보존하자는 이야기가 아니다. 드러내 자랑할 일은 아니나 분명 우리 역사의 일부분으로서 주체적으로 연구평가할 필요가 있기 때문이다. 아직 학문적 연구조차 되지 않았다면, 불에 타거나 건물 신축에 허물어지거나 비바람에 풍화되는 것은 일단 막아야 한다.

노기신사의 역사, 나아가 일제의 정신적 지배의 역사를 증언하고 있는 거의 유일한 증거 미타라이샤. 이곳 노기신사를 찾아오는 사람의 99퍼센트가 일본인 학자와 학생들이라는 남산원 사회복지사의 말이 예사롭게 들리지만은 않는다.

---

1 항일 무력독립운동 단체 '의열단' 단원 김익상이 1921년 9월 12일 조선 총독 사이토 마코토를 제거하기 위해 남산에 있던 조선총독부에 폭탄을 던졌다. 그러나 사이토 총독을 제거하는 데에는 실패했다. 이듬해 3월에는 중국 상하이에서 일본 육군대장 다나카 기이치田中義一를 암살하고자 폭탄을 던졌으나 역시 실패했다. 이 일로 붙잡힌 김익상은 일본으로 호송되어 복역한 후에 출옥했으나 결국 일본인 형사에게 살해당했다.

2 반민족문제연구소,《친일파 99인-1》, 2002년, 166쪽.

이토 히로부미 죽어서도 조선을 파괴하다

장충동 '박문사' 터를 찾아

   2005년에는 '다케시마의 날' 조례 파문으로 온 나라가 떠들썩했다. 한일 '우정의 해'가 '갈등의 해'가 되었다고 아우성이었다. 우리만 그런 게 아니다. 북한과 중국도 한마디씩 거들고 나섰다. 서점에는 '독도' 특별 코너가 만들어졌고, 신문과 방송은 연일 독도 관련 특집으로 채워졌다. 날선 대립으로 맞서던 여야 정치세력이나 진보와 보수마저도 독도 문제 앞에서는 한마음이었다.

   일본 시마네현 의회가 조례를 제정하면서 든 근거는 '러일전쟁 당시 독도를 일본 영토로 귀속시켰기 때문'이라는 것이다. 맞는 말이다. 그러나 러일전쟁이 벌어지던 때가 어떤 시대였는가. '일본 정부는 목적을 달성하기 위해 전략상 필요한 지역을 언제나 사용할 수 있다'는 내용이 명시된 한일의정서를 체결, 조선을 식민지로 삼을 때였다. 일본 정부는 이를 토대로 러시아 함대를 감시할 망루와 해저 전신망을 설치하기 위해 1905년 독도를 자국 영토에 편입시켰다.

   때 아닌 독도 논란의 시원이랄 수 있는 러일전쟁. 그 전쟁의 핵심에 이토

이토는 1963년부터 1986년까지 24년 동안 1,000엔권 지폐의 모델이었을 정도로 일본 역사에 있어 중요한 인물로 꼽힌다.

히로부미가 있다. 독도에 대한 양국의 입장에 뚜렷한 차이가 존재하는 것처럼, 이토를 바라보는 시각 역시 대한해협의 폭만큼이나 두드러지게 다르다. 일본에서는 1986년까지만 해도 1,000엔짜리 지폐의 모델[1]이었을 정도로 사람들의 존경을 받고 있는 이토. 그는 메이지유신의 영웅이자 초대 내각 총리대신, 일본 외교의 최고 공로자로 추앙받고 있다. 실제로 이토는 갑신정변과 청일전쟁 후 청국 정부와 각각 톈진조약과 시모노세키조약을 맺어 조선에 대한 청국의 입김을 차단했다. 또 러시아에는 '만주와 한반도를 나눠 각각 통치하자'는 만한교환론滿韓交換論을 제안하는 등 대일본 제국 건설을 위해 지대한 공헌을 한 인물이다.

그러나 대다수 한국인의 기억 속에 존재하는 이토는 누가 뭐래도 '침략의 장본인'이자 안중근 의사가 제거한 '공공의 적'이다. 대한제국에 을사늑약을 강요하고 초대 통감으로 부임해 식민지 기반을 닦았던 인물이 바로 이토 히로부미이기 때문이다. 그런 이토 히로부미를 기리던 사찰이 서울 한복판에 있었다는 사실을 아는 사람은 거의 없다.

'항일의 공간'을 비집고 들어선 박문사

지하철3호선 동대입구역에서 내리면 장충단獎忠壇공원이 지척이다. 지금은 공원으로 변해버린 장충단은 고종이 명성황후 시해사건(을미사변) 당시 일본군에 맞서 싸우다 죽은 궁내부대신 이경식과 훈련대 연대장 홍계훈 등의 충절을 기리기 위해 세운 제단이다. 고종은 그들의 충정을 기리고자 봄가을로 제사를 지내도록 했다. 그러나 이를 못마땅하게 여긴 일제는 1908년 제사를 지내지 못하게 했고, 결국 2년 뒤 조선이 일제의 식민지가 되면서 장충단은 폐사되고 만다.

지금이야 도로 때문에 장충단공원과 신라호텔이 서로 분리된 지역처럼 보이지만, 당시까지만 하더라도 장충단은 지금의 국립극장과 자유센터, 서울타워호텔 터를 아우르는 광활한 면적을 자랑했다. 일제는 한 나라의 임금이 살던 궁궐(창경궁)을 원숭이나 뛰어노는 동물원(창경원)으로 격하시킨 것처럼, 장충단에도 그들의 상징인 벚꽃을 심고 놀이터를 만들어 공원으로 바꾸어버렸다. 1937년에 들어서는 아예 전쟁에서 죽은 일본군 '육탄 3용사'의 동상을 세워 대륙침략을 위한 '정신기지'로 탈바꿈시켰다.

일제의 '장충단 지우기'는 거기서 끝나지 않았다. 지금은 강북과 강남을 잇는 도로가 지나는 장충단공원의 동쪽으로 거대한 신라호텔이 눈에 들어온다. 호텔이 자리 잡고 있는 언덕은 예전에 박문사博文寺라는 사찰이 있던 곳으로, 일본인은 그 언덕을 기리켜 춘무산春畝山이라 불렀다. 여기서 '박문'은 이등박문, 즉 이토 히로부미를 가리키는 말이고 '춘무'는 그의 호다.

조선 정무총감 고다마 히데오兒玉秀雄의 발기로 이토의 23회 기일인 1932년 10월 26일 완공된 박문사. 2층 건물에 철근 콘크리트로 지어진 박문사는 철저하

신라호텔 영빈관 자리에 있던 박문사 본전.

리만큼 이토를 위한 공간이었다. 망자를 신사에 모시는 경우는 있었지만, 개인을 위한 사찰을 지어 추모하는 것은 일본에서도 상당히 드문 일이기 때문이다. 일제는 이런 방식으로 '항일의 상징' 장충단을 공원화한 데 그치지 않고, 그 일부분을 헐어 '제국주의 일본의 상징'을 기리는 사찰을 짓고 언덕 이름까지 바꿔버렸다.

일본 위정자들의 관심도 남달랐다. 메이지유신 그리고 한국과 만주를 지배하는 데 공헌한 것을 이유로 이토를 충정군忠貞君에 봉한 바 있는 천황 히로히토裕仁는 박문사 낙성식 때 은으로 만든 대형 향로를 하사했고 황족들은 꽃병을 하사했다고 전해진다. 이 행사에 조선 총독 우가키 가즈시게宇垣一成와 내로라하는 친일부역자들이 참석해 자리를 지켰음은 물론이다. 1939년에는 대표적 친일반민족행위자인 이광수와 최린, 윤덕영 등을 비롯한 천여 명의 사람들이 박문사에 모여 이토 히로부미를 위시한 조선 강제병합 공로자를 위한 감사 위령제를 지내기도 했다. 조선총독부가 편찬한 《시정이십오년사施政二十五年史》에 따르면 "조선 초대총감 이토 히로부미의 훈업을 영구히 후세에 전하고 일본불교 진흥 및 일본인과 조선인의 굳은 정신적 결합을 위해" 박문사를 지었다고 하는데, 그 의도가 적중했던 모양이다.

'조선'을 파괴하며 지은 박문사

박문사는 단지 사찰 하나만 세우고 마는 일이 아니었다. 재조선 일본인은 물론 본토의 일본인에게도 남다른 의미가 있는 이토 히로부미였기에, 박문사는 다른 어떤 시설보다 조직적이고 체계적인 계획 속에서 만들어졌다. 조선사회의 중심인물인 왕, 그가 살던 궁궐 파괴가 병행됐다.

조선총독부 청사를 짓느라 경복궁의 동문인 건춘문 북쪽으로 옮겨졌던 광화문. 일제는 그 양옆의 담장을 헐어다 박문사의 담을 쌓았고, 역대 왕들의 어진을 봉안하던 경복궁 선원전과 그 부속 건물을 옮겨다가 박문사 건물로 삼았다. 또 남별궁 석고단을 덮고 있던 석고각을 해체해 박문사의 종 덮개로 사용하기도 했다. 정문은 더욱 가관이다. 1932년 당시 이미 일본인 자제들을 위한 경성공립중학교로 변해버린 경희궁. 조선 5대궁의 하나인 경희궁의 정문 '흥화문興化門'을 떼어다가 이토를 기리는 사찰 대문으로 사용했다. 그러고 보면 이토는 죽어서도 '조선 파괴'에 충실했던 셈이다.

일제는 장충단과 창경궁을 원숭이나 뛰어노는 동물원 등으로 놀이공원화 하는 한편, 박문사는 성역화하는 수순을 밟았다. 조선의 궁궐은 야합과 음모 그리고 무능의 공간으로 선전하며 파괴하는 한편, 박문사는 경성은 물론 한국에서 빼놓을 수 없는 명소로 부각시켰다. 당시 여행 안내책자인 《경성지방의 명승사적》은 박문사에 대해 "경내는 자연 노송으로 둘러싸여 장중한 사원의 단벽丹碧과 잘 조화를 이루고, 자연의 경치가 매우 맑고 아름다워 경성의 명소 가운데 가장 뛰어난 곳의 하나"라고 묘사했다.

일제는 조선왕실과 관련한 시설을 동물원이나 놀이공원으로 만드는 등 철저히 희화화했다. 사진은 1972년 4월 21일 촬영한 창경궁으로, 지금도 창경궁 대신 놀이공원의 의미를 지닌 '창경원'이라고 부르는 사람이 많다.

영빈관 암벽에 새겨진 '민족중흥'

　태평양전쟁 말기에는 연합군의 폭격에 대비한 군수물자 비축창고로 이용되기도 했던 박문사. 해방 후 동국대 기숙사나 안중근 의사의 위패 봉안소, 한국전쟁 후에는 국군 전몰장병 합동위령소 등으로 이용됐다는 기록도 있다. 그러나 지금은 신라호텔로 찾아간다 해도 이토나 박문사의 흔적을 찾아보기는 어렵다.

　이미 헐린 지 오래인데다 1959년 이승만 대통령의 지시로 외국 대통령 등 국빈을 위한 영빈관을 짓기 시작, 박정희 대통령 시절인 1967년 완공되면서 아예 다른 공간으로 탈바꿈했기 때문이다. 박문사 정문으로 쓰였던 경희궁의 흥화문도 1988년 경희궁을 복원하면서 다시 옮겨가, 지금은 흥화문을 본떠 만든 새 정문이 손님을 맞고 있다.

　잊고 싶은, 그래서 가르쳐주지 않는 여느 역사 유적이 그렇듯 이곳에서도 이토 히로부미나 박문사와 관련한 어떤 안내문도 찾아보기 힘들다. 왜 흥화문을 본뜬 정문이 입구에 떡 하니 서 있는지에 대해서도 누구 하나 알려주지 않았다. 을사늑약이 맺어진 지 100년, 일제로부터 해방된 지 60년, 그리고 한일수교를 맺어 형식적으로나마 한국과 일본이 대등해진 지 50년이 되는 해였던 지난 2005년의 풍경이다.

　다만 당시의 기억을 간접적이나마 되살릴 수 있는 단서를 꼽으라면 '민족중흥民族中興'이라고 음각되어 있는 영빈관 옆 암벽 정도다. 마모가 심해 글쓴이의 이름이 '朴正○'라고만 보인다. 이름 마지막 글자가 정확하지 않지만, 특유의 필체만 봐도 박정희 전 대통령의 글씨임을 단박에 알 수 있다. 애초 '항일'에서 출발했던 장충단이 '야마토다마시'와 동급으로 비견되는 이토의 박문사를

일제는 조선 5대 궁궐 가운데 하나인 경희궁의 정문 '흥화문'을 떼어다 박문사 정문으로 삼았다(위, 박문사 정문 앞뒤 모습). 흥화문은 해방 후 경희궁으로 옮겨졌고, 지금 그 자리에는 흥화문의 모조품이 서 있다(아래).

거쳐, 이번에는 '민족중흥'이라는 거창한 의미로 다시금 포장된 것이다.

물론 '민족중흥'이라는 글씨를 박정희 대통령의 지시에 따라 새긴 것인지, 아니면 그 아래 추종자들이 '알아서' 새긴 것인지는 알 수 없다. 다만 여기서 주목할 것은 그 '의도'다. 그동안 한국인에게 '민족'이라는 개념은 신성불가침의 종교와 같았다. 그 개념의 모호함과 '우리민족'과 '외세'라는 이분법적 틀이 지닌 한계에 대한 고민은 늘 논외였다. 독재자가 자신의 통치 근거를 확립하기 위해 즐겨 쓴 수사가 이제는 일반인에게까지 영향을 끼쳐 '마땅히 그렇다'는 규범으로 정착해버렸다. 박문사 터에 '민족중흥'이란 글자를 새겨 민족적인 자존심을 세우고 일제의 기氣도 누르겠다는 전근대적인 발상은 그래서 가능했을 것이다.

재미있는 것은 '근대성'을 앞세운 일제의 침략을 '주술적'으로 해석하는 일이 지금도 아무런 거부감 없이 벌어지고 있다는 점이다. 적잖은 한국인의 머릿속에는 일제가 조선총독부 청사와 경성부청사(서울시청사)를 각각 '일日'자와 '본本'자를 본 따 지어 한국의 기맥을 끊었다는 말이 마치 사실인 양 각인되어 있다. 두 건물이 '대大'자 형상의 북악산과 맞물려 '大日本'을 의미한다는 것인데, 철저한 사실 확인보다는 '아마도 그럴 것'이라는 믿음을 앞세웠기 때문에 나타난 현상이다.

당시 동서양을 막론하고 서양식 건축기법을 쓰는 곳에서는 일日자형은 물론 구口자나 전田자형 등 건물 가운데에 마당, 즉 중정中庭을 둔 건물을 많이 지었다. 서울시립미술관으로 쓰이는 일제강점기 당시 법원 건물도 日자형으로 지어진 건물이다. 경성부청사가 본本자를 닮았다는 지적과 관련해서도, 설계에 참여한 사사 케이이치笹慶一는 《조선과 건축》 1926년 10월호에 "부지 경계에 맞춰 짓기 위해 궁형弓形"으로, 즉 건물은 활 모양을 본 따 만들었다고 쓰고 있다. 실제로 서울시청사를 위에서 내려다보면 本자보다는 팽팽하게 당겨진 활을 닮았다. 뿐만 아니라 을지로 쪽 날개의 길이가 짧아 태평로 쪽 날개와 대칭을 이루지 않기에 本자라고 보기에는 무리가 따른다. 이런 오해를 처음 지적한 문화재연구가 이순우 씨는 "북악산과 조선총독부, 경성부청사가 '대일본大日本' 모양을 하고 있다는 이야기는 1990년 이후에나 나왔다"며, "일본에 대한 분노가 과장된 해석을 낳은 것으로 보인다"고 말했다. 당시에 대한 오해가 이 정도로 크다 보니 (일제가 아니라) 일본과 관련한 문제만 불거지면 감정적이고 즉흥적인 언사가 난무하기 일쑤다.

박문사를 돌아 나오며

일본 시마네현 의회가 '다케시마의 날' 조례를 제정해 동아시아가 다시금 역사 투쟁에 빠져들었던 2005년만 해도 그렇다. 침착해야 할 국회의원들이 오히려 독도에 이순신 동상과 거북선 모형을 설치하자는 수준 낮은 주장을 하는가 하면, 독도 앞바다에 표지석을 설치한다며 영문 표기를 'Dokdo'가 아니라 '주권이 확립되지 않은 암초'라는 의미도 내포한 'Liancourt'[2]라고 적는 엉뚱한 단체까지 있었다. 심지어 마산시 의회는 '대마도의 날'[3]로 맞대응하는 바람에 오히려 시마네현 의회에 면죄부를 주는 해프닝을 빚었다. 그냥 지긋이 웃어주고 무시해도 될 만한 일본 극우파의 함정에 온 나라가 들썩이며 장단을 맞추는 우스운 꼴을 보였다. 여전히 '일본은 있다 없다' 류의 감정적이고 말초적이며, 일회적인 수준을 벗어나지 못하는 한국사회의 대일對日 인식. 아니나 다를까. 박문사 답사를 마치고 돌아오던 길, 동대입구역에는 '한일어업협정을 당장 파기하라'는 기사가 큼지막하게 박힌 신문이 바람에 날리고 있었다.

---

1 이토 히로부미가 1,000엔권 지폐 모델로 등장한 것은 1963년부터 1986년까지 24년 동안이다. 1984년부터는 소설가 나쓰메 소세키夏目漱石가 모델이 되었고, 1984년부터 1986년까지 2년 동안은 두 가지 모두 사용됐다.
2 서양에서는 1849년 독도를 발견한 프랑스 포경선 리앙쿠르트호의 이름을 따서, 독도를 'Liancourt Rock'이라고 불렀다. 그러나 이는 한국명 '독도'나 일본명 '다케시마'를 대신해 부르는 '제3의 지명'에 불과하다.
3 2005년 3월 18일 마산시 의회는 대마도를 우리 영토임을 대내외에 각인시키고 영유권을 확보하기 위해 매년 6월 19일을 '대마도의 날'로 제정하고, 대마도 고토회복운동을 추진하겠다는 내용의 대마도의 날 조례를 제정했다.

초라한 서울시의회 청사가
가벼이 보이지 않는 이유

태평로 1가 '부민관'과 해방 후 '국회'가 있던 곳을 찾아

2002년 월드컵은 서울시청 앞 광장의 진가를 다시금 확인할 수 있는 계기였다. 1960년 4·19혁명의 도화선이 된 고려대 학생들의 4·18시위와 1987년 6월 이한열 열사의 장례식, 근래의 효순이 미선이 추모 촛불집회까지 서울시청 앞 광장은 민의民意 분출의 중심지 역할을 해왔다.

사회적으로 중요한 현안이 있을 때마다 사람들이 몰리는 이유는 이곳이 지닌 '정치적 상징성' 때문이다. 세종로 광화문에서부터 태평로 서울시청까지의 일직선 도로 인근은 경복궁과 덕수궁 등 과거권력은 물론, 입법·행정·사법의 3부 기관과 4부라 일컬어지는 언론까지 현대 한국사회의 파워란 파워는 모두 집중돼 있는 공간이다. 미국과 중국, 일본, 러시아 등 주변 4강국의 대사관도 '외교 1번지' 한남동이 아닌 이 권력의 동네에 몰려 있어 국내는 물론 국제권력의 메카이기도 하다.

'행정'이야 세종로 정부종합청사와 청와대를, '사법'은 정동에 있던 대법

일제가 만든 부민관은 대한민국 국회의사당(1950년~1975년)을 거쳐 현재 서울시의회 청사로 쓰이고 있다.

원을 가리킨다지만 입법 기구까지 있었다니? '국회' 하면 으레 여의도를 떠올리게 마련이지만 1975년까지만 해도 국회는 태평로에 있었다. 프레스센터 맞은편, 영국대사관과 코리아나호텔 사이에 있는 살구색 서울시의회 청사가 바로 그곳이다. 주변 빌딩에 비해 층수도 낮고 외관도 세련되지 않아 지나다닐 때마다 오히려 한 번 더 쳐다보게 되는 이 건물은, 알고 보면 역동적인 한국사의 영욕이 점철된 곳 중 하나다.

해방 이후부터 1975년 8월 국회가 여의도 새 국회의사당으로 옮겨가기 전까지 근 25년 동안 국회 건물로 이용됐던 서울시의회 청사. 당시 이곳에서는 한국 역사의 흐름을 바꾸어놓을 만한 각종 사안이 논의 결정됐다. 이를 테면 이승만의 종신집권을 위한 '사사오입 개헌'(1954년)이 이뤄진 곳이자, 일본 전시형법을 참고해 "인심을 혼란케 하여 적을 이롭게 한 자는 징역에 처한다"는 내용을 추가한 국가보안법 개정안이 날치기 통과(1958년)된 현장이다.

또 5·16쿠데타 때는 국회 간판을 떼고 '재건국민운동본부'(1961년)가 차려졌고, 박정희 대통령 집권 후에는 한일협정비준파동(1965년)과 3선개헌파동(1969년), 국가보위법파동(1971년) 등[1] 숱한 정치 격변의 소용돌이 한가운데 있었다.

해방 한 달 전 터진 부민관 폭파사건

해방 후 국회로 쓰였던 이 건물이 세워진 것은 1935년 12월 '부민관府民館'이라는 이름으로였다. 당시 서울의 전력사업을 독점하고 있던 경성전기가 '독점 용인'을 조건으로 낸 50만 원을 밑천으로, 고종의 후궁이자 영친왕의 생모인

일제강점기 당시 경성여행 기념엽서로, 탑 꼭대기에 있던 시계만 없어졌을 뿐 부민관의 겉모습은 그때나 지금이나 별반 차이가 없어 보인다.

순헌황귀비純獻皇貴妃 엄 씨의 위패를 봉안한 덕안궁德安宮 터에 지은 것이다. 이름처럼 경성부(府) 사람들(民)을 위한 문화공연장으로 5,600여 제곱미터에 달하는 규모에 대강당과 식당을 비롯해 환기와 방화시설까지 갖춘 당시로서는 최신식 철근 콘크리트 건물이었다.

그러나 실제로 이곳에서 행해진 것은 문화행사가 아니라 정치집회가 대부분이었다. 부민관에서 열린 '결전決戰부인대회'에서 모윤숙이 "우리는 남보다 자신을 돌아보고 우리 가슴에 대화혼大和魂²의 무형無形한 총검銃劍을 가져야겠습니다. 가문에서 쫓겨나더라도 나라에서 쫓겨나지 않는 며느리가 됩시다"라며 부녀자들의 전쟁 참여를 독려한 것은 유명한 이야기다. 춘원 이광수 역시 청년들을 상대로 학병學兵권유 연설을 하는 등 전쟁 말기의 부민관은 '과잉 친일의 장'으로서 기능했다.

과잉 친일은 곧 강력한 민의 분출을 촉발했다. 시의회 청사 앞에 서 있는 표지석 한 기가 그 증거다.

"부민관 폭파 의거 터—1945년 7월 24일 애국 청년 조문기趙文紀, 류만수柳萬秀, 강윤국康潤國이 친일파 박춘금朴春琴 일당의 친일 연설 도중 연단을 폭파했던 자리."

1945년 7월 24일, 당시 부민관에서는 1923년 관동대지진 당시 조선인 색출에 힘쓴 공로로 일본 중의원[3]에까지 오른 대표적 친일부역자 박춘금[4]이 만든 친일단체 '대의당大義黨'[5]이 주최한 '아시아민족분격憤激대회'가 열리고 있었다. 이 행사에는 조선의 친일인사뿐만 아니라 일제 관리와 군인, 중국과 만주의 친일인사까지 참석했다.

부민관에 모인 한·중·일 친일인사들은 《매일신보》 사장 이성근의 개회사와 박춘금의 '아시아민족의 해방' 강연을 듣고 '남녀청년 분격웅변대회'만을 기다리고 있던 상황이었다. 그런데 갑자기 폭음과 함께 강당 안은 아수라장이 됐다. 열아홉 살 청년 조문기와 류만수, 강윤국 등이 설치한 다이너마이트가 터진 것이다. 대외당 당원 한 명이 그 자리에서 즉사했고 수십 명이 다쳤다. '분격'의 사전적 의미가 "매우 노엽고 분하여 크게 성을 낸다"[6]는 뜻인데, 역설적으로 대회를 연 친일부역자들이 그 화를 다 뒤집어쓴 꼴이 됐다.

친일파를 위한 광복과 해방

1945년 7월 24일이면 해방되기 한 달 전쯤이니, 일제의 조선 지배가 시작된 지 35년이 다 됐을 때다. 애초 항일운동에 가담했던 이들이 하나둘 전향을 시작한 지 이미 오래고, 대부분의 조선인 역시 일제의 지배를 기정사실화하는 분위기가 강했던 1945년의 한국. 그런데 그때까지 일제에 대한 저항이, 그것도 국내에서까지 계속되고 있었다니. 아마도 일제 치하에서의 마지막 항쟁으로 기록됐을 것 같다. 당시 이 사건을 주도했던 조문기[7]씨는 지금도 민족문제연구소 이사장으로서 일제잔재 청산에 주력하고 있다.

"광복절 광복절 하지만 광복은 무슨 광복이야. 결국 해방된 건 우리 민족이 아니라 친일파야. 일제라는 상전이 떠나가고 친일파가 상전이 된 거지. 친일파를 위한 광복, 친일파를 위한 해방일 뿐이야."

2003년 광복절을 며칠 앞둔 어느 날, 민족문제연구소 조문기 이사장을 사건 현장이었던 서울시의회 청사 뒤쪽 그의 사무실에서 만났다. 조 이사장은 "친일파 또는 그의 후예인 역대 정권이 '단상'에서 주는 독립운동 관련 상을 '단하'에서 받기 싫어 지금까지 광복절이나 삼일절 행사에는 일절 나가지 않았다"고 말했다. 김대중 정권 시절에도 청와대 만찬에 초청받았지만 나가지 않았다. 다른 독립운동가들이 대통령과 식사를 하고 있을 무렵, 그는 '박정희 기념관 건립반대' 1인 시위를 하고 있었다.

"난 우리나라가 지금처럼 분열되고 난맥을 보이는 게 친일파 청산을 하지 못했기 때문이라고 생각해. 무슨 개혁을 하려고 해도 사사건건 방해를 하고. 우리나라가 해방 이후에도 굴종과 굴욕의 길을 걸어온 근본 원인은 친일파 청산을 하지 못했기 때문이야. 친일 경력을 가진 자들이 자손과 후학을 양성해 맥을 이어오면서 오욕의 역사가 정착돼버린 거지. 일제잔재는 말로만 청산할 수 있는 게 아니에요. 일제에 부역한 박정희를 기리는 기념관을 만들자는 나라가 제대로 된 건가?"

초라한 서울시의회 청사가 가벼이 보이지 않는 이유

일제강점기 시절 경성부민을 위한 문화공연장으로 세워졌지만 실제로는 일제와 친일반민족행위자들의 각종 정치집회 장소로 전락했던 부민관. '예술의 공간'으로 시작한 운명이었지만 그것은 허울이었고 본모습은 '정치 집회장'이었다. 해방 후에도 마찬가지였다. 미군 사령부나 국립극장으로 이용된 적도 있긴 하지만, 한국전쟁 때 서울을 수복하면서부터 국회의사당이 들어왔다.

물론 1975년 8월 국회가 여의도로 둥지를 옮길 때, 세종문화회관의 별관으로 쓰이게 되면서 성격을 달리할 뻔도 했다. 그러나 1970년대 관이 주도해 만든 '문화예술의 전당'이라는 것이 시민들의 문화 욕구를 충족시키기보다는 관의 욕망을 채우는 데 충실했기에 세종문화회관 별관으로 쓰였다한들 부민관의 그것과 큰 차이가 있었을까 싶다.

결국 지방자치제가 확대 실시되면서 세종문화회관 별관은 얼마 안 있어 다시 서울시의회라는 정치 기구로 주인이 바뀌었다. 결국 문화시설(부민관)에서 시작해 정치시설(국회의사당)로, 다시 문화시설(세종문화회관 별관)로 바뀌었다

태평로 국회 역시 숱한 정치 격변의 소용돌이 한가운데 있었다. 사진은 1958년 12월 20일 야당 의원들이 국가보안법 통과를 저지하려고 철야농성하는 모습.

가 정치시설(서울시의회)로 되돌아온 부민관. 이 건물의 '정치적 운명'은 해방 후에도 그대로 이어진 셈이다. 부민관으로 출발한 현 서울시의회 청사는 1980년 태평로 확장공사를 하면서 원래 건물의 대부분이 헐렸고, 1985년 국회 제3별관을 헐면서 지금 보이는 것처럼 목욕탕 굴뚝같은 첨탑과 성냥갑처럼 어색한 건물만 남게 됐다.

우리는 어떤 기억을 떠올리고 싶을 때 그 경험의 장소를 찾는다. 그 공간의 이야기를 음미하며 잊고 지냈던 과거를 떠올리는 것이다. 장소는 기억을 지배하고, 기억은 의식을 지배한다. 민의 분출과 관련한 한국사의 영욕이 밀도 높게 압축되어 있는 곳, 초라한 서울시의회 청사가 가벼이 보이지 않는 이유다.

1 정운현, 《서울시내일제유산답사기》, 한울, 1995년, 179쪽.
2 '야마토 다마시'는 중화사상에 대비되는 개념으로, 일본민족 고유의 정신을 의미한다. 제2차 세계대전 당시에는 군국주의 사상의 근본으로 선전되기도 했다.
3 한국의 국회의원에 해당.
4 1992년 경남 밀양의 박춘금 묘 앞에 일본인 무라오 지로村尾太郎가 대표로 있는 일한문화협회 주도로 박춘금 송덕비가 세워진 적이 있다. 일한문화협회는 1957년 박춘금이 상임고문을 지낸 단체다. 그러나 이 송덕비는 지역 주민들과 시민사회단체들의 반발로 2002년 뽑혔다.
5 '대의당'은 1945년 2월 이미 '대화동맹大和同盟'이라는 친일단체를 만든 친일부역자 박춘금이 황도실천皇道實踐과 총후보국銃後報國 등을 기치로 만든 단체다. 당시 대의당에는 춘원 이광수와 〈불놀이〉를 쓴 주요한, 〈국경의 밤〉을 지은 파인 김동환 등의 문인을 비롯해, 화신백화점 사장 박흥식과 종로경방단장 조병상, 《매일신보》 사장 이성근과 정치인 김사연 등이 참여했다.
6 동아출판사, 《동아 새국어사전》, 1995년, 1015쪽.
7 16세가 되던 해인 1943년 홀로 일본으로 건너간 조문기는 이미 열일곱 살 때 '고깡鋼管 훈련공 식당사건'을 주도했다. 일본 가와사키시川崎市에 있던 니혼고깡주식회사日本鋼管株式會社라는 군수품제조공장에 취업한 조문기는 1943년 5월, 조선인 훈련공에 대한 차별에 항거해 당시 천여 명의 동지들과 함께 3일간 회사 식당 등에서 농성하며 파업을 벌였다. 조문기는 이 사건으로 체포됐지만 곧 탈출해 국내로 귀국, 1945년 부민관 폭파사건을 주도했다. 니혼고깡은 현재 'NKK'로 이름을 바꿨으며, 매출액 1조 101억 엔(2000년), 직원 수 1만 700여 명(2001년)에 이르는 대기업으로 발전했다. 미국 US스틸의 대주주 중 하나다.

산책을 마치며

　서울 소공동에 임진왜란 때 출병한 명나라 장수 이여송李如松 동상이 서 있으면 어떨까? 한국전쟁 때 중국군을 이끈 펑더화이彭德懷 사령관 동상이 평양 한복판에 서 있다면?
　이런 장면을 상상하기 어려운 것처럼 인천 자유공원의 더글라스 매카서Douglas MacArthur 동상 역시 한 번쯤 진지하게 고민해볼 필요 있는 '불편한 현실'이다. 매카서는 38선 원상회복이라는 유엔UN의 뜻을 거스르고 북진해 결국 중국군 개입을 불러와 전쟁을 고착한 장본인이자, 만주는 물론 한반도에 '1차'로 원자폭탄 26발을 투하하자고 주장한 전쟁주의자이기 때문이다. 미국이 자신들의 국익에 부합하지 않는다며 매카서를 해임했기에 망정이지 만약 그가 계속 유엔군을 지휘했더라면 한반도의 오늘이 어떠했을지 상상만으로도 소름이 끼친다.
　그러나 이런 의문을 품는다는 것만으로도 곧장 빨갱이 취급을 당하는 우리 사회에서, 금기에 도전한다는 것은 쉬운 일이 아니다. 독립운동 진영 가운데서도 가장 보수적이던 임시정부만 해도 정작 북한이 실행한 토지와 대★생산시설의 국유화를 주창할 정도로 급진적인 정책을 취했으나, 우리는 그들의 질긴 투쟁만을 '선별적으로' 기억하고 있을 뿐이다. 해방 후 찾아온 '분단'이라는 비극적 현실과 '독재'라는 극단적 상황이 우리의 눈과 귀를 멀게 한 결과다.

오늘을 사는 한국인에게 역사란 무엇일까? "역사는 현재와 과거의 끊임없는 대화"라는 말은 교과서에나 나오는 얘기일 것이다. 사실상 요즈음 우리는 역사를 고리타분한 옛 이야기쯤으로 치부해버린다. 왜 이렇게 됐을까? 우리 역사교육이 입시를 준비하기 위한 수단으로서 사람 이름이나 연도 외우기 위주가 되다 보니, 결국 단편적인 조각 지식 차원을 넘어서기 힘들다는 변명도 일리는 있다. 하지만 무엇보다도 역사적 사실을 무비판적으로 받아들이거나 미심쩍은 것이 있어도 직접 찾아보지 않는 '지적知的 게으름'이 큰 이유가 아닐까.

나에게 서울은 교과서에서는 가르쳐주지 않는 역사를 만날 수 있는 살아 있는 현장이었다. 지금 이 순간에도 무참히 헐려나가고 있는 건물이 적지 않지만, 서울은 애정어린 호기심을 가지고 다가가는 만큼 살짝 문을 열어주기도 했다. 실제로 옛 안기부 건물 등을 돌아보던 날에는 경제성장은 가져왔지만 사회의 정신적 성숙을 가로 막고, 온갖 부정부패에 무신경해지도록 최음제 역할을 했으며, 급기야 한국을 '병영국가'로 만들어버린 군사독재정권의 본질을 온몸으로 느낄 수 있었다. 청계고가 위를 걸을 때는 독재자를 향한 한국인의 병적인 향수의 근원이 무엇인지를, 반민특위 터와 옛 대법원, 남산공원 등을 답사하면서는 전직 대통령을 두 명씩이나 감옥에 보냈지만 누구도 역사청산이 됐다고 생각하지 않는 이유를 어렴풋하게나마 깨달을 수 있었다.

책으로 엮다 보니 아쉬움도 남는다. 정동의 손탁호텔 터 등에 대해 썼으나 정작 정동 그 자체를 다루지 못했다. 애당초 덕수궁의 영역은 동으로는 조선일보사 뒤에서부터 서로는 러시아대사관까지, 남으로는 대한문에서부터 북으로는 경향신문사 언저리까지를 아우르는 광활한 면적을 자랑했으나, 왜 그렇게 축소됐는지에 대한 이야기까지는 다루지 못했다. 일제와 군사독재정권 외에 근현대 한국의 또 다른 한 축인 미국에 대해서도 충분히 논의하지 못했다. 이런 부족함이 계속될 서울 산책이 기대되는 이유이기도 하다.

    서울을 거닐며 우리 역사에 대한 오해와 편견, 그리고 지적 게으름에 대한 이야기를 나누고 싶었는데, 그런 의도가 잘 전달됐을지 졸고에 대한 두려움이 가시지 않는다. 이번 책에서 주로 다룬 것이 건물이라는 '점'이었다면, 앞으로의 산책은 도로와 철도, 도시와 공간 등 '선'과 '면'으로 확대될 것이다. 이 책이 서울을 산책하는 첫 발걸음을 떼는 데 미약하나마 도움이 되기를 감히 기대해본다.

2008년 봄 서른 즈음에

권기봉

참고 문헌

가와무라 미나토, 《한양·경성·서울을 걷다》, 다인아트, 2004
강만길, 《20세기 우리 역사》, 창작과비평사, 1999
———, 《역사를 위하여》, 한길사, 1997
강준만, 《한국 근대사 산책 (1~5권)》, 인물과사상사, 2007
———, 《한국 현대사 산책 (전권)》, 인물과사상사, 2005
권태억 외, 《근현대 한국탐사》, 역사비평사, 1997
김인걸 외, 《한국현대사 강의》, 돌베개, 1998
김정동, 《근대 건축 기행》, 푸른역사, 1999
김태수, 《꼿가치 피어 매혹케 하라》, 2005
박노자, 《나를 배반한 역사》, 인물과사상사, 2003
———, 《당신들의 대한민국》, 한겨레신문사, 2002
박세길, 《다시쓰는 한국현대사》, 돌베개, 1996
박천홍, 《매혹의 질주, 근대의 횡단》, 산처럼, 2003
박현채, 《청년을 위한 한국 현대사》, 소나무, 1994
반민족문제연구소, 《친일파 99인 (1~3권)》, 돌베개, 2002
서중석, 《한국현대민족운동연구》, 역사비평사, 2002
손정목, 《서울도시계획이야기 (1~5권)》, 한울, 2003
———, 《한국 도시 60년의 이야기 (1~2권)》, 한울, 2005
심승희, 《서울 시간을 기억하는 공간》, 나노미디어, 2004
역사학연구소, 《강좌 한국근현대사》, 풀빛, 1997
윤덕한, 《이완용 평전》, 중심, 1999
이사벨라 버드 비숍, 《한국과 그 이웃나라들》, 살림, 2004
이순우, 《그들은 정말 조선을 사랑했을까?》, 하늘재, 2005
임지현, 《민족주의는 반역이다》, 소나무, 2005
전우용 외, 《청계천; 시간, 장소, 사람》, 서울학연구소, 2001
정운현, 《나는 황국신민이로소이다》, 개마고원, 1999
———, 《서울시내 일제유산답사기》, 한울, 1995
한홍구, 《대한민국사 (1~4권)》, 한겨레신문사, 2005
———, 《한홍구의 현대사 다시 읽기》, 노마드북스, 2006

사진 출처

국가기록원 114쪽

국사편찬위원회 92쪽 오른쪽

단성사 101쪽 위, 107쪽

《대한민국 정부 기록사진집 1권》 81쪽, 264쪽

《대한민국 정부 기록사진집 2권》 18쪽 아래, 145쪽

《대한민국 정부 기록사진집 3권》 148쪽, 169쪽, 200쪽, 235쪽, 304쪽

《대한민국 정부 기록사진집 5권》 101쪽 아래, 186쪽, 188쪽

《대한민국 정부 기록사진집 6권》 19쪽, 29쪽, 252쪽, 265쪽

《대한민국 정부 기록사진집 7권》 116쪽

《대한민국 정부 기록사진집 8권》 232쪽, 238쪽

《대한민국 정부 기록사진집 9권》 292쪽

백범김구선생기념사업협회 210쪽, 217쪽, 221쪽

서울대박물관 174쪽

손정목, 《서울 도시계획 이야기 1》 112쪽, 113쪽

야마다 이사오山田勇雄, 《대경성 사진첩大京城寫眞帖》 224쪽

오자키 신지尾崎新二, 《나는 이제 경성 토박이가 될 수 없다もう僕は京城っ子には戻れない》 227쪽

이시무라 테이이치石村貞一, 《육군 군인독법 서문연의陸軍軍人讀法誓文衍義》 283쪽

이종학 수집, 노형석, 《모던의 유혹 모던의 눈물》 87쪽, 89쪽 위, 91쪽, 268~269쪽

연합뉴스 158쪽

전태일기념사업회 43쪽

조선총독부 철도국, 《조선풍모朝鮮風貌》 204쪽 왼쪽

조선총독부, 《조선신궁 조영지朝鮮神宮造營誌》 272쪽, 274쪽

조선치형협회朝鮮治刑協會, 《조선형무소사진첩朝鮮刑務所寫眞帖》 162쪽, 164쪽

중앙일보(중앙포토), 1979년 8월 16일자 176쪽

타카기 사다카즈高木定一, 《금혼식 기념목록金婚式記念目錄》 280쪽

해군사령부, 《메이지37~38년 해전사 제2권明治三十七八年海戰史 第二卷》 284쪽

《코리아 라이프》, 1970년 3월호 18쪽 위

＊그 밖의 사진은 지은이 권기봉이 찍은 사진입니다.

서울을 거닐며 사라져가는 역사를 만나다

1판 1쇄 펴냄 2008년 1월 30일
1판 16쇄 펴냄 2022년 12월 20일

지은이 권기봉
펴낸이 안지미

펴낸곳 (주)알마
출판등록 2006년 6월 22일 제2013-000266호
주소 04056 서울시 마포구 신촌로4길 5-13, 3층
전화 02.324.3800 판매 02.324.7863 편집
전송 02.324.1144

전자우편 alma@almabook.com / alma@almabook.by-works.com
페이스북 /almabooks
트위터 @alma_books
인스타그램 @alma_books

ISBN 978-89-92525-24-4 03900

이 책의 내용을 이용하려면 반드시 저작권자와 알마 출판사의 동의를 받아야 합니다.
이 책은 언론인들의 연구·저술활동을 지원하는 삼성언론재단의 도움을 받아 제작되었습니다.

알마는 아이쿱생협과 더불어 협동조합의 가치를 실천하는 출판사입니다.